U0678531

西部资源匮乏型社区村民自治研究

以陕西农村为例

A STUDY OF VILLAGE SELF-GOVERNANCE AMONG RESOURCE-SCARCE RURAL COMMUNITIES IN WESTERN CHINA:

THE CASE OF RURAL SHAANXI PROVINCE

吴　南◎著

社会科学文献出版社
SOCIAL SCIENCES ACADEMIC PRESS (CHINA)

序　言

石　英

面对国内有关“村民自治”这一热门议题，研究者眼前会出现多元而繁荣的景象。作为身处西北的社会学者开始思考：这些成果会对在地性的村民自治研究有何启示？如何在借鉴前人成果的基础之上，探索出一些特别的视角和差异性的研究路径？读了陕西省社会科学院社会学研究所吴南同志的《西部资源匮乏型社区村民自治研究》一书很受启发，也产生了一些不同的感受。

村民自治研究需要有在地化的探索和差异性的意识。社会现象是多元、复杂的，“村民自治”议题也是一样，研究者不可能用单一的研究理念有效地把握一些情景化的知识，更不可能用统一的方法“去脉络化”地阐释发生的事实。那样，只会带来以偏概全的不良结果。可喜的是，在本书中，作者让读者看到了并非“铁板一块”的村民自治景象。

从书名中我们便可以看到作者的确有自己的兴趣点和学术思考。对于这部著作，你可以将它看成一项特别的村民自治研究成果。你看，它选择的区域视角在中国西部，运用的分析概念是资源匮乏型社区，而研究的取向是从社会学的结构、关系和互动过程展开对该主题的描述和讨论的。这一研究特征，涉及作者在用什么样的理念、理论和方法去关注村民自治议题，比如，如何阅读已往的相关研究成果，如何在文本分析的基础上走进田野，运用社会学、人类学，尤其是质性研究的方法，重新描绘村民自治的另一番画面——中国西部村民自治的图像，西部资源匮乏型社区村民自治的图像。作者将研究视野中的村民自治景观进行了不拘一格的展现，体现出作者对西部社会的田野情感、人文关怀和对这一研究议题的理论敏感。

关注“村民自治”的学者都知道，从事该主题研究会涉及大量的理论。但是，这些理论如何能与社区具体的实践相结合，使其更具有描述力和解释力，这是一项艰巨的任务。客观地说，一些习以为常的理论、概念在异文化的社区情境中的运用往往会是“失灵”的，或是不确定的。当面对这样一些情况时，一些研究者有意无意地将其弱化了。本书的作者也同样面临这样的挑战。如何将看似成熟的理论与书写西部的经验结合，实在值得人们去思考。

在处理这个关系上，作者悬置一些通常使用的概念，力图在本土经验中发现、提出新的更富有解释力的在地化概念。作者深入到农村社区中，在“看”与“被看”和“叙说”与“聆听”的互动中，以扎根理论和方法为取向，从农户对不同事件的行为、关系和感受中发现鲜活的概念。当然，对于扎根理论及其方法学界也存在不同的观点和争论，有人将它视为“羞羞答答”定量主义者的工具，也有人将其归为质性研究的方法。其实，这个方法完全可以为不同理念的研究者所使用，“跨界”的实践取向更为重要，这也会使该方法更具活力。本书作者正是通过这个方法，揭示出这西部资源匮乏型社区村民自治议题中需要特别关注的话题和一些理论概念。

对村民自治的研究不可能只关心结构而脱离社区的文化情景。因此，文化关怀在研究中是不可或缺的。不同取向的研究者，甚至是任何一位研究者都不可能避开对以下问题的思考：国家力量是怎样影响不同社区村民自治及其实践活动的？其后果又将怎样影响研究者对村民自治格局的评价？在本书中，作者以相当的篇幅呈现了对该问题的思考结果。

村民自治研究需要关注“自治文化”，这是作者贯穿本书的一个潜台词。很难想象缺乏自治文化的社区会产生真实的社区自治形式，当然更不可能出现村民自治所期待的良性运行效果。作者透过对西部资源匮乏型社区村民自治典型案例的剖析，已明确的姿态对《村组法》中相当一部分内容提出了建设性的观点。的确，如何使村民自治选举体现中国文化的元素？如何通过法律保障村民自治制度？更为重要的是，如何在农村社区中培育真正村民自治文化？这正是作者的兴趣点和思考领域。

村民自治研究中的权力关系一直是学界关注的话题。一般来说，研究成果的书写需要同研究动机相联系。然而，现实中这两者的关系往往在不经意间被“切割”了。研究者在思考村民自治运作时一定会对权力保持特殊的敏感，并且会将其看作为重要的分析概念，同样，在研究过程中研究者一般也会不断反思自身，体现出与研究结果互为主体的取向。但是，在研究成果的呈现上却另当别论了。

如何书写村民自治的研究成果，在看似简单的问题背后，也能折射出研究者把握研究取向的能力。本书的作者是从展现村民眼中的西部资源匮乏型社区村民自治的图像开始的。这种看似“老套”的呈现手法，其实表现了社会科学研究中对知识生产中权力关系的严肃思考。对于这一点，尤其是在有关村民自治议题中，“研究者”和“被研究者”的关系更需要予以注意。这样，本书作者首先传递了社区人的声音，并以此为线索展开以后的研究。这体现出主体不仅在研究主题上需要自觉地观察权力关系，也要在研究过程和研究成果中解构权力关系，发挥主体在研究中的力量。

以上是我阅读这部著作的一些感想。最近，党中央提出了创新社会治理体系这一新的伟大实践任务。创新社会治理体系需要顶层设计，也需要“摸着石头过河”的勇气和智慧。在“社会”的功能越来越强大的背景下，在对村民自治效果存在争议的现实状况下，如何从新的视野探讨这个议题已成为研究者面对的挑战。我们实践的社会治理、社区自治一定不同于西方的模式，也一定会注入本土的知识和经验。可以相信，围绕探索创新社会治理体系这一主题，有关村民自治和社区治理的研究一定会得到更大的发展，体现研究者理论自觉和实践者道路自信的成果和案例也一定会增多，也期待，有更多的学者投入到相关的研究中，自觉地承担起自己的社会使命。

目　录

第一章 探索资源匮乏型社区的村民自治

村民自治作为基层民主实现形式和农村社区管理的方式，自20世纪80年代实施以来，其影响越来越广泛，相关的探讨也越来越深入。从政治影响上看，党的十七大首次将“基层群众自治制度”与人民代表大会制度、中国共产党领导的多党合作和政治协商制度、民族区域自治制度一并纳入中国特色社会主义政治制度范畴，体现了党和国家推进村民自治、发展基层民主的战略构想。从研究取向上看，一些研究者敏感地注意到农村社区在基层民主实践中探索出了新模式，正是这些本土经验，体现了村民的自我觉醒与行动智慧。同时，还有研究者觉察到，一些社区受到农村政策、地方经济、社区文化、领导者素质等诸多因素的影响和制约，村民自治在实践中正遭遇着不同的困扰。在有了不同的实践经验和研究探索之后，村民自治的差异性和本土适应性问题开始进入实践者和研究者的视野。也正基于此，资源匮乏型社区村民自治议题伴随着对实践的反思，正逐步走出以往被忽视或遮蔽的研究空间。

第一节 资源匮乏型社区村民自治的研究经历

20世纪80年代的村民自治实践，是一种新兴制度与原有乡村文化相结合的产物。在资源匮乏型社区，人们更渴望具有奉献精神的社区领袖，渴望通过他们的力量改善整个社区的状况。在实践中，有的社区很幸运，村民选举出了有责任心、有抱负的社区精英，他们成为社区领袖，承担起了社区的责任，使整个社区的民生状况得到改善，也凝聚起了社区精神；有的社区在同样的制度框架下，则未能选举出这种具有号召力的社区领袖，社区经济日益衰落，人情愈发冷漠。面对这种反差，笔者试图对这一现象进行更详尽、更清晰地描述，希冀给予更有说服力的解释。因此，笔者开始阅读相关文献，并在调研过程中不断思考，逐渐意识到社区情感、伦理、价值观和社区精英等要素在乡村治理中起着至关重要的作用。

（一）研究的议题与方法

有关村民自治的研究，无论是过往年代的知识积累，还是近些年发表的成果都较为丰富，这些相关的成果在本研究开展初期的确起到了有益的作用。但是，随着研究的深入，笔者发现对东部和东南沿海发达地区的研究相对丰富，而对西部地区，尤其是针对资源匮乏型社区的研究，零星而且浅显。尤其是笔者在了解西部贫困社区的实际情况后发现，他们的社区自治状况与文献描述的并不十分相符。笔者在文献分析和田野观察的过程中不断提出一系列需要回应的问题。村民自治的历史和现实需要如何对接？当下的村民自治是否铁板一块？不同的社区又如何构建社区自治形态的差异性？这些问题构成探索村民自治的新的研究空间。

1. 乡土社会研究背景下的村民自治

对村民自治议题的研究和探索，既要回答现实，也要观照历史。社区的历史和文化积淀孕育了社区的文化形态，社区的现实状态与发展历程是探讨社区文化脉络和村民自治演变的基础。

村民自治的概念其实由来已久。从清末提出“村民自治”这一概念到现代意义上的“村民自治”已历经百年，正是不断的社会转型和制度变革，为认识村民自治提供了广阔的视野。回顾以往的研究，其议题主要涉及乡村建设、社区结构、文化与权力、社区精英以及国家与社区的关系等。

对村民自治的研究，显然离不开对过往乡村研究成果的有效把握和运用。从梁漱溟、晏阳初等人最初的乡村建设运动研究，到费孝通的江村经济、乡土中国，再到改革开放后的村民自治、乡村治理等社会实践和学术研究，这一领域吸引了一大批中外不同学科的学者、专家，他们或出于认识乡村社会的初衷，或出于农村变革的目的，或出于理论研究的需要，都对农村社会进行了大量而深入系统的研究。正是几代学人的努力，才积累了大量珍贵的原始资料及研究实例，提出了很多具有本土特点的概念及研究范式，展示了乡村研究中具有的历史延续性的学术脉络，影响、启发着后来的研究者。

第一，聚焦农村社会问题及其实践。对此，以往的学者从不同的视角对农村社会进行了多方面的考察。其中，梁漱溟的《乡村建设理论》从中西文化对比的角度，对乡村问题提出了具体的变革路径，并将此付诸实践。晏阳初认为，中国农民问题的核心是“愚、贫、弱、私”四大病，提出以“学校式、社会式、家庭式”三大方式结合并举，“以文艺教育攻愚，以生计教育治穷，以卫生教育扶弱，以公民教育克私”四大教育连环并进的农村改造方案，并且他身体力行在定县翟城村开展乡村教育的实践。此外，杨懋春的《一个中国村庄：山东台头》，黄宗智的《华北的小农经济与社会变迁》《长江三角洲小农家庭与乡村发展》，黄树民的《林村的故事：1949 年后的中国农村变革》等，对农村社会进行了精彩描绘和准确分析。

第二，对乡村社区结构保持高度敏感。关于农村社会秩序、人际关系、社会角色、社区资本等方面，有不少具有深远影响的著作，其中，最为著名的是费孝通的《乡土中国》。他在书中提出，中国乡土社会具有“差序格局”和“礼治秩序”两大显著特征。只有“生于斯、死于斯”的人群才能培养出亲密的关系，成员之间有着深度了解，比如林耀华的《义序的宗族研究》《金翼——中国家族制度的社会学研究》等成果，在探讨村民自治时一并将家庭、家族、情感和社会资本纳入其研究视野，对文化保持着必要的敏感。

第三，对文化与权力关系的关注。杜赞奇的《文化、权力与国家：1900～1942 年的华北农村》通过分析“国家政权内卷化”，探讨国家政权建设，运用“权力的文化网络”探讨文化与权力之间的关系。他提出，乡村社会中的政治权威体现在由组织和象征符号构成的框架之中。在现代化意识形态偏见的影响之下，国家政权力图斩断其同传统的，甚至被认为是“落后的”文化网络的联系。其结果必然是，乡村精英领导存在与国家利益皆为一体的雄心，但文化网络在国家范围内赋予乡村精英领导作用的能力在丧失。[①] 范式已经被广泛地运用于村民自治研究。但是，它可能夸大权力的想象，而弱化文化的功能。

第四，强调乡村社区精英的作用。社区精英是社区系统中拥有话语权和决定权的人，无论过去还是现在，一直活跃在乡村社区之中，只是表现不同罢了。张仲礼在《中国绅士》中对历史上绅士的作用进行了较为系统的描述，认为中国传统社会中的绅士作为居于领导地位和享有各种特权的社会团体，承担了若干社会责任，他们视自己家乡的福利增进和利益保护为己任，涉及为民间筹款、调解纠纷、主持公事、充当政府和民众的中介、维护传统、扶困济贫等。[②] 张鸣在《乡村社会权力和文化结构的变迁》一书中指出，乡绅扮演着乡民与乡里社会保护人和统治者的双重角色，是通过软性和间接的渠道实现的。在当今的政治格局下，乡绅主导的乡村自治已变为国家政权支撑的“干部统治”。[③] 黄树民的《林村的故事：1949 年后的中国农村变革》认为，尽管在新中国成立后，国家权

---

① 杜赞奇：《文化、权力与国家》，王福明译，江苏人民出版社，1996。

② 张仲礼：《中国绅士》，李荣昌译，上海社会科学院出版社，1991。

③ 张鸣：《乡村社会权力和文化结构的变迁》，广西人民出版社，2001。

力通过组织的设置深入村落社会内部，但在改革开放后，国家权力正从村落社会中退出，乡村社会开始新的历程。[①] 这些研究成果提醒我们，在分析、认识村民自治的过程中，社区精英是一个不容忽视的因素。

第五，关注国家与乡村间的关系。萧凤霞在《廿载华南研究之旅》一文中，分析了新中国成立后国家政治如何影响到广东农村的社会结构，展现了政治行政体制渐渐取代了层层叠叠的“民间”社会的过程。与此同时，阶级和革命的语言，也主导了日常生活的定义。当革命的语言成为过去，人们的字里行间却不能摆脱那套逝去的国家权力结构。[②] 该书阐释了国家话语及其实践如何有力地影响了乡村社会的权力结构和变迁。

第六，重视道德和情感的作用。赵文词（Richard Madsen）在《一个中国乡村中的道德与权力》一书中，系统论述了道德话语、社会变迁和政治进程的关系。道德资源是权力来源于传统的支持形式，不同类型的资源通过获得权力的有效维护，形成不同的政治行为特征，乡村干部的权力来源于通过传统道德话语实践而庇护乡村社会传统。并指出，适当的情感表达利于形成人际的互惠关系，社区的权力是通过良好的情感和结构性的亲属网络而建立的。[③]

以上议题从不同层面为村民自治的研究提供了理论视角、分析概念和进一步思考的基础。

2. 资源匮乏型社区村民自治研究的提出

村民自治作为制度创新的一项实践受到各界的广泛关注。村民自治从传统的乡绅治理到新中国成立后的集体化管理，历经了清政府的城镇乡地方自治、国民党统治时期的“乡村自治”，以及共产

---

① 黄树民：《林村的故事：1949 年后的中国农村变革》，素兰、纳日碧力戈译，三联书店，2002。

② 萧凤霞：《廿载华南研究之旅》，《清华社会学评论》2001 年第 1 期。

③ Richard Madsen, *Morality and Power in a Chinese Village*, University of California Press, 1984.

党在抗日根据地的基层政权选举、地方自治，但就其规模、影响力、实施程度、制度化规整等方面而言，都不能与目前实施的村民自治相提并论。而在村民自治研究中，尤为引人注目的是民主选举过程，人们期望透过选举的全过程，探索一人一票的选举形式如何产生社区领导者，进而如何实践社区的民主化管理。

对于村民选举，人们的印象往往是轰轰烈烈、充满着竞争的味道。为此，课题组曾对陕南某贫困社区的村民选举进行了专题调研。出乎意料的是，社区人并不热心参与选举，整个选举过程也是“波澜不惊”。当时的情况是，村选举委员会在选举前一天还在强调要保证参选人数，可在选举当天，村干部仍需要不断地催促村民，村民才慢慢地前往会场。在选举现场，村民还不断地调侃候选人。有的选民投完票没等宣读结果就已经走了。选举现场并没有什么紧张的气氛，大部分选民似乎对此并不在意。

针对这一情况，课题组对该县民政局的干部进行了访谈。她说，最担心的并不是这样的“平静”，而是选举时，各村选民人数达不到《中华人民共和国村民委员会组织法》（下文简称《村组法》）的规定，导致选举结果无效。她还提到，由于竞争激烈而导致选举出问题的村，在全县所占比例还不到5%。导致竞争激烈的原因，基本上是村内集体资产较多，当选后有利可图，资源是导致利益冲突、关系紧张的关键因素。而在大部分无集体资产的社区或人均收入较低的村子中，多数村民既不想当村主任，也觉得自己没钱当不了，选举并不是人们关心的事情。

通过这次调研笔者发现，关于村民自治的研究，一方面，更多的是外界对农村民主发展的期望，即希望通过农村社区的民主实践，总结经验，逐步深入推进，最后影响城市社区的民主；另一方面，研究对象多数集中在经济较为发达的社区，村中集体资产较多或潜在利益诱惑较大，记录的选举竞争状况也就异常激烈。

实际上，就资源并不丰富的贫困农村社区而言，村民自治的主体——村干部及村民，对村民自治和参与选举的意义及价值有着不同的理解。于是，探讨资源匮乏型社区的村民自治的议题很自然地进入我们的研究视野中。

3. 样本选取和方法运用

本次对西部农村村民自治议题的调研，重点关注了三个群体，即各级政府行政部门中主管村民自治的干部、村民以及村干部。对行政干部，采用了个案深度访谈的方法；针对村民，主要采用了问卷及访谈方法；对村干部采用了访谈方法，在对村委会主任和村党支部书记的访谈中，采用了扎根理论的方法。

样本的选择采用随机抽样的方法。在陕西省，按照陕北、关中、陕南三个不同的地理区域：第一层抽样，根据乡镇数目与人口数量两个因素，在陕北、陕南各随机抽取了 1 个地区，关中从东到西，选取了 3 个地区；第二层抽样，各地区抽取 1 个县，共 5 个县，即周至、韩城、陇县、洋县和富县；第三层抽样，各县抽取 2 个乡镇，共 10 个乡镇；第四层抽样，每个乡镇抽取 2 个村。本次调研活动村级样本共 20 个。在村落调研中，因特殊原因，有一个村在进行了一次访问之后，没有进行第二次访问。另一个村，由于道路原因，两次均未到达，仅对村委会主任及村党支部书记进行了访谈。其他各村都进行了两次调研。原计划对每个村的党支部书记和村主任都进行访谈，在实际调研时，有被采访者不在当地，因此无法实施访谈。最终完成访谈 37 位。关于村民问卷调查样本构成，在 20 个样本村落中共发放问卷 780 份，回收有效问卷 650 份，回收率为 83.3%。

需要特别说明的是，本研究还较为系统地运用了扎根理论的分析方法。在初次调查中，对村委会主任和村党支部书记的访谈基本上是按照访谈提纲进行的。因为是初次见面，他们对一个陌生人的访问存在一定的戒备，并且访谈时有民政局及乡镇干部在场，因此，虽然获得了一些社区村民自治的基本信息，如农村社区发展对项目的依赖、村委会干部的精英化、民主选举的正规化等，但是，对相当一部分问题并没有深入交谈，调研的结果也都比较表面化。

第二轮对村主任、村党支部书记的访问中，由于有之前的接触，彼此显然更容易沟通。课题组运用扎根理论，强调被访者所关注的问题、感受，关于他们是如何处理问题的，尽可能地倾听他们的声音。在访谈进展的过程中，不同地区村干部相似的管理方式开始呈现出来。同时，与前期的访谈内容进行了比较分析，经过不断抽象概念化的过程，形成了初步的结论。

（二）农村社区村民自治研究的关注领域

作为本研究的理论出发点，课题组将首先考察农村社区村民自治的一般状况及其特征，这是进一步分析资源匮乏型社区村民自治的基础，也是发现村民自治共同性与差异性的逻辑要求。

1. 农村社区村民自治的基本状况

在制度建构方面，1982 年的新宪法确认了村民委员会的法律地位，规定其为我国农村社会的群众性自治组织，是农村村民自治的基本形式。各级政府相继颁发了有关村民自治的法律、法规，自上而下地推动村民自治的发展。1986 年，中共中央和国务院发出《关于加强农村基层政权建设工作的通知》，1987 年 8 月发布《关于进一步建立健全村务公开制度，深化农村村民自治工作的通知》，1987 年 11 月通过《中华人民共和国村民委员会组织法（试行）》（下文简称《村组法（试行）》）。此后，民政部也先后就村民自治的具体执行发出多个通知。1998 年 11 月 4 日，《村组法》正式颁布实施。2010 年 10 月 28 日施行修订后的《村组法》。

在实践方面，到 2010 年，全国性的村民委员会换届选举已进行了 7 次。在推行四项民主、村务公开等具体制度的过程中，各地探索出了“海选”“公推直选”“两票制”“五人联名、代表预选”“联选”和“村民公决”等多种执行方式。在各级民政部门的推动下，各地依《村组法》均建立村民委员会，实行村民自治，“民主选举、民主管理、民主决策、民主监督”成为基层民主的表现形式。

在学术研究方面，亦产生了诸多不同的理论观点。一种被普遍认同的观点是，基层民主建设是中国民主政治发展的基础，而村民自治除了能够解决农村公共事务之外，还有着巨大的政治价值，因为它在继续保持国家对乡村控制力的同时，还符合人民民主的新要求，这其实是国家对村民自治“潜在价值”的发现。[①] 还有学者认为，重大的民主改革也将通过在农村社区的试验，逐步向上推进。村民自治被认为是整个中国政治体制改革的基本路径，对中国民主政治建设有着重要的基础作用，在开创中国特色的民主发展与丰富民主政治理论方面有着独特贡献。[②]

也有学者认为，要处理好村民自治与政府干预的关系。村民自治就是完全要由村民自己说了算，自治不应受政府干预；村民自治在实现自治上的成效不够显著，村民自治应该实现的是它的原初目标即农村社会的良好治理，而民主只应是实现自治的合理手段之一。对村民自治的发展，学者认为，中国村民自治的成长从上看需要体制性的行政放权，从下看则需要现代社会组织的发育。村民委员会为村民自治提供了制度性的自治平台，需要农民组织化参与。传统的家族不可能为村民自治提供所需要的组织资源，只有市场化过程中形成的理性化社会和农民的自我组织，才能为村民自治的成长提供必要的社会条件。不能以上面的意志指派自治者，同时也不必过于在乎下面产生自治者的程序是否“标准”，只要以法治保证这些组织不侵犯人权即可。

就现代政治的基本组织原则而言，任何自治都是政府主导下的自治，国家不仅提供制度设计，还提供法律保障和财政支持。通过村民自治，国家与村落的关系被重新界定。但是，国家的管理仍必不可少，农村的发展不仅需要国家公共财政的投入，也有赖于公平

① 华中师范大学中国农村问题研究中心：《中国农村研究》（2002 年卷），中国社会科学出版社，2003，第 156 ~ 158 页。

② 吴毅、李德瑞：《二十年农村政治研究的演进与转向——兼论一段公共学术运动的兴起与终结》，《开放时代》2007 年第 2 期。

正义、稳定和谐的社会环境，二者的关系始终处于不断的调整平衡中。

2. 村民自治的模式及其特征

村民自治型治理模式强调的是自治，治理的主体是村民和各种形式的社区自治组织，社区居民和自治组织是社区事务的管理者和决策者。农村社区自治模式是指农村基层公共权力的配置及其运作方式，其核心是国家与农村社会关系的协调。治理模式的性质、结构、功能和运作，直接关系到国家治理农村的绩效，也关系到国家政权的巩固。其特征包括两方面：第一，治理是个互动过程。在社区建设的过程中，政府通过社区建设，发挥本身的组织与资源优势，社区居民也广泛参与，共同推进社区的建设与发展，从而达到有效治理社区的目的。第二，农村社区是通过上下左右的互动、合作协商、确立认同等方式实施对公共事务的管理。多元利益群体自主性的增强和其通过自治性的管理来实现利益需求的愿望，是推动社区公民参与社区事务的根本动力，亦是促进社区建设与发展的主要力量。

（1）乡－村关系模式。

自20世纪80年代推行村民自治以来，中国的乡村治理实际上形成了乡镇政权与村民自治结合的“乡政村治”模式，即国家基层政权设立在乡镇，在乡镇以下的村实行村民自治。有些学者站在总体上肯定乡镇机构的政权性质、支持村民自治的角度，对现时期乡村治理问题进行了深入思考，进而构设出总体上可称作“理想村民自治”的各种乡村治理模式，期望乡村社会治理实现“理想”的飞跃。其中，徐勇提出县政、乡派、村治模式及乡派镇治模式，徐增阳提出乡派镇政模式。有些学者则依据自治理论与国外自治实践，对我国村民自治的实践和理论进行了反思，甚至对乡镇机构的政权性质加以否定，提出“批判村民自治”的乡村治理模式。其中包括，郑法提出的乡镇自治模式，沈延生提出的乡治、村政、社有模式。

（2）社区能人模式。

所谓社区能人，是指乡村中在创业、营销与技术等方面能力比较突出的群体。社区能人按照不同的标准有着不同的分类，主要有创业能人、技术能人、村干部能人等。他们对乡村的发展和社会的进步作出了杰出的贡献。

根据相关的研究，西部的乡村致富能人数量比乡村经济发达地区的多，但其所在的乡村经济反而不发达。其原因可能在于经济发达程度不同的地区，人们对农村致富能人的理解与判断标准不同。关于乡村能人的能力，西部乡村致富能人大多是偏向技术型的，其创业能力和市场营销能力较弱。其中，村干部也大多属于这种类型的社区能人。研究显示，村主任候选人致富能力对村民投票倾向“影响比较大”与“影响很大”，村主任的致富能力在村民心目中或投票决策中具有很大的权重，广大村民往往把致富能力作为衡量村主任候选人能力高低的一个重要条件，这反映了村民对村主任能力结构的新期望。乡村能人往往具有致富带动作用，致富能人“带动作用一般”的评价，显示他们的致富带头作用实际效果与村民期望还有距离。

建设新农村从而全面实现小康，乡村人才是关键。这主要指那些在乡村具有创业、营销与技术方面能力，德才兼备的“乡村能人”，他们是自己带头致富，同时言传身教或无形中示范带领村民致富的“双带”人才。乡村能人是新知识与新技术的乡村先行者。讨教与效仿邻里，是中国乡村农民简单、实用、有效的学习机制，乡村能人事实上是乡村农民学习的“标杆”，他们中的许多人在从事生产致富活动的同时，还为村民提供一定的公共服务，如扶危济困、捐资助学、修路建桥等。抽样调查研究结果显示，乡村能人对促进村民致富、乡村发展具有重要的示范带动效应。

但也有学者基于乡村能人对乡村发展作用以及建设社会主义新农村、全面实现小康社会作用的认知，表现出些许担忧。张晓山认为，农村社区由“强人”领导可能出现问题。一些发达地区的行政村，已经演变成为政企合一的集团公司，村社精英基本主导了权力与资本的配置。而且村社精英领导是可以长期拥有权力的，还可将权力继承转让。如果“强人”能够秉公办事，社区就能稳定和发展；如果“强人”不公正，或以权谋私，社区就会出现问题。

(3) 社区情感认同模式。

在现代化发展大潮中，维系传统社区情感认同的纽带逐渐失去作用，市场机制和利益日益成为现代村民交往的基本规则，农村社区的凝聚力与向心力逐步弱化。人们意识到，在传统社区认同日益式微的当下，要让农村社区良性有序发展，当务之急是构建新的认同模式和参与机制。

滕尼斯指出，社区是“基于一定的地域边界、责任边界，具有共同的纽带联系和社会认同感、归属感的社会生活共同体，共同的情感关怀维系着人们对社区的认同”[①]。那么，如何才能保证社区共同体的凝聚力呢？当然是强化社区情感认同。社区情感认同是指，“居住在一定地域范围内的人们，基于自身生活和发展的需要，在相互沟通、相互交往、互帮互助的基础上，所形成的心理上的依恋和归属”。这种社区认同是社区成员与社区联结的纽带，社区认同的强弱反映着这种联结的紧密或松弛程度。当然，另外一些观点认为，“随着农村改革及乡村社会分化，建立在集体经济及政治控制基础上的社区日益解体。在新的历史时期，应通过加强农村公共服务，构建新型农村社会生活共同体”。“农村的乡土传统正处于迅速的瓦解中，基本表现即为人际关系的理性化，这在一定程度上削弱了农村社区认同。”在此背景下，村民对农村社区的认同日益弱化。曹海林从公共领域的视角论述村庄共同体，“乡村正式公共空间的萎缩引发乡村‘捆绑式社会关联’的解体，非正式公

---

① 滕尼斯：《共同体与社会》，商务印书馆，1995，第53页。

共空间的凸现则带来乡村‘自致性社会关联’发生的可能，乡村社会的整合不再主要是建立在外部的‘建构性秩序’基础之上，而是更多地依靠乡村社会内部形成的‘自然性秩序’”①。这意味着，乡村公共空间的萎缩是传统社区认同式微的主要原因。吴理财则论述了农村社区认同与社会资本、社区参与、行为规范、社区记忆以及生产方式变化的关系，并指出“社区认同与社会资本、社区参与以及社区记忆都是相互强化的”②。

村民对农村社区情感认同的下降，会给农村社会生活带来极大的危害，村民社区参与的不足就是其主要表现。村民社区参与是指农民群众通过参与社区公共生活，影响社区公共权力运作，分享社区建设成果的行为和过程。参与具有重要的意义，不仅有利于促进农村社区公共决策的科学化、民主化和合法性，还可以促进农村基层政治的发展和增强村治运作的透明度，拓宽村民的利益表达渠道。这是公民参与的重要内容，也是构建公民社会的基础。关于这一点，丁元竹的论述更为精辟，他认为，真正的社区建设只是简单地回归了人类的社会本性，从“看不见人”的社区走向“看得见人”的社区。在历史发展的过程中，实际上存在着价值意义上的社区和工具意义上的社区。价值意义上的社区是基于滕尼斯的共同体理念衍生出来的、理想意义上的社区，包含了舒适感、识别感、安全感、交流感、成就感等精神和生活的意义。生活共同体是人类的本质属性。个体在与他人的相处和交往中得到满足，产生安全感，犹如在空旷的荒野，一丝灯光都会使人感到欣慰和安定；也犹如家庭，成员在其中亲密无间、无拘无束地交流，精神放松并获得内心的愉悦。社区精神是生活共同体不可缺少的要素。人们之间的日常交往和共同联系需要制度保障，这种制度是以道德为基础，而

---

① 曹海林：《村落公共空间与村庄秩序基础的生成——兼论改革前后乡村社会秩序的演变轨迹》，《人文杂志》2004 年第 6 期。

② 吴理财：《农村社区认同与农民行动逻辑——对新农村建设的一些思考》，《经济社会体制比较》2011 年第 3 期。

不是以市场交换为基础。只有在平等的基础上，才能形成互相关怀的社区关系，价值意义上的社区才得以实现。①

3. 村民自治模式形成的原因

村民自治模式的形成，一是在于现代社会的风险性，一方面体现在新技术的运用上，另一方面是市场经济的不确定性。改革前的农业生产，多是粮食作物，技术含量低，经验多建立在常识的基础上；现代农业，粮食作物种植依靠新技术，尤其是经济作物对新技术的依赖性更大，同时经济效益也是显而易见的，也因此形成了农民收入上的差别。既有自愿学习新技术、提高经济收入、改变生活条件的人群，也有愿意停留在原有的生产轨道上，不作改变、处于自给自足的贫困状态、不愿意接受变化的人群。在运用新技术的过程中，有因个人能力不同而导致成功或失败的情况；也有外在原因，如灾害性天气等，使经济作物或粮食作物受损，投资失败。在生产之后的销售环节，市场的不确定性凸显，信息来源、对市场的判断、销售渠道等因素至关重要。面对现代社会的种种风险，以强制为主要手段的外在管理显然无法秦效，因为外在管理面对市场的多变，缺乏灵敏性。例如有的乡镇政府为发展当地经济，要求农民统一种植某种经济作物，经过 1 ~ 3 年的种植，由于市场原因，不仅没有收益，还出现了较大亏损，农民把责任归于乡镇政府并要求赔偿。市场竞争瞬息万变，存在市场失灵现象，这为政府干预提供了依据，但是政府干预也有失效的可能。

二是在于对社区精英的依赖性。近年来，虽然政府对乡村建设的财政投入逐年增加，但农村社区依然存在基础设施不足、公共服务产品短缺的问题，村民在教育、医疗、社会保障等方面的需求难以得到满足。尤其是各种基础设施的建设，以项目形式实施，需要的社区多，而提供的项目少，因而需要社区精英通过各种途径争取项目或自筹资金，改善社区基础设施现状，这加重了对社区精英的

---

① 丁元竹：《滕尼斯的梦想与现实》，《读书》2013 年第 2 期。

依赖，强调他们的经济能力。在社区中发挥主要作用的是村党支部、村委会的干部，他们在农村社区中有较高的威信，有广泛的政治资源，有着一定的社会责任感，对社区的整体发展起着举足轻重的作用，在村委会主任的选举中，呈现从“能人型”村主任到“德才兼备，以德为先型”村主任的发展趋势。

三是由于社会组织的发展薄弱。各种组织的数量和运作质量都处于初步发展阶段，力量参差不齐，发挥作用大小不一。农村社区组织基本上是按照上级要求建立的，主要有党支部、村委会、妇女组织、调解委员会等。从总体情况上看，不论是经济专业合作社，还是协会、自乐班等，组织数量不多，活动频率不高，人员参与率低。因此，村民之间的合作与互惠仍以私人情感为基础，交往网络范围窄，局限于家庭、血缘、地缘范围。

（三）对村民自治研究的反思

在以往对村民自治的研究中，研究者根据个人的学术背景和兴趣从不同的视角进行实证研究和系统论证，涉及的领域包括制度性、结构性等方面的议题，但是，只见树木不见森林的研究取向至少在社会学研究文化转向的背景下还是存在的。

1. 宏大叙事，遮蔽社区的本土性

从村民自治的制度层面分析，徐勇教授认为，制度创新可以改善村民自治中的问题，而任何孤立或单项的乡政改革很难取得实质性成效，必须从国家对乡村社会治理的角度，进行县、乡、村联动性、结构性的改革；他提出应当由“乡政村治”模式向“县政、乡派、村治”模式转换。① 这样的研究过于宏大，对认识微观层面的村民自治其实意义并不大。

在国家与社会关系层面，有研究者提出，村民自治实质上是通过给予农民充足的自主发展空间，在增强农民对国家认同感及赋与

① 徐勇：《县政、乡派、村治：乡村治理的结构性转换》，《江苏社会科学》2002年第2期。

农民权力的同时，实现国家治理与农民自我发展的双重目标。权力分析范式的广泛运用，在社会资本被过度单一化的同时，也忽视了情感在社区运作中的文化力量。从实践层面看，村民自治在实际运行中产生的明显行政化倾向，就是因为人们看不到社区社会资本的生动性和丰富性，而将村民自治更多地视为一种完成国家行政任务的载体，国家很难通过这种“行政化的村民自治”构建一种新型文化网络关系来实现国家和村落社区的健康互动。[①]

2. 对权力分析的过度依赖

帕特南的研究对正确判断农村社区的村民自治有一定的参考价值。“改变正规制度能够改变政治实践。制度变迁逐渐在认同价值观、权力和战略上带来变化”，“社会环境和历史深刻地影响着制度的有效性”。作为制度化的村民自治的广泛实施，引起了农村社会的深刻变化，对此学界研究成果颇多。但是，就现在的研究视角而言，多数集中在制度、文化、经济层面，并且对经济较为发达地区的研究较多。对村民自治的主体——农民关注不够，尤其是对资源匮乏地区的农民的需求、自治的动力、共同体认同的根源、构建社区的力量等的研究较少。

村民自治在农村的实施，不仅依靠强制性的法律、精巧的治理设计和意识形态的灌输，还需要建立一个以当地社会环境和历史经验为基础，以农民意愿为主体的治理体系。而对这方面的忽略，大大削弱了现有研究的本土性价值，研究成果也往往成为空中楼阁而难以接“地气”，更谈不上发挥实际效用。

3. 缺少对资源匮乏型社区的研究

村民自治研究，多集中在三方面：其一，社区内部的问题，包括选举中存在的问题、村务管理、村内大事的决策、对村干部的监督、村干部的角色冲突、村“两委”的矛盾、村民与村干部的矛盾、社区

---

① 刘涛：《国家与社会视角下的村民自治实践——对中国乡村民主制度的回顾与思考》，http：//www. aisixiang. com/data/45730. html。

内各种组织之间的矛盾等；其二，社区内外的关系问题，村委会、村党支部与基层政府的矛盾，基层政府的行政管理与村民个体化的矛盾、村民上访等；其三，村民自治的规范性建设问题，即相关法律、法规在乡村社会的适应性，从传统礼治到法治的转型，法律制度在农村社区实施中的变通，传统对现行法律的作用与影响等。研究内容虽多、范围虽广，但对地区差异关注不足，尤其是缺少对资源匮乏社区的研究。

第二节 西部资源匮乏型社区与村民自治

西部地区农村的配置性资源与中东部地区相比较为匮乏，一方面是由于地理环境因素导致的生态脆弱性；另一方面是国家对西部天然气、石油、煤炭、水、林木等资源的管理，限制着当地经济的发展。总体来讲，西部的村民自治是贫困中的自治。

（一）西部农村与资源匮乏型社区

按照一般的说法，我们往往认为，西部农村资源是贫乏的，因而其治理过程往往是需要大量地“输入”资源，但以优势视角观察，其本身也存在自己独有的优质资源，如何在治理过程中挖掘并发挥这种资源的价值，并与所输入的资源良性互动，则需要更深入的思考与分析。

1. 西部农村坐标中的资源匮乏型社区

根据国家扶贫办 2012 年公布的国家扶贫开发工作重点县名单，全国共有 592 个县为扶贫开发工作重点县，其中中部 217 个、西部 375 个，占全国贫困县的 63%。目前，陕西贫困县有 50 个，占西部贫困县总数的 13%，在全省 107 个县、区中，重点贫困县占总数的 46.73%。

西部是我国贫困程度最严重的地区，多年来一直是扶贫开发的重点区域。西部地区的贫困对象组成复杂，革命老区、民族地区、边疆地区和特殊类型贫困地区集中分布。

2. 西部资源匮乏型社区的特征

以陕西为例，贫困地区区域发展滞后，资源匮乏。集中表现为，一是贫困面积较广。全省现有国家扶贫开发工作重点县50个，还有14个国家级连片特困地区涉及3个片区、43个县，再加上2个省级连片特困地区的17个县，共有60个县，超过全省县（市、区）数量的一半。二是贫困人口规模大。从中央扶贫开发工作会议将农民人均年纯收入2300元作为新的国家扶贫标准后，陕西确定了2500元的标准，按此标准，识别出的贫困人口规模为228.6万户、775万人。到2012年年底，全省还有689万贫困人口，占农村户籍人口的24.9%，尤其是43个国家片区县贫困人口达到51.8%，贫困发生率达37.9%。三是贫困人口收入较低。2012年陕西贫困人口平均年收入为2167元，仅为全省平均水平的37.6%，相差3596元。与此相比，西部地区的其他一些省份，面临的贫困问题可能更加突出。

（1）生态脆弱性。

西部地区生态环境十分脆弱，自然灾害较多。中国科学院的调查报告显示，西部地区是我国自然生态极端脆弱区，人地之间的矛盾十分突出，面临一系列的生态破坏及退化问题。例如，水土流失、土地荒漠化、土壤盐渍化等现象严重；植被稀少、森林草原大面积退化、生物多样性减少；西北地区水资源短缺恶化；生态景观单一，缺少生态屏障，沙尘暴发生的次数逐年增加，影响范围逐年扩大等。更重要的是，西部地区处于我国的江河源区及其上游地区、西北季风的发源地或上风口，对我国其他地区的生态环境有着极大的跨区域性影响。新中国成立以来，我国一直比较重视生态环境建设，特别是改革开放以来，实施了一系列林业生态建设工程。但生态环境好转的速度赶不上生态恶化的速度，生态建设的成效不明显。西部地区生态环境的总体状况仍是普遍脆弱、局部改善、总体恶化。[①] 西部地区自然生态的

---

① 程国栋等：《西部特有难题更需依靠科技》，http：//www.cas.cn/jzd/jys/jyslt/200403/t20040310_ 1677585.shtml。

脆弱性，长期影响着西部地区的发展。

（2）自然资源有限性。

目前，在西部大开发中，部分人认为，西部开发就是资源开发，希望通过能源和矿产资源的开采，支撑西部地区经济社会发展。他们不顾当地自然条件，以各种方式变相侵蚀禁止开发区，在生态脆弱地带大规模进行资源开采，导致生态环境破坏严重，自然灾害多发。西部脆弱的生态资源一旦被破坏就很难恢复，造成的灾难性后果难以弥补。在西部的发展中，人与自然的和谐相处仍是关注的重点，否则，不仅会将已取得的成绩摧毁，会使人的生存更加艰难。在这方面，我们需要尊重本土知识，学习当地人所积累的人与自然相处的理念和经验。

（3）基础设施落后。

农村整体基础设施薄弱，县乡公路等级偏低，路网不健全，且受天气影响较大，村内道路建设滞后，巷道硬化率较低，输配电网络不健全，不良供电线路较多。为改善农村生产、生活及产业发展而需要实施大量建设项目的资金落实较难。若政府不建立专项资金，则很难改变农村基础设施落后的现状。

（4）土地合理利用较难。

西部地区平原土地面积小，人口密度太大，耕地、农田保有量固定，同时，因自然条件差、灾害影响大，抵御风险的能力很弱，受条件限制，土地合理利用难。

（5）经济发展难度大。

农业受环境、天气等影响较大，尤其是深山区、高山区。特色产业发展基地规模小，农产品加工链条短、附加值低、专业化程度不高、市场占有率低，难以增加农民收入。农户发展经营中存在缺项目、缺资金、缺技术、缺市场信息、贷款较难、利息高等问题，农户增收渠道少且阻碍因素多。农产品生产周期长、市场风险大，普通家庭生产承受风险能力较弱，需要政府提供资金及技术支持，以促进群众增收。

(6) 留守人员多。

人力资源流动的特点决定了西部农村青壮年劳力多数外出务工，村内留守老人、妇女、儿童较多，教育、医疗及养老等问题突出。村庄老年人面临医疗卫生、养老、生活等问题，妇女面临健康、子女教育、家庭关系等问题，儿童面临教育、抚养等问题，剩余劳动力面临增强职业技能的需求等问题。目前，教育发展不均衡，群众看病难、看病贵问题仍存在，基本保障覆盖面窄、保障水平不高，文化基础设施薄弱，饮水等基本生活设施不配套，这些问题亟须解决。

村干部报酬低。村干部待遇差，影响工作的积极性。农业税费改革以来，农村社区干部报酬低，事务繁杂。因此，在农村有一种说法，即“没钱当不了村干部，有钱不当村干部”。在这种情况下，如果打算在当地发展，不论社区经济状况如何，村民都会参与竞选村干部，一方面可以实现自我价值，另一方面可以增加社会资本，为自己以后的发展增加机会。如果要外出打工，村民则会放弃竞选，所以，有的社区出现了没人愿意当村委会主任的情况。

3. 打破西部资源匮乏型社区的想象

目前，我国东西部地区的发展较不平衡，相对落后的西部地区在发展时具有明显的“后发优势”。“后发优势”是一个经济学概念，是指经济发展较落后的地区，可以通过模仿发达地区的先进生产技术和科学管理模式，在较短时间内获得经济上的快速增长，同时可以避免走弯路。我国西部地区作为后发展地区，不仅在经济发展中，在村民自治方面也具有一定的“后发优势”。

首先，国家政策的支持。随着改革开放的进一步深入，国家实施西部大开发政策，对西部的发展提供了一系列优惠政策。我国综合国力增强，国家能够向西部地区提供更有力的财政支持，用于西部基础设施和公共设施的建设，改善西部的环境，这些政策的实施在较大程度上改变了西部社区的基本面貌。

其次，丰富的社会资源。在西部资源匮乏型社区，其实更缺少的是经济资源而不是社会资源。值得一提的是，在今后的社区建设中社会资源的利用和聚集将起到至关重要的作用。这样，西部的经验会改变人们对西部资源匮乏型社区村民自治不发达的印象。

最后，可资借鉴的经验。东部较发达地区对西部的发展提供了可资借鉴的先进技术和管理经验等，发达地区经济社会发展所产生的社会问题，对西部地区来讲，具有警示性作用。同样，西部资源匮乏型社区的经验，也会对东部完善社区建设发挥积极的影响。西部资源匮乏型社区以情感维系社区共同体和社区自治纽带的特点对相关地区都会有启示作用。

（二）资源匮乏型社区的结构

在社会结构中，整体中每一个部分都反映和含有整体的性质与信息。社会由社区构成，是“聚居在一定地域范围内的人们所组成的社会生活共同体”，其中包括人口、地域、设施、文化、组织等。帕森斯认为，社会结构是由具有不同功能的、多层面的子系统构成的社会系统，是包含执行“适应”“达到目标”“整合”和“维持模式”四项基本功能的整体系统。

1. 社区结构的基本分类

对应社会的四项基本功能，社区结构包括了四种系统。“经济系统”执行适应环境的功能，表现为组织、协调、管理生产经营活动，提供产前、产中、产后服务等；“政治系统”执行目标达成功能，主要表现为农村社区维护村民的合法权益，建立和发展各类社区组织，推进村民自治和基层民主法制建设等；“社会系统”执行整合功能，具有维护本社区治安秩序、调解民间纠纷、管理计划生育、维护社区的作用；“文化系统”执行模式维护功能，担负着为农村社区发展教育、开展文化娱乐和体育活动的作用。此外，更要看到农村社区的整合功能。首先是其人际交往和互动性，即社区人与人之间的关系、认同与实践。各种各样的正式和非正式组织都因社区人不同的利益、需求而产生或消解。其次是它的联结性，这是基于农村社区内部不同群体、组织间同大社会的关联。最后是它的支配性。农村社区实际上还隐含着对特定社会空间内人与物的支配权力，对不同社会关系的组织与管理。农村社区发展中面对的一些实质性论题，如资源、需求、利益、权力、治理等，都影响着农村社区体系的完整性和合法性运作。

2. 资源匮乏型社区结构的形成

吉登斯的结构化理论认为，“结构是潜在于社会系统不断再造过程中的规则和资源”。规则属于行动者知识能力的一部分，指导人们的沟通互动流，有规范性的规则——具有合法性用以明确指导行动者，以及解释性的规则，解释框架和某一具体情境下行动者彼此心知肚明的规则。资源是物资配置与组织能力，是控制的要素。规则和资源相互关联，在现实中同时存在于互动的行动流之中。规则和资源的不同组合会形成不同的结构。规则和资源都在实践的运作中，离开实践，规则和资源都成了无源之水、无本之木。因此，社区结构既是由人类的行动建构起来的，同时又是人类行动得以建构的条件和中介。社区结构体现了人具有能动性的同时，又受客观存在的制约。人在结构之中，行为、互动受社会结构的制约，在结构的指导下生产和再生产结构。同时，人具有能动性，可根据经验改变思路、改变行为及互动方式，从而改变社会结构。

资源匮乏型社区结构的形成，既有地理环境因素，也有制度因素等。西部地区的贫困有物质贫困，也有文化贫困。物质贫困包括收入贫困、资产贫困、公共产品贫困、环境资源约束性贫困。物质贫困既存在绝对贫困，即在特定的社会生产方式和生活方式下，个人和家庭依靠劳动所得或其他合法收入，不能满足基本的生存需要；也存在相对贫困，一方面随着社会经济发展，贫困线不断提高而产生的贫困，另一方面指同一时期，不同地区之间、各阶层之间、各阶层内部不同成员之间因收入差别而产生的贫困。随着东西部收入差距拉大，相对贫困现象更加突出。文化贫困是指知识的贫困，缺乏必需的教育资源投入，导致知识、技能及体质等方面低下。相对于物质贫困，文化贫困影响更深远。在影响西部贫困的因素中，生态环境的脆弱性是永久性的制约因素。西部地区作为全国乃至全世界生态环境屏障，受国家政策约束较多；西部在国家自然资源战略中的重要作用也将长期存在。因此，西部的贫困受综合因素的影响，西部地区需要中央及东部发达地区对其进行补偿、补助和支援。

改革开放后的经济主导模式，使发展的重心、衡量进步的标准及政府对农村干部的考核等都集中在经济指标方面，从而使西部的贫困更加明显，东西部地区差距更大。在西部地区，消费主义、个人主义盛行，注重家庭经济利益，漠视公共利益、集体利益；社区内的异质性增强，贫富差距增大，人情淡漠；流动性加剧，人们的时间、精力都转移到外面，社区事务较少有人关注等。但是户籍制度的限制，养老、医疗、教育、子女成长等因素又制约着农民在城镇的安家落户与发展，他们在年老时，不再适应城市的节奏，可能又不得不回归故乡。因此，社区的发展仍是他们关心的问题。

3. 资源匮乏型社区的功能

尽管是西部资源型匮乏社区，但是一切社区所具有的基本功能，尤其是涉及社区发展的一些基本动力因素还是存在的。只是这里的社区在村民自治中会面临更多的挑战。同其他社区一样，资源匮乏型社区的功能体现在以下几个方面。

(1) 介入经济活动，改善社区人的生计状况。

农村社区生计问题往往是社区关注的首要内容，也是社区人眼前利益的集中体现。为此，一些农村社区会将自己的关注领域投向生计，透过不同渠道融资，将社会发展的初期目标首先锁定在增加社区人的经济收入上，并将其作为一种实践策略，以此激发社区人的参与。尤其是在组织技能培训、提供物资和贷款等基础上，发挥社区人自己的力量，改善社区人的经济状况。资源匮乏型社区在获取外部资源方面存在较多的困难，经济活动的活跃程度较弱，生计状况也较为脆弱。

（2）发挥社区精英作用，增强社区凝聚力。

“仓廪实而知礼节，衣食足而知荣辱。”贫困地区的村干部常感叹，本村人穷事多，因经济问题家庭邻里矛盾不断。社区精英在经济、技术、与外界交往等方面较一般农民而言能力强、知名度高，在民主选举中，村民也愿意推选他们成为村委会主任及干部，其本意就是希望依托他们的力量，推动社区的发展，将个人主义、物质主义日益盛行的“一盘散沙式”的村落，重新凝聚起来，满足人们的情感需求。资源匮乏型社区的精英在凝聚社区力量中更有优势，他们的社区影响力、认同感的获得在很大程度上依赖人脉、情感等因素。

（3）动员参与社区事务，维护社区利益。

社区事务涉及社区整体的生活质量和共同利益的一系列活动，包括社区资源、发展项目和财产等。社区利益是社区大多数成员的共同利益，是保证社会成员进行正常有序的共同生活的基础。有效地回应社区需求、促进社区经济社会的发展，是社区组织存在和发展的依据。资源匮乏型社区在社区公共财产方面处于相对不足的状态，所以社区的动员能力整体上看存在较大的缺陷，但并不会因此就忽视社区共同利益。相反，他们会更加团结，在一些事物上更能体现凝聚力。

（4）解决社区问题，维持社会秩序。

社会秩序是社会各部分关系协调、稳定的状态，是任何社会都极力追求的目标之一。在实践中，农村社区组织通过改变社区环境、完善制度来解决社区人所遇到的各种问题，从而减少社会问题激化的危险，起到维护社会秩序的作用。

（5）调整人际关系，促进社区和谐。

社区和谐是社会各构成要素之间良性互动，社区成员之间相互接纳、平等相处的状态，人们之间具有良好的关系和社会支持是健康社会的表现。农村社区组织以人为本，通过在社区成员之间建立相互支持、关怀的关系，从而化解矛盾、减少冲突，最终促进社区的和谐。

（三）社区中的村民自治

在村民自治的体系中，主体包括了乡镇党委、政府、村党支部、村民委员会以及农村各种组织、村民等。乡镇党委、政府是村民自治的指导者，传达、贯彻中央及省、市、县自上而下的各项政策、目标任务；村党支部与村民委员会是体系中的核心力量，是连接乡村内外的中介；农村各种组织与村民是乡村村民自治的主体。在管理体系中，多元主体协同合作，形成村民自治的合力。

1. 社区村民自治的构成要素

社区自治是基层民主的主要形式之一，其构成要素主要有参与主体、区域、社区组织和自治权。

参与主体。根据《村组法》第十三条规定，年满十八周岁的村民，不分民族、种族、性别、职业、家庭出身、宗教信仰、教育程度、财产状况、居住期限，都有选举权和被选举权。村民委员会选举前，应当对下列人员进行登记，列入参加选举的村民名单：户籍在本村并且在本村居住的村民；户籍在本村，不在本村居住，本人表示参加选举的村民；户籍不在本村，在本村居住一年以上，本人申请参加选举，并且经村民会议或者村民代表会议同意参加选举的公民。已在户籍所在村或者居住村登记参加选举的村民，不得再参加其他地方村民委员会的选举。

区域。社区的区域范围和自治界限。在区域范围内，主体在宪法和法律的规范下，享有一定的自治权。村民自治在各地不尽相同，有以行政村为单位的单级治理，也有以行政村和自然村相结合的两级治理，在“两层楼”的治理结构下，自然村（村民小组）是村民自治的最基层组织。①

---

① 刘庆乐：《当代中国村民自治历史起点问题》，《华中师范大学学报》2009 年第 6 期。

组织。农村社区组织主要指由农民自发，或是在政府的推动和支持下组成的组织，参与主体主要是农民，目标在于更好地实现农民的政治、经济、文化及社会利益。按其性质可分为三大类，即政治组织、经济组织、社会组织。农村社区政治组织按《村组法》及政府有关规定成立，主要由村委会、监委会、团支部、妇代会、治保会、计生协会、调解会等组成；经济组织主要由专业经济合作社、中介组织等组成；社会组织主要指除政治组织、经济组织之外的其他农村服务性、公益性、互助性组织。

自治权。关于村民自治的宪法和法律主要有1982年宪法，《村组法》，行政规章——国务院和民政部有关的规章，地方性法规——各省、区、市人民代表大会常务委员会制定的《村组法》实施办法、村委会选举办法，以及通过的有关暂行办法等。

目的。村民自治以维护社会秩序、促进社会和谐、保障人民安居乐业为目的。虽然城市化在不断推进，但农村人口依然占我国总人口的70%左右，可以说，农村社区的稳定和谐是国家稳定和谐的重要基础，村民生活的幸福指数是评价全民幸福指数的重要组成部分。

内容。在农村社区中，村民自治涉及社会、政治、经济、文化及生产生活的方方面面，承担着协调社会关系、解决社会问题、化解社会矛盾、促进社会公正、应对社会风险、维护社会稳定、推进社会和谐等任务，内容广泛。

2. 资源匮乏型社区的村民自治实践成效

西部资源匮乏型社区的村民自治，在经历了多年的探索与实践之后，也摸索出一些成功的经验。

（1）村委会、党支部工作的重心向服务转变。

2000年，为解决日益突出的农民负担问题，中央启动了农村税费改革。陕西省于2005年，在全省范围内免征农业税。在取消农业税费以前，乡镇政府、村“两委”的主要工作就是收取各种税费，税费收取具有强制性，必须按时按量缴纳，不论收取者还是缴纳者，都认为不交是违反国家政策、违反有关法律法规的，所以收取者对不缴纳税费的村民可以采取强制措施。他们无须考虑自己的行为是否违反了法律，只要达到目的即可，在社会系统中，处于强势地位。随着农业税费的取消，中央提出建立服务型政府，农村工作的主要任务就发生了转变，农村社区工作的重点开始转向管理和服务，社会系统内部平衡被打破，乡镇、村干部对乡村社会的管理方式也开始发生转变，为农民做好服务成为工作的重点，干部与农民之间的关系得到了有效改善。经过几年的发展，基层各级干部的工作方式从思想上、行为上发生了根本转变，说服、沟通成了主要工作方法。

（2）完善了社区自我管理的制度。

制度的变革对管理方式的转变无疑有着很大的推动作用。在村民自治中，多主体共同协商解决问题是其主要特点，一系列有利于多主体共同参与解决问题的制度颁布后，对乡村社会的发展起到了很大的促进作用。近年来，陕西省陆续推行实施了一系列管理办法、意见，如《陕西省村务公开民主管理办法》《陕西省村民一事一议筹资筹劳管理办法》《关于在全省农村开展建立村民监督委员会试点工作的意见》《关于加快发展农民专业合作社的意见》等。这些管理办法、意见在农村社区都得到了不同程度的落实，村级组织、村民在处理事务时能“有法可依”，对推动社区工作发挥了积极作用。而农村社区农田水利基本建设、道路修建、人畜饮水工程、修建村委会办公设施等集体生产、生活公益事业项目的筹资筹劳，基本上采取了一事一议的方法，通过召开村民会议或村民代表会议，民主协商，自行研究项目应缴纳的金额以及酬劳等，形成决议后，各方遵守合约，按要求履行职责。

（3）促进了农村社区组织的发展。

村民自治的具体实施需要利用社区组织，动员社区党员、干部和群众，针对社区中存在的问题，各方广泛参与、共同解决。

在互动过程中，各方之间互相沟通、增进了解、协商合作，促成问题的解决，增强社区的凝聚力，增加村民的归属感。在这个过程中，社区组织发挥着重要的作用，农民根据各自的要求，结成自愿组织，满足需求，对推进社区的稳定、有序、健康发展有着积极的作用。随着我国的社会转型，乡村社会结构深刻变化，社会问题呈现新的特点，社会服务内容繁多，仅仅依靠乡镇干部、村干部力量很难解决乡村社会的管理和服务问题，只有通过社区组织的参与，政府的各项惠农政策、公共服务才能更有效地发挥作用。

从组织发展的脉络可以看到，社区组织将会得到进一步的发展。一方面，从农村社区群众的自身需要来看，从家庭联产承包责任制到取消农业税费，农民逐步走出强制管理的束缚，走向自我管理，与村委会的联系逐渐松散。同时，由于外出打工人员的增多，社区内部各种自发组织的缺乏，农民个体处于孤立的状态。以前由于收取税费、农闲时节各家出工修农田水利工程，大家还有机会经常见面聊天。取消农业税费后，村民之间见面的机会少了，交流也比以前少了。在陕西农村，大多数农村社区经济条件不好，年轻人外出打工，除农忙时节的换工互助外，村里也没有多少集体活动，在有人牵头组织、有场地的情况下，村民的参与意识也是令人惊叹的。另一方面，“散”是现实，但其中也蕴藏着“聚”的因素，现在的经济组织——农民专业合作社的快速发展，以及各种社区民间组织，如养老、妇女、文艺、体育等协会和互助组织，也有逐渐发展的需要和趋势，各种组织是一种很好的相互合作的平台。

（4）提升了村民的权利意识。

随着信息技术的发展、社会流动的加快，农民获取信息的渠道逐渐宽广，由于电视、广播、网络的普及，农民能够及时获得党和国家的政策、法规等相关信息，对个人的权利有了新的认识，而且学会运用法律来保障自己的权利。调查显示，在民主选举中，村民会依法行事，即以《村组法》的条例，据理力争，趋于理性。有的村民对《村组法》条款的明了程度胜过县、乡干部，这也对相关行政及法律部门提出了依法行使权力的要求。

第三节 资源匮乏型社区村民自治研究及其意义

村民自治研究经历了不同的发展阶段：一是合理化研究阶段，其宗旨是论证村民自治的合理性，为村民自治提供理论论证，赋予其政治价值和理念形态；二是制度性研究，以《村组法》为核心的制度研究开始盛行；三是适应性研究，主旨是理论创新与民主巩固。村民自治在研究内容上主要是对村民自治制度的构造、村民自治运行的规则和程序、村民自治运行中存在的问题及对策、村民自治制度的特点及走向等进行制度和政策性研究。总体来说，村民自治研究缺少具有本土特色的理论体系与创新性解释。所以，对于村民自治研究，理论与方法上的突破至关重要。

（一）研究的基本概念和理论取向

要展开对本研究主体内容的讨论，首先需要厘清几个核心概念，这些概念是构成研究的分析框架、观察线索和实践设想的基础，即资源、情感与乡村文化、社会资本这些核心概念，尊重西部资源匮乏型社区的本土知识则是本研究尽力追求的价值取向。

1. 基本概念

在本研究中主要涉及三个概念，即资源、情感与乡村文化、社会资本。

资源。吉登斯认为，“资源是行动者为完成其所做的一切事务而在其活动过程中予以运用的，它们内嵌于社会体系的再生产过程之中，由于社会体系具有某种程度的跨时空的连续性，因而资源也就‘存在于’不同的时空中，并构成它们社会体系的结构属性。

资源可以分为两类：配置性资源和权威性资源。配置性资源指对物质工具的支配，包括物质产品以及在其生产过程中可以利用的自然力；而权威性资源则指对人类自身的活动行使支配的手段”。资源是权力得以实施的媒介，是社会再生产通过具体行为得以实现的常规要素。[①] 配置性资源，体现了人对物的占有和控制关系；权威性资源，则体现了人与人之间的互动关系。

通常人们强调的资源多是配置性资源，尤其是显而易见的自然资源、资金、人力资源被认为是发展必不可少的。资源匮乏一般指配置性资源的缺乏。关于资源与经济的关系，美国哈佛大学教授杰撒切斯（Sachs）和沃纳（Warner）的《自然资源丰裕与经济增长》[②] 一文以实证的方式证明，只有在一定的条件下，丰富的自然资源对一国的经济增长才是有利的，如果不具备“一定的条件”特别是制度条件，丰富的自然资源未必是经济增长的源泉，反而会成为经济增长的障碍，而且多数情况下如此。农村社区中，要在选举推动的民主进程中，实现良好的农村社区治理，配置性资源即物质性资源并不是最重要的，如果当选的村主任是以捞取个人利益为主要目标，那么在当前缺少制度约束的条件下，社区的物质资源越多，个人贪污的可能性也越大，从而对集体的损害就越大。资源匮乏型社区更重视权威性资源的运用，社区领导不仅关注自己的利益，还要以他人的需要、集体的利益为重，引导共同体形成信任、互惠的合作关系。

近年来，关系、情感、声誉等权威性资源逐渐被重视，尤其在中国，关系是中国文化和制度中极为重要的组成部分。[③] 关系起源

---

① 安东尼·吉登斯：《社会的构成》，李康、李猛译，三联书店，1998，第 7、77 页。

② Sachs, Jeffre D. and Andrew M. Warner, “Natural Resource Abundance and Economic Growth,” *NBER Working Paper* 5398 (1995): 1 - 50，转引自罗友花、李明生《资源概念与分类研究——兼与罗辉道、项保华先生商榷》，《科研管理》2010 年第 1 期。

③ 边燕杰等：《论关系文化与关系社会资本》，《人文杂志》2013 年第 1 期。

于家庭伦理关系，家庭伦理关系以情感为核心。人类真切、美善的感情，发端在家庭，即“慈爱”“孝悌”“友恭”等。人在情感中，恒只见对方而忘了自己；反之，人在欲望中，却只知为我而顾不到对方。[①] 任何人都有对家庭的或长或短的依恋期，然而中国人对家庭却特别依恋，“不管思想如何地走在时代的前端，谁也不能否认中国人对家庭和亲情的重视”[②]。由家庭情感而建立的信任合作关系，推而广之于家庭之外的不同社会关系。“中国人在非家族性团体中所表现的是一种由家族取向或家族主义延伸而来的准家族集体主义。”[③] 维系家庭或准家族情感关系的核心要素就是信任，在经历了诸多变革之后，人们在遇到困难、问题而寻求帮助时，最主要的求助对象还是家庭或准家庭关系。

帕特南提出，社会资本是民主进步的一种重要的决定性因素，社会资本的核心概念在于信任。吉登斯在《现代性的后果》一书中指出，信任可以被定义为：对一个人或一个系统之可依赖所持有的信心，在一系列给定的后果或事件中，这种信心表达了对诚实或他人的爱的信念，或者，对抽象原则（技术性知识）之正确性的信念。[④] 在一个共同体中，信任水平越高，合作的可能性越大，而且，合作本身会带来信任……合作所需要的信任并不是盲目的。信任意味着对独立行动者之行为有预测，在小规模的紧密相连的共同体中，这种预测可以建立在对当事人熟悉而产生的信任之上。[⑤] 信任和风险交织在一起，信任通常足以避免特殊的行动方式所可能遇

---

① 梁漱溟：《中国文化要义》，上海人民出版社，2011，第 87 页。

② 成中英：《中国文化的现代化与世界化》，中国和平出版社，1988，第 69 页，转引自燕国材《中国传统文化与中国人的性格》，《中国人的心理与行为：理念及方法篇（一九九二）》，台湾桂冠图书公司，1993，第 45 页。

③ 杨国枢：《中国人的社会取向：社会互动的观点》，《中国人的心理与行为：理念及方法篇（一九九二）》，台湾桂冠图书公司，1993，第 96 页。

④ 安东尼·吉登斯：《现代性的后果》，田禾译，译林出版社，2000，第 30 页。

⑤ 帕特南：《使民主运转起来》，王列、赖海荣译，江西人民出版社，2001，第 200 页。

到的危险，或把这些危险降低到最低的程度。[①] 这里的风险主要指道德品行不端引起的风险，而不是技术、知识引起的风险。村民自治是现代农村社区的管理方式，目的是通过社区内的有效治理，以推动社区的发展、提高社区人的生活质量、维护社区的稳定等。村民自治作为一种现代的管理方式，也是一种信任系统，通过民主选举村委会干部，实施基层民主。选举是选择由谁来做决定，这就体现了信任的问题。

情感与乡村文化。情感可以分为表达型情感与工具型情感。表达型情感，指在人际关系中，每一个人都是另一个人的特殊对象。同时，这种关系又往往不是以功利性的目标为目的的。[②] 表达型关系多体现在亲缘纽带或者志趣相投的人之中，这种关系体现了人们对精神方面的需求，主要包括安全感、归属感、荣辱感、责任感等。工具型情感以追求个人利益为取向。“在这种工具性的个人关系中，既可能是掺杂个人之间的感情因素的，也可能是纯粹的互相利用的关系。”[③] 工具型的个人关系，更多地建立在非亲缘关系之上，与自己的地位、职业、能力、意愿等相关，需要投入较多的精力与资源维系这种关系，以满足自己在社会生活中的各种物质与利益的需求。表达型情感中，更多的可能是一种强关系，相互认同性高，如果个人社会资本丰厚，那么在对方需要的时候，也可以提供更多的实质性帮助。而在工具型的关系中，双方基于利益的交换，要求的是对等性，个人能为对方提供多少帮助，对方能为自己回馈多少。

家庭依靠情感维系，即使在现代化的过程中，乡土社会仍是以家庭为基础的共同体社会。20 世纪是中国变化最为剧烈的一个时期，所谓“千年未有之大变局”，从内外交困到新中国成立及之后的各种运动再到改革开放，无不对社会产生巨大的影响，政治制

① 安东尼·吉登斯：《现代性的后果》，田禾译，译林出版社，2000，第 31 页。

② 孙立平：《“关系”、社会关系和社会结构》，《社会学研究》1996 年第 5 期。

③ 孙立平：《“关系”、社会关系和社会结构》，《社会学研究》1996 年第 5 期。

度、经济形势、社会结构、社会组织等都随之不断地变动。在乡村社会的研究中，我们看到这种巨大的转折对农村社会的深刻影响，从“皇权不下县”到“集体化”，再到中国化的“村民自治”，国家对乡村社会的管理、乡村社会的应对，使两者始终处于互动之中，相互影响。在不断变化的现实中，存在着一种潜在的力量——家庭情感，与现实互动，维持群体的认同，推动村落共同体的运转，其中包括了几种因素。

第一，以家庭为重的思想。中国人社会取向的特征是以家族主义为基础的运作方式。在传统中国社会里，社会的基本结构及功能单位是家族，而不是个人。[①] 宗法制度在周朝创立后，经过儒家许多思想家（尤其是董仲舒）的充分论证，便在中国大地上根深蒂固了。支撑宗法制度的道德观念是父慈子孝、兄友弟恭，其中以孝为主。[②] “某些传统信仰及价值观仍不断流传，如孝顺父母、三代同堂的理念、风水、祭祖、重男轻女等，这些是村民每天在生活中都会考虑到的问题。政府试图以高压手段来改变这些传统信仰及习俗，但只有在某些时期有效。政治力量一旦松懈，农民便迅速回到上溯千百年的老路子。”[③] 如关于集体制的失败，林村叶书记认为，“他们（农民）最重视的还是家庭”。因为在中国农民的社会生命中，最能使他们保持稳定的因素是对“家”的顾念。在传统农民世界中，“家”不仅是提供食物、保护及照顾老年人等徒具物质和经济意义的房舍，“家”还具有社会、意识形态和仪式上的意义。通过“家”这个实体，农民才能求得时空上的延续性，并为自己死后的灵魂觅得栖身之所。在这个层面上而言，“家”不仅为现存的成员而存在，在现世的观念之中，“家”是已逝的祖先和未出世

---

① 杨国枢：《中国人的社会取向：社会互动的观点》，《中国人的心理与行为：理念及方法篇（一九九二）》，台湾桂冠图书公司，1993，第95页。

② 燕国材：《中国传统文化与中国人的性格》，《中国人的心理与行为：理念及方法篇（一九九二）》，台湾桂冠图书公司，1993，第45页。

③ 黄树民：《林村的故事：1949年后的中国农村变革》，素兰、纳日碧力戈译，三联书店，2002，第21、67页。

的子孙会集的地方。[①]

第二，注重个人、家庭在当地的声望。荣辱感是家族成员因家族在外界享有的声望而产生的荣耀或屈辱的感受。好的声望通常与道德期望相关。在传统社会中，“绅为一邑之望，士为四民之首”。绅士享有一定范围的特权，使他们不同于社会其他阶层，人人羡慕渴求绅士地位。[②] 在社会分层理论中，马克斯·韦伯认为，应以财富、权力和声望三个维度划分社会阶层。在传统社会中，绅士通过积极参与本地政府及社会事务，维护、提高自己及家族在当地的权势和声望。在传统的影响之下，在现代乡村社会中，社区能人要提高个人及家庭的声望，主要方式是参与公共事务和社会福利事务、调解纠纷等。

第三，重视家庭经济。继集体化之后，农村实行家庭承包制，陕西农村受地理环境、人口数量的影响，农业生产也以家庭为主。由于家庭受农作物生产特殊性的影响，收入有限，提高家庭收入主要依靠外出打工。黄宗智在《长江三角洲小农家庭与乡村发展》一书中认为，小农家庭在边际报酬十分低的情况下会继续投入劳动力，可能只是由于小农家庭没有相对于边际劳动投入的边际报酬概念，因为在他们的心目之中，全年的劳动力投入和收成都是一个不可分割的整体。耕地不足带来的生存压力会导致这样的劳动投入达到非常高的水平，直至在逻辑上它的边际产品接近于零。或者，如果一个小农家庭拥有比它的农场在最适宜条件下所需要的更多的劳动力，而这些劳动力在一个已经过剩的劳动力市场上无法找到（或不想去找）其他的就业机会，这个家庭把这一“剩余”家庭劳动力投入到报酬极低的工作是完全“合理”的，因为这样的劳动力极少或几乎没有“机会成本”。最后，即使没有人口压力，仅出于为自家干活的刺激不同于为他人当雇工的缘故，小农家庭也会在

① 黄树民：《林村的故事：1949 年后的中国农村变革》，素兰、纳日碧力戈译，三联书店，2002，第 15 页。

② 张仲礼：《中国绅士》，李荣昌译，上海社会科学院出版社，1991，第 44 页。

报酬低于通常市场工资的情况下工作。农村经济经历了根本性的变化，即使经历了结构性的改造，它仍然循着家庭化和过密化生产的道路。①

上面的论述显示，在乡村社会，家庭一直是保持稳定性、持续性的重要因素，如梁漱溟所讲，中国既不是集体主义，也不是个人主义，而是伦理主义。而伦理即始于家庭并扩展到各种人际关系。情感则是家庭维系最重要的因素，出自人类的本能，通过伦理教育及家国同构的制度化，更加根深蒂固。中国人常说的“血浓于水”“叶落归根”等无不体现对家庭的重视。

村民自治的出现，从根源上讲，在当时的条件下，集体化不适合中国农村的现实，而契合中国传统的家庭联产承包责任制很快就将其取代。因此，选举村领导、组建村委会就顺理成章地在全国广泛实施。基于家庭之上的人情、面子、关系网络、熟人社会等开始在村民自治的运行中发挥作用。尤其是在物质资源、人才资源匮乏的情况下，基于情感关系的社会资本，在村干部与村民、村干部与基层政府人员、村民与村民之间的作用更加明显。

社会资本。社区治理中的社会资本包括集体性的社会资本的积累、个体的社会资本，以及个人的社会资本对集体社会资本的影响。帕特南从共同体的角度研究社会资本，提出社会资本是普通公民的民间参与网络，以及体现在这种约定中的互惠和信任的规范。边燕杰从个人的层面，通过对中国城市生活的观察，提出了个人社会资本的操作化定义，强调了社会资本即社会网络资源也包含网络关系、网络规模和网络结构的观点。

通过对社区组织发展现状及其对社区治理影响的调研，笔者发现目前农村社区组织功能发挥差异较大，村民与村干部之间的

---

① 黄宗智：《长江三角洲小农家庭与乡村发展》，中华书局，2000，第9、10、16页。

信任关系也大为不同，主要的影响因素在于村干部社会资本与个人道德品质（包括村干部办事公平、公正、讲信用等）。在外部条件、制度供给相似的条件下，村干部尤其是村主任、党支部书记个人的社会资本和道德素质，深刻影响社区的信任关系和交往网络，同时也影响社区治理。当村干部社会资本多、个人道德品质高，社区的治理效果就比较好，反之，治理效果就比较差。治理的效果反映在物质方面（社区公共实施建设项目、村民收入等）、社会方面（村民对社区组织的参与、对村干部安排任务的接受程度等）、心理方面（对村“两委”工作的满意度等）。为提高社区的社会资本和治理成效，在民主选举中，选民更注重竞选者的社会资本和道德品质。

2. 理论议题

实证研究也需要理论关怀。在对村民自治相关的研究中，存在一种倾向，即没能充分挖掘社区知识的研究价值。本研究在探索时更面临这样一个挑战，即资源匮乏型社区在村民自治方面是否存在自身的经验，其经验是否具有理论价值。于是，本土性研究成为开展研究的基本理论取向。

本土性。村民自治源于农民自我管理的需求，广西和寨村在公社解体、农村社区秩序混乱的情况下，发挥能动性，制定了相关规则，选出了村干部，组建了村委会，制定了村规民约，扭转了失序的局面。他们的尝试引起了中央的关注，20 世纪 80 年代初，随着农村经济改革的深入发展，中央就在思考农村的管理体制和基层组织建设问题，对农村改革中出现的新组织形式给予了相当高的关注。在大量调查基础上，1982 年，中共中央第 36 号文件指出，有些地方建立的村民委员会是“群众性自治组织”，大家订立公约，共同遵守，“经验是成功的”，并要求各地“有计划地进行建立村民（或乡民）委员会试点”。1982 年年底，村民委员会正式载入宪法第 111 条，并强调村民委员会的群众自治组织性质。至此，村民委员会及其村民自治得以合法化，并开始在全国广泛推行，村委会建设走向法制化的轨道。①

现在实行的村民自治，沿着实现村民民主选举、民主决策、民主管理、民主监督，提高农村公共事务、公益性事业的管理水平和调解民间纠纷、维护社会治安的自觉性的路径发展。因此，村民自治也在不断地接受民主理论的检验，学者在其是否民主方面的研究也争论不休。由于我国各地农村经济发展水平、社会流动性、区域传统文化、权力结构等差异较大，农村社区自治的发展也呈现差异性和多样性的特点。因此，我们关注的既不是形式上的村民自治，也非按照统一的要求或示范村的样板模式实施的村民自治，而是结合本地实际，灵活变通，在逐渐增强村民的参与性、保障村民的权利等方面进行努力的村民自治。

建构性。村民自治在社区领导人的产生，公共事务的决策、监督、管理等方面，都作出了新的尝试。在村委会的选举中，将利益代表与选举联系了起来。声称要代表民众利益行事的候选人必须接受村民的认可，并且一旦当选，还要在以后的选举中定期接受反复的检验。这一新的代表模式的一个显著特征是将民众与领导人之间的"上向连接"与"下向连接"有机结合起来，形成了一个从输入到反馈的循环圈。所谓"上向连接"是指通过民众的投票选举产生领导人的过程；"下向连接"是指当选的领导人必须关注来自民众的呼声和要求。由此，通过"预期反馈"的原理，上下之间的关系形成了一个首尾相接、螺旋式循环、不断调整的动态系统。②

1992 年，在村民自治的实践中为解决村委会与党支部的矛盾，山西河曲县实行了"两票制"，提出党支部和村委会的权力来源不一样，尝试使党支部的权力也来源于村民，在村里的党支部选举之

① 徐勇:《最早的村委会诞生追记——探访村民自治的发源地广西宜州和寨村》，《炎黄春秋》2000 年第 9 期。

② 景跃进:《村民自治与中国特色的民主政治之路》，《天津社会科学》2002 年第 1 期。

前要经过村民投票。各地陆续推出两推一选、公推私选、双推制、两轮制等形式。随后还出现了“一肩挑”，即村主任和村支书由同一人担任，以及“青县模式”，即党支部领导、村代会做主、村委会办事的模式等。这些尝试具有一定的普遍性，有的得到认可，有的因其特殊性局限于本地实践。

合法性。中国村民自治是在具体运作过程中逐步发展的，村民委员会的换届选举过程赋予了基层国家权力以合法性。随着村民自治实践的不断深入，村民对自治的理解更为全面和深刻，村民代表会议制度和村务公开制度逐步得以确立和运行，二者的主要功能在于实现民主决策和村民对村干部权力的监督，这赋予了基层权力在具体运作上的合法性。①

中国共产党是中国社会主义事业的领导核心，村民自治的方向是“党领导下的充满活力的村民自治机制”，这决定了农村党支部在村民自治中的重要作用。随着我国村民自治的推进，村级党组织的作用和自身建设都遇到了新的严峻挑战。要切实保障党在村一级农村基层政权的核心地位，关键是要充分发挥党支部的作用，从而增强党在农村中的执政基础。首先，对党支部书记，应让那些既能赢得党员选票又能赢得村民选票，并且能正确引导民意的党员当选，以此进一步巩固党的执政基础。其次，对村级党组织的作用进行准确定位，创造村级党组织充分发挥作用的条件。村党支部应利用优势，建立起基层政府和村民自治组织的桥梁。关心农民的生活、生产，解决农民的实际困难，协调村民之间的矛盾，及时收集村民的意见及建议，向政府反映农民的愿望，提出决策建议等，以此赢得群众的真心拥护。

同时，推进村民自治的重点在于加强立法和制度建设，健全农村社区自治程序性及实体性的法律制度，用法律来协调各方关系、

---

① 马宝成：《村民自治是国家权力合法性基础的转换》，中国乡村发现网，http：//www. zgxcfx. com/Article/39496. html。

明确各方权利，推行依法治理，利用各种形式保障公民的知情权、参与权、表达权、监督权，保证农村社区民主自治良性发展。

（三）资源匮乏型社区村民自治研究的意义

在如何研究村民自治的问题上，还存在着一种较为奇怪的现象。一方面，学术界非常热心地描述它、思考它，更有一些研究团队以统一的范式去勾勒村民自治的形态，在千篇一律的分析话语体系背后隐含的是对该主题研究的同一性取向，并且发表的论著内容也是空前的一致；另一方面，学术界也开始反思类似、雷同的研究方式，认为不同社区的研究应当遵循各自差异性的文化与现实逻辑，不该用“放之四海而皆准”的研究“套路”，对原本存在异质性的社区自治现象用程式化的思维去完成研究。其实，也正是这样两种态度的冲突，启发人们关注差异性、本土性和分析范式的适应性。资源匮乏型社区村民自治研究正是基于此提出的。这项研究期待的结果是，用不同社区的实践与经验丰富村民自治的本土理论，并使之对社区的治理更具指导和借鉴作用。

1. 理论的意义

村民自治，是村民以民主选举、民主决策、民主管理和民主监督的方式和程序，进行自我管理、自我教育、自我服务的新型农村管理方式。村民自治是具有中国特色的社会主义基层民主制度，也是在新的历史条件下农村治理的新探索。2007 年 10 月，十七大报告把我国社会主义政治制度由人民代表大会制度、中国共产党领导的多党合作和政治协商制度、民族区域自治制度等三项制度，扩展为包括基层群众自治制度在内的四项制度，表明了党和政府对村民自治这种基层民主制度的肯定。村民自治制度也处在不断的完善过程中，通过对多年实践经验的总结，2010 年国家重新修订了《村组法》，各地也相应出台了相关的法律法规，这些举措对村民自治的发展起到了重要的推动作用。同时，农村社区村民在村民自治制度的指导下，政治参与和自治意识也逐渐增强，各地民众在选举、管理、决策、监督的实践中多有创新做法。专家、学者深入实地，研究、探讨村民自治中出现的各种新举措以及凸显的问题，总结、提炼出相关的理论。在以往的研究中，关注的领域主要包括制度方面，即作为基层民主形式，在制度日益规范的同时，如何适应差异性；管理方式方面，注重农村公共事务处理的有序和规范；自治权方面，如何划定政府与行政村的权力界限等。对资源匮乏社区村民自治的研究较少。随着改革开放和社会主义市场经济的发展，我国各地经济发展水平、社会流动、区域传统文化、权力结构等方面的不同也充分凸显出来，农村社区自治的发展呈现差异性和多样性，因此，在了解西部资源匮乏型地区区域特色及学习借鉴其他地区村民自治经验的基础上，探讨建立适合西部资源匮乏型地区特征的农村社区村民自治方式，对保障农民的各项权利、维护农村社会的稳定、促进中国特色的社会主义民主的发展有着重要意义。

2. 实践的意义

发展村民自治，保障村民依法直接行使民主权利，管理基层公共事务和公益事业，应实事求是，具体问题具体分析。把民主选举、民主决策、民主管理和民主监督制度落到实处，促使农村社区自治建设逐步走上规范运作的轨道，使农村社区村民在实践中依法参与各种民主活动，学习民主知识，熟悉民主程序，体验民主生活，实现有序的、理性的政治参与。

村民自治是在现行制度框架下，对农村社区的一种治理方式，以改变传统农村社区权力的产生方式为核心，期望通过制度、组织建构，实现村民对农村社区事务的参与、决策、管理、监督等。这种治理方式并不意味着问题的减少，在不同的时期，仍然需要面对各种内外问题，如社区领导者的个人素质高低、制度的可行性、国家农村政策的变化、传统文化习俗的影响、经济积累的多寡、发展的难易、农产品市场的瞬息万变、人与地关系的调整、民间组织的管理形式、纠纷的解决方式等，以及现代社会的风险性带来的农村社区发展的不可预测性。同时，社区内村民自治的实施方式、效果也影响着社区的治理，对国家政策的落实、人际互动模式的改变等产生重大的影响。在西部资源匮乏型社区的研究中，本文描述了村民、村干部对选举、管理、决策、监督等活动的评价，反映了他们的困惑、困难、问题及需求，以及他们解决问题的途径和方式等，并且总结了他们在新的制度安排下的实践经验，希望为村民自治的研究提供参考，同时能够对政策的设计和执行提供合理化建议。人们所遇到的问题可能属于个人层面，也可能属于制度层面。对于制度层面的问题，本文将根据现实状况，对相关制度、政策提出具有可行性的建议，通过外部政策环境的改善，解决农村社区发展及村民自治运行过程中遇到的现实问题。

第二章 西部资源匮乏型社区村民自治的图像：结果与评价

对村民自治结果的认识，涉及对其社会关系、社会结构和社会功能的准确把握。村民自治的关系结构，是指各治理主体在各自权力、利益以及职责范围基础上的互动行为、功能结果与关系模式。客观地梳理和认识村民自治的关系结构、互动结果，以及村民对村民自治现状的评价，对清楚认识村民自治现实，明确并理顺村民自治各个治理主体之间的关系、利益需求和制度设计，建立有活力的村民自治新机制具有重要意义。

第一节 村民自治的关系结构及互动过程

制度创新会对人们的行为产生影响，继而影响到人们的心理，改变人们的价值观和权力观等。同时，不同的社会环境、文化模式、社会结构、历史传统等也深刻影响着制度的有效性。村民自治与以往农村管理方式最大的不同就在于权力的产生方式变为由下而上，政治行为与社区结构、文化习俗和传统等交织在一起，这些都导致原有的社区结构与关系模式发生变化。

（一）村民自治中的结构与关系

结构是个体或群体之间的互动模式，人们的行为方式、基于互动而存在的关系，都有其规律性。结构既是由人的行动建构起来的，也是行动得以建构的条件和中介。在村民自治中，由制度因素引发的社会变迁，部分改变了村民的互动关系，而村民的互动方式也在不断建构着新的结构，形成了村民自治的现状。

1. 结构的要素

村民自治的结构是以社区文化为背景的。社区是社会系统最基本的结点，是以社区人为主体的各种社会力量，以社区文化为核心的各种社会制度，以及各种社会资源交汇、合作的场所。“自治主体”虽然是以村委会为代表的社区成员，以及其他相关利益群体。但其“自治机制”的运作一定是通过社区目标、组织行为和制度安排得以实现。法国社会学家乔纳森·特纳认为，通过结构主义或结构，在社会世界本身以及符号系统内存在独立于意识和行动者意愿的客观结构。而这些意识和意愿又能够引导和限制他们的实践和表现。[①] 在村民自治中，外在于行动者的客观要素，包括目标、组织、制度、资源等，影响着他们的实践和关系。

（1）目标。

在人们日常生活的过程中，可以通过主体的能动性重新建构社会关系和社会结构。其中，目标是关键性的因素，通过目标的设定，表达个人、组织、国家所希望达到的成果。

维护社区秩序的稳定。农村家庭联产承包责任制建立、人民公社体制解体后，农村社会的秩序成为突出的问题。“由于我国农村经济社会正处于转型时期，原有的公社、大队、生产队体制由于包产到户的推行受到巨大的冲击，而新的基层组织正在酝酿之中，这就难免在社会管理方面出现一些问题。在这样的背景下，

---

① 乔纳森·特纳：《社会学理论的结构》，邱泽奇等译，华夏出版社，2001，第188页。

一种新型的群众自治形式在农村萌生，这就是村民自治。”1980年2月，广西宜山县三岔公社合寨大队果作村自发成立了“中国第一个村委会”。1980年12月以后，合寨大队的每个村屯都建立了村民委员会，并制定了村规、民约。“在农村实行包产到户，以农户为基本核算单位，生产队被瓦解、架空的情况下，如何填补这时农村基层社会管理和公共事务可能出现的真空地带，成为各级党委和政府不得不考虑的问题。”① 由农民自发选举产生的村委会在当时较好地实现了对农村社会秩序的维护，得到了国家的承认与支持。1982年，宪法明确了村民自治组织的地位。1987年制定《村组法》（试行），村民自治逐渐在全国推广并成为农村治理的主要形式。

发展基层民主。1988年《村组法》试行，1998年《村组法》正式施行。农村社区村民自治，就是以“民主选举、民主决策、民主管理、民主监督”为主要内容逐渐探索发展起来的。1998年，党的十五届三中全会对村民自治给予高度评价，指出“扩大农村基层民主，实行村民自治，是党领导亿万农民建设有中国特色社会主义民主政治的伟大创造”。

随着《村组法》《关于进一步做好村民委员会换届选举工作的通知》《关于健全和完善村务公开和民主管理制度的意见》等法规文件的执行，制度体系的健全，自治组织作用日益重要，民主形式多样化，农村社区村民的法治意识不断提高，农民政治参与和自治意识也逐渐增强。村民自治在提高农村社会治理、促进农村基层民主发展方面发挥了重要作用。2007年，十七大报告首次把“基层群众自治制度”确立为我国社会主义政治制度的四项制度之一和中国特色社会主义政治发展道路的重要内容，村民自治的地位得到极大提升。

促进经济发展。在以经济发展为主导的制度安排与实践路径

① 罗平汉：《村民自治史》，福建人民出版社，2006，第20~23、24、35页。

中，村民自治的发展也打上了经济的烙印。“如民政部所说：‘我们的目标不是民主选举本身，而在于帮助农民致富。’从这里可以推断出，民主是促进经济发展的一个重要方面。”[①] 在乡镇政府对村委会主任及党支部书记的考核中，经济发展占很大的比重，成为他们每年是否完成任务，能否拿到工资的考核标准之一。即使在自上而下安排的行政任务中，经济发展也是其中的主要项目。

发展国家民主。村民自治是为了城市乃至国家的民主建设积累经验。徐勇指出，村民自治是逐级上推渐进民主的试验，而且具有地方自治的特点。彭真指出，有了村民委员会，农民群众按照民主集中制的原则，实行直接民主，要办什么、不办什么，都由群众自己依法决定，这是最广泛的民主实践。他们把一个村的事情管好了，逐渐就会管一个乡的事情；把一个乡的事情管好了，逐渐就会管一个县的事情。如此逐步锻炼、提高议政能力。

（2）组织。

人们常常集合在一起，以进行某些他们单凭自己不容易实现的活动。而实现活动的首要方式就是组织，这个群体具有可识别的成员资格，投入协调一致的集体行动，以及实现某种共同目标。[②] 组织内人群的认同、与外部边界的形成以及与其他组织的互动，逐渐形成一定的规律，成为结构化的模式。

影响村民自治的组织，不仅有民选村委会、党支部、村民大会、村民代表大会、经济组织、社会组织，还包括基层政府。在村级组织层面，有按照国家要求成立的各种组织，如按照《村组法》（2010）第二条规定，村民委员会是村民自我管理、自我教育、自我服务的基层群众性自治组织，实行民主选举、民主决策、民主管理、民主监督。村民委员会向村民会议、村民代表会议负责并报告工作。第四条规定，中国共产党在农村的基层组织，按

① 沈延生：《关于村民自治及村民自治研究的述评》，《当代中国研究》2003 年第 2 期。

② 安东尼·吉登斯：《社会学》，李康译，北京大学出版社，2009，第 525 页。

照中国共产党章程进行工作，发挥领导核心作用，领导和支持村民委员会行使职权；依照宪法和法律，支持和保障村民开展自治活动，直接行使民主权利。第五条规定，乡、民族乡、镇的人民政府对村民委员会的工作给予指导、支持和帮助，但是不得干预依法属于村民自治范围内的事项。村民委员会协助乡、镇人民政府开展工作。还有村民自发成立的各种经济组织、文化娱乐组织、体育组织等。

（3）制度、规则。

制度包括正式制度及非正式制度，其中正式制度的形式主要有宪法、法律、行政法规、地方性法规、行政规章、其他规范性文件、司法文件、党的文件、村民自治章程和村规、民约。

宪法关于村民自治制度的规定始于 1982 年。根据 1982 年的宪法规定，村民委员会是基层群众性自治组织；村民委员会的主任、副主任和委员由居民选举；村民委员会设人民调解、治安保卫、公共卫生等委员会，办理本地区的公共事务和公益事业，调解民间纠纷，协助维护社会治安，并且向人民政府反映群众的意见、要求，并提出建议；村民委员会同基层政权的相互关系由法律规定。宪法关于村民自治制度的规定，在村民自治制度体系中处于最高地位，是村民自治制度的最高形式，是其他一切制度形式的渊源。

法律。1987 年国家制定了《村组法（试行）》。经过十多年的试行后，1998 年制定了《村组法》。2010 年修订了《村组法》。

地方性法规。1990 年 12 月 28 日，陕西省制定了《陕西省实施〈村组法（试行）〉办法》，1991 年 4 月制定了《关于在全省开展村民自治示范活动，加强村委会建设的通知》，制定了村民自治示范活动的具体标准；1995 年 3 月，下发了《陕西省村民自治示范活动指导纲要》；20 世纪 90 年代后期，原有试行办法成为正式立法，同时制定关于村民自治具体事项的暂行办法。1996 年 6 月制定实施《陕西省村委会选举暂行条例》；

1998 年 9 月制定实施《陕西省村民代表会议暂行办法》；1999 年 9 月，正式实行《陕西省实施〈村组法〉办法》和《陕西省村委会选举办法》。1998 年 9 月制定试行《陕西省村务公开、民主管理暂行办法》。

除正式制度之外，还存在非正式制度。社会在任何时候都不可能只依赖某一个制度，需要的是一套相互制约和补充的制度体系。这些制度不仅包括成文宪法和法律中明确规定的，还包括社会中不断形成、发展、变化的惯例、习惯、道德和风俗这样一些非正式的制度。①

（4）资源。

资源是行动者用来处理事务的工具。因此，即使有很畅达的方法和程序，即规则来指导行动，也不能缺少足够的能力来处理事务。这种能力就需要资源，即物资配置与组织能力，在情境中进行操作。资源包括权威性资源，即在一个情境下，控制和引导互动模式的组织能力；也包括配置性资源，即在一个情境下，在控制和引导互动模式中对物质特征、人工制品以及物品的使用。② 在村庄这样的区域性环境中，农村精英和他们个人所拥有的资源以及本村庄集体资产的状况，对整个村庄的治理、社会风气等方面影响较大。

（5）权力。

布劳认为，权力是通过威慑——以撤销有规律地提供报酬的形式，或以惩罚的形式，因为事实上前者和后者都构成了一种消极的制裁——个人或群体不顾他人反抗，将其意志强加给他人的能力。相等力量的互相依赖和相互影响标志着缺乏权力。③ 权力代表了一种不平等的关系，一方所拥有的资源常常是另一方所

① 苏力：《制度是如何形成的》，北京大学出版社，2007，第 55 页。

② 乔纳森·特纳：《社会学理论的结构》，邱泽奇等译，华夏出版社，2001，第 171 页。

③ 彼得·M. 布劳：《社会生活中的交换与权力》，李国武译，商务印书馆，2012，第 191 页。

需要的，因此，通过对资源的控制，进而对个人或群体施加影响。

如许多社会理论所说，权力不是资源。可是，其他资源的动员也赋予行动者处理事务的权力。因此，权力整合于任何一个结构的存在之中。当行动者互动时，他们利用资源，当他们利用资源的时候，他们就操作权力以建构别人的行动。[①]

在村民自治的权力结构中，村委会代表的村民权力、自上而下的政府行政权力、村党支部代表的党的权力以及村民个人的权力等在区域内交织在一起，形成了权力主体的多元化。

（6）文化。

"文化"用以描述"人造的人文世界"[②]，这个人文世界是一个"复合的整体，包括了整个领域：物质设备、精神文化、语言和社会组织"[③]。人类学视角下的文化认为，人的生活与文化密不可分，文化是满足人们生活需要的产物。美国社会学家认为，文化是信仰及价值体系。[④] 从对文化的不同定义我们可以看出，文化为人所建构，通过对人内在的影响与外在的制度、物质、组织等途径反作用于人，同时不断通过人的活动持续再生产，延续着它的影响力。中国政治文化中，发生于远古而迄今尚未根绝的小农生产方式是其经济基础；创造于先人而至今仍有血脉的宗法族制是其文化基础；儒家伦理学说是其价值基础；政治文化鲜明的阶级利益属性，决定了国家制度和权力阶层在政治文化发展中一般会持有主动有为和积极干预的态度，其方向或是宪政的或是专制的。

---

① 乔纳森·特纳：《社会学理论的结构》，邱泽奇等译，华夏出版社，2001，第171页。

② 费孝通：《从反思到文化自觉和交流》，《费孝通论文化与文化自觉》，群言出版社，2007，第48页。

③ 费孝通：《从马林诺夫斯基老师学习文化论的体会》，《费孝通论文化与文化自觉》，群言出版社，2007，第158页。

④ 雷蒙·阿隆：《社会学主要思潮》，葛智强、胡秉诚、王沪宁译，上海译文出版社，2005，第342页。

这是中国政治文化赖以存在的四块土壤。[①] 村民自治作为自上而下推动的制度变革，也是一种新的政治文化，在乡土气息浓重的农村社区，与传统政治文化及风俗、习惯等相互交织，产生了具有鲜明特色的自治形式。

2. 结构的层次

结构的层次可分为宏观结构和微观结构。村民自治的宏观层次，主要指影响村民自治的制度安排、外部经济、社会环境的变化等，其中包括各级政府有关农村的法律法规等，如农业税的减免、新农村建设的推广、社会保障的覆盖面以及国家户籍制度改革、市场条件的变化等。村民自治的微观层次，主要指各个农村社区在此过程中形成的行动者与各要素之间的互动关系。

在宏观层面，村民自治制度首先对自治主体、程序、内容、管理方式等方面作出规定。在自治主体上，注重保证全体村民的权利，既保证多数人的选择，也尊重少数人的权利；在管理方式方面，注重村民的参与性，在制定制度、处理问题时，注重形成科学有效的利益协调机制、诉求表达机制、矛盾调处机制、权益保障机制，统筹协调各方面的利益关系；在程序方面，注重保证程序公平。在农村政策方面，注重公平性、合理性等。在农村资源配置方面，进一步加大对农村的投入，逐步解决公共设施落后、公共产品短缺问题，实现城乡均等化发展。

农民是村民自治的主体。村民的积极参与是村民自治成功的关键。无论是宏观结构抑或微观结构，都应注重完善村民的参与机制，充分发挥农民在村民自治中的能动性。

3. 结构的作用

社会结构是由当前及以前的各种因素共同作用而成，在社会的形成与发展、建构和再建构过程中发挥着重要的作用。一般情况

---

① 马庆钰：《告别西西弗斯——中国政治文化分析与展望》，中国社会科学出版社，2002，第113页。

下，结构具有建构、整合及因果等作用。

建构作用。结构中核心的要素是人，社会是由人与人的互动交往而成，人构建了社会，形成了一定的结构，结构独立于人的意识而存在，并制约和限制了人的意志，引导着人们的行为、生产和再生产社会结构。但同时，人的意识、反思和实践活动又可以消解已形成的结构，促成新结构的形成。在村民自治中，行动者与要素之间的互动、对资源的利用，形成了不同的自治模式。

整合作用。结构直接关系到资源的配置问题。结构合理与否会影响整体功能的发挥。结构合理会产生整体大于部分之和的功效；结构不合理，将会导致整体功能衰减。参与村民自治的行动者拥有不同的资源，处于不同的立场，在实践中结合成不同的关系，同时这种关系也在变化之中。同时，在熟人社会中，情感性的力量更为重要，如恻隐、羞恶、辞让、是非等，都影响着行动者之间、行动者与结构要素之间的互动。

因果作用。村民自治中行动者与结构要素的动态互动过程，形成对农村的治理。行动者处于结构之中，行为、互动受结构的制约，在结构的指导下生产和再生产结构，同时，行动者具有能动性，可根据经验改变思路、改变行为及互动方式，从而改变结构。对此，吉登斯的结构化理论有比较全面的解释。他认为，人类具有作为行动者的能力，他们可以改变社会组织的性质，因此可以消除任何被认为具有普遍性的法则。行动者利用结构，并且在利用结构的特性时改变或再生产了这个结构。[①]村民自治的结构也始终处于结构化之中，在结构的因素与行动者的互动过程中，不断地构造村民自治实施的现实，也在持续地改变着现实。

---

① 乔纳森·特纳：《社会学理论的结构》，邱泽奇等译，华夏出版社，2001，第169、170页。

（二）村民自治中的互动关系

在集体化时代，国家对资源的全面控制，使乡村社会从以传统的家庭为核心变为对国家的高度依赖，人们与村组织的互动属于强制性的互动。村民自治实施后，尤其在税费改革后，互动趋向主动性。无论怎样，村民自治带来了社区新的互动形式和结果，而这些又是同多元的互动原因相联系的。

1. 互动的成因

乡镇政府与村庄的互动反映了国家与农村社会的互动，即国家通过行政系统的末梢——乡镇基层政府对乡村社会进行管理。村民自治虽由村民自发建立，但是在全国范围内大面积地实施，代表了国家的认可。村民自治是在政府的指导和支持之下推进的。在“乡政村治”的新体制下，乡镇政府与村委会的关系已经由命令与服从、领导与被领导关系变为支持与协助、指导与被指导的关系，过去那种借助强力控制农村和农民的调控模式逐渐失效。[①] 作为代表政府行政力量与农村社会的互动，乡镇政府需要承担作为地方总体规划的自上而下的上级政府的压力和任务，它们需要将任务进一步分解到各社区，体现政府意志在乡村的运行。

折晓叶在《村庄的再造》一书中提出了“利、权、情”的观点。所谓利益秩序，是合作者出于获利目的而结成的合作格局，它以合作时支付的“本钱”，如土地和资金为依据，具有强烈的排他性，不允许合作利益圈子以外的任何人分占。所谓权力秩序，是合作中最终以谁为行动主导和中心，即社区资源流向哪里或由谁控制的问题。由于现有体制下权力资源的分配倾向于村集体组织，村组织又具有作为合作主体的主动行为，因而在村庄中自然形成了以村集体为合作轴心的合作体系。所谓情义秩序，是说合作行动不仅是出于单纯获利的目的，也出于人情的关照、亲族的

---

① 卢福营：《村民自治发展面临的矛盾与问题》，《天津社会科学》2009 年第 6 期。

情感和道义的责任。村庄在这种秩序中形成了相互扶助、扶贫济困、共同富裕的合作取向。[①] 这说明了村民之间的互动，基于不同的目的，形成了不同的互动关系。既有利益的因素，也有情感的因素，还有因为权力的原因，处于不平等的地位而不得不维持关系。

任中平认为，村民自治作为我国农村基层民主的一种基本形式，尽管政府的主导作用非常重要，但经济的原因始终是基础性的制约因素。因此，村民自治要高质量地运行，必须要有足够的经济保证。在中国，广大农民刚刚摆脱温饱，还在为自身和家庭的生存而奋斗，与大多数农民最贴近的只能是较低层次的物质利益。因而，群众的民主需求，归根到底还是要与他们的经济利益紧密结合。基层民主一旦离开了民众的实际利益，就必然出现动力不足，难以持续。[②] 贫困地区的村民自治实践中，有部分年轻人外出打工，还有因为年龄、技能、家庭等因素，不得不留在本地生活、生产的农民，他们更有意愿通过村干部的带动作用，改善家庭及本村的生产和生活条件，因此，在村民选举中，他们更愿意推选社区能人。

"建立和睦、融洽、密切的邻里关系才是最为重要的。""人与人之间的日常交往和共同联系需要制度保障，这种制度以道德为基础，而不是以市场交换为基础。只有在平等基础上，才能形成互相关怀的社区关系。"[③] 在人们的日常生活中，提高收入、改善生活这样的需求客观存在，尤其是在市场经济条件下，农村社区的村民也深受物质消费理念的影响。但是物质上的充裕并不能代表情感上的满足，在平等的理念下，社区的互助、关怀、情感满足不论在什么样的物质生活条件下都客观存在，持续影响村民之间的互动关系。

---

① 折晓叶：《村庄的再造》，中国社会科学出版社，1997，第 88 ~ 89 页。

② 任中平：《村民自治究竟应当向何处去?》，《理论与改革》2011 年第 3 期。

③ 丁元竹：《滕尼斯的梦想与现实》，《读书》2013 年第 2 期。

2. 互动的形式

正如中国农村问题专家徐勇教授所言，村民自治是中国政治体制改革最深入的一个领域，它作为基层民主的有效形式，从根本上改变了长期以来中国社会普遍存在的自上而下的授权方式，将一种自下而上的乡村社会的公共权力产生的方式用制度确定下来，体现了法治和民主精神，这是现阶段中国民主政治建设的起点和突破口。随着土地联产承包双层经营体制的丧失和农业税的取消，农民由过去的承包经营向国家和集体缴税纳费，到现在变成免税免费，而且国家财政还给予各种补贴。由于近年来中央提出要加强新农村建设，国家的各种惠农政策进一步实施，长期困扰我国经济社会发展的“三农”问题有所缓解，农村干群关系有所好转，党在农村的执政基础得到加强和巩固，同时也使原来以行政村为单位的村民自治的基础条件发生了很大改变。①

外界环境的改变，在村庄内部的互动也体现出不同的表现形式。首先，乡镇干部、村干部与村民之间由于征收各种费用出现的正面冲突明显减少。解除了对抗性较强的常规性的任务，两者关系趋于缓和。资源匮乏型社区的发展更需要与基层政府行政部门合作，对乡镇政府下达的各种任务，村“两委”多采取妥协的态度，以求合作机会，从而得到更多的资源，帮助本社区的发展。其次，作为村“两委”的互动，有学者认为，“党的领导核心的地位实际上赋予了村党支部‘领导’村民自治和村民委员会的职权，党的基层组织高居于村委会、村民代表会议及村民之上，‘书记制度’架空了村民自治。于是，村民自治制度变成了与党组织这个‘核心’所对应的‘外围’。在这种‘核心 - 外围’的权力结构中……甚至于自治能剩几分，完全取决于党组织

① 孙立平：《结构先于制度定型与改革逻辑的变化》，http：//www. aisixiang. com/data/36105. html。

对权限的划分①”。由于《村组法》对二者各自的职责范围规定不确定，因此，在现实场景中，村委会主任与村党支部书记的互动并不仅仅体现在《村组法》所赋予的权力上，而是根据个人资源、能力，形成不同的关系，其中既有竞争和冲突，也有合作和妥协，“两委”之间的互动，充分体现在村委会主任及村党支部书记之间。村民与村“两委”之间的互动，由于两者之间事务的减少，已从以前较为频繁的强制性、公共范围的互动，转变为以个人情感交往为主的互动模式。从村委会的工作中，我们可以看到，在本村的工作中，并没有很多硬性规定的任务，尤其在免除农业税费后，农民只需要在子女上学、宅基地审批、贷款证明等方面与村委会打交道，而这些事务并不经常发生，其他事务则不会产生必需的互动关系。

3. 互动的结果

在日常乡村生活中，个体与个体、个体与群体、群体与群体之间，处于不断的互动之中。由于社会流动的增强、交往的增加、信息流动的频繁等，互动的范围也随之扩大，复杂程度加剧，改变了互动的结构和形式。以往以情感社会关系为主的互动逐渐转变为以情感性社会关系、工具性社会关系及混合性社会关系为主的互动。

（1）丰富了情感性社会关系。

在费孝通差序格局的论述中，“差序格局”对应的是“伦常”道德秩序，其所指的社会结构虽然也是以己为中心的同心圆，但处理各圈子之间关系的道德原则是以对方为重、以长辈为重、以义务为重、以伦理关系为重，“差序格局”是以非工具性道德原则（即费先生所说的“人伦”）为其内涵的。② “差序格局”所涵盖的乡

---

① 彭大鹏、吴毅：《单向度的农村——对转型期乡村社会性质的一项探索》，湖北人民出版社，2008，第183～184页。

② 谭同学：《当代中国乡村社会结合中的工具性圈层格局——基于桥村田野经验的分析》，《开放时代》2009年第8期。

村社会经验背景，很大程度上是相对稳定和不流动的社会状态，是“生于斯、死于斯的社会”，是没有陌生人的“熟人社会”。[①] 差序格局，源于家庭伦理关系，提供给人最初、最基本的信任与本体性安全等情感需求。本体性安全是指大多数人对其自我认同之连续性以及他们行动的社会与物质环境之恒常性所具有的信心。这是一种情感，根植于无意识之中。[②] 人的信任感的形成有其心理的形式，以及外界环境提供的条件。人们接受一种情感疫苗，用以对抗所有人都有可能感染的本体性焦虑。给他们注射疫苗的是婴儿期最初的照料者，对绝大多数人来说，就是母亲。幼儿照料者的爱抚中所含有的信赖，是基本信任以及以后所有形式的信任中所蕴含的承诺的本质。信任、本体性安全，以及对事物和人之连续性的意识，在成年人的个性中一直是相互紧密关联的。对非人客体的可靠性的信任，建立在对人类个体的信赖与养育的更原始的信任基础之上。对他人的信任是一种持久而经常性的心理需要。从对他人的信赖与诚实中所获得的，是一种（伴随着在所熟悉的社会与物质环境之下的经验）情感的再认。如果这种惯常性的东西没有了——不管是因为什么原因——焦虑就会扑面而来，即使已经牢固建立起来的个性，也有可能丧失或改变。[③] 从吉登斯的论述中，我们可以看到人的信任、本体性安全的心理基础，在成长过程中与抚养者、交往者密切相关。在人的早期生活中，家庭伦理关系是人们建立信任感的社会土壤，可以使人对自己及其生存环境产生可靠性、肯定性的感受。人的信任与被信任以及对社会的信任、对专家系统的信任等，有助于提高人的生存质量，否则，一旦失去最基本的信任，人就会被孤独感、脆弱感、有限感折磨，处于生存焦虑之中。因此，情感

---

① 费孝通：《费孝通文集》第5卷，群言出版社，1999，第319页。

② 安东尼·吉登斯：《民族－国家与暴力》，胡宗泽、赵力涛译，三联书店，1998，第80、81～86页。

③ 安东尼·吉登斯：《民族－国家与暴力》，胡宗泽、赵力涛译，三联书店，1998，第81～86页。

性的社会关系是最基本的关系，不论社会如何变化，人们始终不能脱离这种关系，并深受其影响。不论是在乡村社会还是在城市社会中，情感性的社会关系伴随着人们的一生，区别的可能只是其中的道德原则。

（2）强化了工具性社会关系。

乡村互动中，人们之间的社会关系，在基于人情的情感性社会关系之外，还存在着工具性社会关系。个人与家庭外的其他人建立工具性关系的目的，主要是为了获得他所希冀的某些物质目标。更具体地说，个人和他人维持情感关系时，维持关系本身便是最终目的；可是，个人和他人建立工具性关系时，不过是以这种关系作为获得其他目标的一种手段或一种工具，因此，这种关系基本上是短暂而不稳定的。[①] 尤其是近年来，经济至上、消费主义盛行，消解着乡村社会中传统的“伦常”道德观念及实践。费孝通指出，在亲密的血缘社会中，商业是不能存在的。他们的交易是以人情来维持的。血缘关系之外的商业活动，各地的人以“无情”的身份出现，进行交易。对契约的完成，需要冷静地考虑，不是感情，于是理性支配着人们的活动。[②] 20 世纪 90 年代，中国农村的社会关系和人们之间相互对待的原则则随着市场经济体制在城乡的建立，开始了全面理性化的进程。即它将理性（利益）原则全面渗入农村社会生活的各个领域。[③] 在工具性关系之下，以个人为取向的自由主义和消费主义，强调个人权利和个人感受，对集体主义、传统伦理关系提出了挑战。在强调自我的基础上，人与人之间，群体与群体之间的对立、竞争、冲突也日益明显，人们如何相处，这样的问题并不是法律所能解决的。法律提出了合法与非法的标准，但并不能解决合理与情感的问题。

---

① 黄光国、胡先缙：《面子——中国人的权力游戏》，中国人民大学出版社，2004。

② 费孝通：《血缘与地缘》《乡土中国》，上海世纪出版集团，2007，第 69 ~ 70 页。

③ 杨善华、侯红蕊：《血缘、姻缘、亲情与利益——现阶段中国农村社会中“差序格局”的“理性化”趋势》，《宁夏社会科学》1999 年第 6 期。

（3）拓展了混合性社会关系。

情感性社会关系与工具性社会关系并不是泾渭分明，而是相互融合，并且互相为对方的再生产提供条件。在权力、利益的关系中，掺杂着情感，在情感性的社会关系中，也存在更多的理性算计。在中国社会中，混合性关系是个人最可能以人情和面子来影响他人的人际关系范畴。这类人际关系的特点是交往双方彼此认识，而且有一定程度的情感关系，但其情感关系又不像主要社会团体那样，深厚到可以随意表现出真诚的行为。一般而言，这类关系可能包含亲戚、邻居、师生、同学、同事、同乡等不同的角色关系。这种人际关系网络对中国人的社会行为有十分深远的影响。由于关系网内的人彼此认识，混合性关系的另一个特点是它在时间上的延续性。混合性的人际关系大多不是以血缘关系为基础，它不像情感性关系那样绵延不断，长久存在。它的延续必须借人与人之间的礼尚往来加以维系。不仅如此，它和工具性的人际关系也不大相同。在工具性关系中，人际交往的本质是普遍性和非个人性，交往双方即使可能再次相遇，他们也不预期将来他们会进行更进一步的情感性交往。混合性关系则不然。在混合性关系中，人际交往的本质是特殊性和个人化的，交往双方不仅预期将来他们可能再次进行情感性的交往，还会预期其共同关系网内的其他人也可能了解到他们交往的情形，并根据社会规范的标准加以评判。因为关系网具有这些特性，如果个人需要某种生活资源，而要求其关系网内的某一资源支配者给予协助时，资源支配者往往会陷入所谓的人情困境中。假如资源支配者坚持公平交易的法则，拒绝给予对方特殊帮助，则势必会影响他们之间的关系，甚至破坏其人缘。因此，在许多情况下，资源支配者不得不遵循人情法则，给予对方特殊帮助。尤其对方掌握权力时，更是如此。① 孙立平提到了非正式权力的运用，这体现了乡村社会中混合性社会关系运行的情况。

---

① 黄光国、胡先缙：《面子——中国人的权力游戏》，中国人民大学出版社，2004。

（三）村民自治的特征

在资源匮乏型社区，社区公共设施建设和公共服务的提供，都需要政府的投入。在项目少、需求多的情况下，村组织需要维持与政府的良好关系，维持关系的方式也深受传统习俗中人情、面子的影响。

1. 物质因素的边缘化

在村民自治的研究中，人们往往将注意力集中在资源丰富的社区，关注村干部的贪污、侵占集体资产，以及贿选等方面，此类问题涉及权力设置、监督、政治文化等因素，而且主要发生地资源越丰富、竞争越激烈，引发冲突的可能性越大。但是在资源匮乏的社区，则面临村民自治衰落的趋势。资源匮乏体现在人才资源、物质资源、信息资源匮乏等方面。在物质资源匮乏的农村社区，年轻人为生活外出打工，村内以留守儿童、老人、妇女居多。

以村委会为代表的村民自治组织，在履行职责对农村社区实施日常的管理之外，还需要组织农村基础设施建设、提供公共服务等工作。这些事务的开展，都需要资金投入，需要有相应的配套资源支持。但是，在资源匮乏型农村社区，集体经济在分田到户之后已基本解体，不能为社区治理提供相应的资金。同时，在村民集资方面，省级政府有明确规定，如根据《陕西省村民一事一议筹资筹劳管理办法》第四条规定，筹资筹劳的上限控制标准为：年筹集资金按本村总人口计算，人均筹资最高不得超过上年农民人均纯收入的 2%；每个劳动力每年承担劳务的数量不得超过 10 个标准工日。筹资筹劳超过规定限额的必须经省人民政府批准。在村民收入普遍处于贫困线以下的情况下，2% 的纯收入及不超过 10 个标准工日，确实减轻了农民的负担，但是基础设施建设、公共事业、公共服务所需的资金、人工缺口就很大了。如在有的农村社区，农田灌溉所需的基础设施还是集体化时代的产物，早已年久失修，但由于资金、人工问题，很难像集体化时代一样，动员集体力量重修水利。现在农村治理所需要的资金，主要依靠政府的财政转移支付。因此，希望有所作为的社区领导，也因资金的需求加深了对政府的依赖。

2. 政治因素的形式化

阎云翔认为，在集体化时代，干部们能够控制集体中几乎所有的资源，村民们别无选择只能依附于干部的权力。农村改革对原有的权力结构带来了根本性的改变。在此变迁过程中，四个关键性的动因值得注意。第一，非集体化已经根除了干部最重要的基础，并打破了干部对资源的垄断。这主要归因于分田到户以及小农经济的推行。从村民能自行决定在自己土地上种什么以及如何利用剩余产品的第一天起，干部权力的真正基础便开始崩溃了。第二，农业生产力在实行联产承包责任制之后猛增，中国农村的生活标准已有了显著的提高。村民经济境况的改善所产生的最重要结果，是经济与社会分层的新模式替代了原先的社会主义等级。一个富裕农民群体的出现，在两个方面挑战了干部的优越性，一是渐增的社会交换能力构成农民避免依附于干部权力的必要条件之一；二是农民经济实力的提升进一步打破了原先社会秩序中干部的优越性，并使干部们在社会交换中经不起农民所能提供的物质诱惑。第三，国家开始从农村社会中逐渐撤离，作为控制社会手段的“群众专政”也逐渐消失。与国家的撤离相反，社会关系网络在村庄生活中却越发重要。第四，计划经济时代的意识形态已不再能够为国家的合法性以及社会主义价值观提供强有力的基础。① 随着国家力量的退出，在农村社区内政治因素对农民的约束力已很弱。在需要村民配合完成各种基层政府分派任务的情况下，强制性力量能发挥作用的空间较小，如不得不使用，常会引起村民的对抗情绪，虽然暂时解决了眼前的问题，结果却如一位村委会主任所说，“当了这个村主任，把人都得罪光了”。大多数情况只能依靠拉关系、说好话、讲人情等

① 阎云翔：《中国社会的个体化》，陆洋等译，上海译文出版社，2012，第65、66页。

情感性力量完成任务。

在村民自治中，存在政府、村民、村干部三方利益主体，各自的利益诉求不同，行动目的不一，因此也造成三方的利益冲突，但同时，三者也存在利益同一性的方面，如农民的脱贫致富，是国家农村建设的目标，也是村民个人的追求，以及村级组织的目标之一。政府的利益诉求一般需要通过村干部来推动实现，村干部通过完成政府利益诉求实现自身的以及村民的利益诉求。在非集体化时代，村民的利益诉求通过个人途径、社会交往网络实现的可能性更大，但同时也需要政府及村干部在公共设施方面提供更多的帮助。

3. 情感因素的外显化

乡土社会是以家庭为基础的共同体社会。在滕尼斯看来，共同体、统一体的原型是家庭，人生而融入其中，而且这种关系本身的存在不以个人的理性意志为转移。共同体的三大支柱，即血缘、地方和心灵（或亲属关系、邻里关系和友谊），全都包含在家庭之中。当然，血缘是家庭的构成性因素。在共同体中，情感和道德的力量非常强大，而且与之相关的事物往往是善的，共同体乃美德之源。① 人民公社体制的解除，分田到户与小农经济的恢复，尤其是社会主义市场经济的推行，将个人理性的因素迅速扩大化，原有被压抑的个人经济理性急剧膨胀，并在新的制度下具有了合法性。村民自治作为制度安排，多从理性方面加以关注，但制度执行者的文化背景、主观意愿对制度的实践也起着不可估量的作用。村民自治在实施过程中，迅速与中国本土的“人情”“关系”“面子”等传统紧密相连，并向政治、经济、社会等各个领域渗透。同时，将情感化表达与工具性目的相联系，使情感外显化，在互动关系中，行动者根据关系内部情感强度的不同，设置相应的制度界限。

---

① 成伯清：《社会建设的情感维度——从社群主义的观点看》，《南京社会科学》2011 年第 1 期。

第二节 村民自治的功能和结果

村民自治，从国家政治层面讲，代表国家对乡村管理方式的改变，从全能型的控制变为“从农村社会中逐渐撤离”；从乡村治理层面讲，是农村社区各种力量的相互作用；从社区建设的角度看，是社区共识、凝聚力的形成过程。

（一）村民自治的显性功能

村民自治是国家在后集体化时代，分田到户之后管理农村社会的制度安排。为实现农民在政府指导之下的民主实践、经济发展、法制化进程，保障农村的社会秩序与稳定等，村民自治在政府的大力推动下，在全国广泛实施。

1. 完善了乡村政治体制

村民自治起源于人民公社解体造成的乡村秩序混乱，是由农民自发组织的管理体制，后经中央肯定，成为体制内的制度安排而全面推广。因此，村民自治的首要功能是保持农村社区的正常运转、提供公共服务、调节村民纠纷以及维护社区治安等。从国家政治体制的角度看，更多的人期待它能够成为“中国政治改革的突破口”和“中国民主建设的微观社会基础”，至少也要成为“民主政治文化的培训基地”。徐勇认为，在东方国家，民主化进程往往就是一个由形式的权利到实质内容，由通过形式民主训练民众、培养民主习惯到民众运用形式民主争取权利的转换过程。正如军人上操必须从“一、二、一”的基本形式训练一样，久而久之，民主就会由一种形式固化为日常生活方式和习惯。这正是中国民主牢固的根基所在。

2. 明晰了乡村法治边界

法治秩序的建立不能单靠制定若干法律条文和建造若干法庭，重要的还得看人民怎么去应用这些设备。更进一步，在社会结构和思想观念上还得先有一番改革。如果在这些方面不加以改革，单把法律和法庭推行下乡，结果法治的好处未得，破坏礼治秩序的弊病却已先发生了。[①]

在农村社区，民间调解仍然是广受欢迎的解决问题的方式，社区的权威在调节中发挥着重要的作用，民间规则、面子、人情等一些隐性的权力关系在其中起到了重要作用。朱苏力等在《法律规避和法律多元》一文中指出，“考虑到这种方式的流行、经常和恒常，考虑到其在中国社会中实际所起到的维护社会秩序的功能，我们也许可以称那些潜在的、指导这一纠纷解决的规则为一种‘民间法’——在社会中衍生的、为社会所接受的规则”。习惯的形成是长期社会生活日积月累的结果，与社会生活也具有较强的关系，人们已习惯依据它们来行事。这在乡土社会中表现得尤为明显，对乡村社区社会秩序的维持起到了重要的作用。[②]

调解之所以是农村基层社会主要的纠纷解决手段，并成为农民欢迎的司法产品，最主要的原因是，当代中国农村的基本结构还是“熟人”社会，人际关系比较紧密，互惠性关系普遍存在，并且往往相互牵扯，因此在纠纷解决中仍然有缓和人际关系的必要，同时也有这样的余地。社会同质性比较高，社会舆论构成了司法执行之外的一个比较强有力的社会制裁机构。农村的许多纠纷解决可以甚至必须借助一些民间习惯和风俗，以补足各类相对抽象的法律条文的不足。尽管有了诸多现代化因素，但农村的纠纷相对来说仍然不像现代城市社会中的纠纷那样复杂多样。[③]

3. 凸显了乡村文化的价值

在关于农村社区领导人所具备的重要能力的调查中，“人品”已经成为首选，超过了经济能力、宗族血缘关系等。这也让我们看

---

① 费孝通：《乡土中国》，上海世纪出版集团，2007。

② 强世功、沈岿、朱苏力：《再论法治的本土资源》，http：//www. aisixiang. com/data/29974. html。

③ 朱苏力：《中国农村对法治的需求与司法制度的回应——从金桂兰法官切入》，《人民法院报》2006 年 3 月 27 日第 10 版。

到，在“人治”与“法治”的争论中，在社会转型时期，相关法律尚不健全的条件下，个人道德品质成为社区治理的关键因素。况且，官方的法律总会有漏洞，执法者也难以做到“明察秋毫”并把犯法者统统绳之以法。如《胡雪岩》中的刑名师爷所说，“大致古今律法，不论如何细密，总有漏洞”①，更进一步讲，农村社区的领导者制定规则而不执行规则，村民在多数情况下也是无可奈何的。

4. 刺激了乡村经济的分化

《村组法》（2010 年）第八条指出：村民委员会应当支持和组织村民依法发展各种形式的合作经济和其他经济，承担本村生产的服务和协调工作，促进农村生产建设和经济发展。

村民委员会依照法律规定，管理本村属于村民集体所有的土地和其他财产，引导村民合理利用自然资源，保护和改善生态环境。村民委员会应当尊重并支持集体经济组织依法独立进行经济活动的自主权，维护以家庭承包经营为基础、统分结合的双层经营体制，保障集体经济组织以及村民、承包经营户、联户或者合伙的合法财产权和其他合法权益。

在资源匮乏型社区，青壮年劳动力外出打工比例较高，加上计划生育政策的实施，农村劳动力数量减少，村内留守人员种植自家的土地，集体经济趋于衰落。在市场经济条件下，村委会在组织农民发展经济方面，承担较大的风险。在不断地摸索发展中，在各方面条件均较好的社区，已经由政府主导，开始成立经济合作发展组织，支持农民发展各种形式的经济。

（二）村民自治的隐性功能

中国农村社区的治理自新中国成立后虽然几经转折，但是从学

---

① 高阳：《胡雪岩》，吉林文史出版社，1986，第 234 页。转引自马戎《罪与孽：中国的“法治”与“德治”概说》，《北京大学学报》（哲学社会科学版）1999 年第 2 期。

者们的研究成果中，依然可以看出传统文化价值的核心力量。

1. 促进了新兴制度与传统文化的合题

制度变革对农村的风俗习惯、思维、价值文化产生着影响，同时，传统文化也反作用于制度，使制度的实施具有本土化特色。如孙立平、郭于华在《“软硬兼施”：正式权力非正式运作的过程分析——华北B镇收粮的个案研究》一文中提到，在镇政府提出的“钉子户”标准中，尤其值得注意的是第三条，所谓“人性太次”、公众舆论反映不好实际上与定购粮的交纳并没有直接的关系，但“拾掇”了在社区中名声不好的家户，有利于强化政府的道德优势和老百姓对政府行为的认同。这无疑是从人心向背的考虑出发的。镇干部反复强调的“可别把那些老实窝囊的户定为钉子户，拔这样的户折我们镇政府的手艺”，这正是重视自身形象的一种表白。[①] 乡镇政府与村委会、党支部合作，在农村社区内执行任务时，他们的形象、行为符号具有代表意义，期望表达的是政府权威的公平、正义、威严，行为不仅是合法的，也是合理的，符合农民心中的道德标准。

2. 促进了国家法律与乡村道德的合题

马戎在《罪与孽：中国的“法治”与“德治”概说》一文中指出，在中国传统文化中对于“罪”与“孽”是有所区分的。“罪”指的主要是直接触犯了法律的行为，是可以通过刑事诉讼、法庭判决来对其违反法律的行为予以测度和具体惩罚的。而“孽”则主要是指不直接触犯朝廷或政府制定的世俗法律，但是违反了社会普遍道德准则的行为，这些行为受到世人的道德舆论谴责，当事人如有良知，也会受到自己良心的谴责。对于“犯罪”与“作孽”，中国民间社会把两者分得很清。前者将会受到朝廷刑律的惩罚，而后者则会遭受“天谴”，受到神灵和冤鬼的

① 孙立平、郭于华：《“软硬兼施”：正式权力非正式运作的过程分析——华北B镇收粮的个案研究》，《清华社会学评论》特辑，社会科学文献出版社，2000。

惩罚。[①] 法律代表外在力量，对行动者行为进行约束，违反法律会受到制裁，但前提是违法行为被发现。而对因果、天地鬼神的敬畏，则是对行为者内心的监督，“抬头三尺有神明”“福祸无门，惟人自召，善恶之报，如影随形”“善有善报，恶有恶报”等流传在民间的善恶、因果、报应说法，成为自我约束的内在力量，规范着行动者的行为。

3. 促进了社会与社区文化的变迁

文化变迁可以分成很多层：首先是物质层次，其次是制度层次，再次是风俗习惯层次，最后是思想与价值层次。大体而言，物质的、有形的变迁较易，无形的、精神的变迁则甚难。现代世界各文化的变迁几乎都说明这一现象，不仅中国如此。中国现代的表面变化很大，从科技、制度，甚至一部分风俗习惯都与百年前截然不同，但在精神价值方面则无根本的突破。[②] 文化价值方面的影响深刻且久远，在村民自治运行中，行动者或多或少都会受到风俗习惯、文化价值的影响，而行动者的价值观、行为习惯等又会进一步影响制度的绩效。传统文化作为一种客观的外界影响因素，形成了一定的社会氛围，它与农民之间形成相互影响的关系，形成了特定的制度运行路径，制度又会发挥其作用保障传统文化的延续。

4. 促进了社区发展与人格成长的统一

在个人与群体之间，以及不同层次的社群之间的关系方面，中国的价值系统以个人的自然关系为起点。《大学》中“修身、齐家、治国、平天下”便是这个系统最清楚而具体的表现。政治社会的组织只是人伦关系的逐步扩大。[③] 以修身作为价值系统的起点，逐渐地扩大，达到平天下，在其中可以看到，对个人的要求是

---

① 马戎：《罪与孽：中国的“法治”与“德治”概说》，《北京大学学报》（哲学社会科学版）1999 年第 2 期。

② 余英时：《从价值系统看中国文化的现代意义》，《中国思想传统的现代诠释》，江苏人民出版社，1992，第 45、47 页。

③ 余英时：《从价值系统看中国文化的现代意义》，《中国思想传统的现代诠释》，江苏人民出版社，1992，第 27～28 页。

不断突破自我的小圈子，克服局限性。《大学》中有“物格而后知至，知至而后意诚，意诚而后心正，心正而后身修，身修而后家齐，家齐而后国治，国治而后天下平。自天子以至于庶人，一是皆以修身为本”。在修身之时，由于人所处环境不同、受教育程度不一、领悟深浅不一、克服自我私欲能力不同、个人境遇不同等，所能做的也许就止于某一环节，从而形成人与人之间的差别。

（三）村民自治的意外结果

土地的固定性与农作物生长的长期性等，注定了农村社区的乡土本质，在面对外来的种种变化、冲击之时，维护社区共同体的和谐及保护共同体的利益，是自治管理中的首要目的。在调查中笔者发现，完成上级任务与处理内部纠纷、满足农民需求是村干部的日常工作。行政村的合并，使不同自然村的村民成为共同社区的成员，村干部的工作也包括让原本分隔的村庄产生对集体的认同。在风平浪静的日子里，人们忙于自家的生产、生活，在遭遇外来的入侵之时，共同的利益将村民紧密相连，平日里想象的共同体，成为现实的共同体。

事件一：1998年，西村人均年收入达到了县上申报小康村的标准，但西村没有申报。主要原因是：村干部们认为，村里的收入主要来源于种地和打工，村民们的经济收入并不稳定，“小康村”只是上级宣扬自己政绩的一种手段，于村庄并不能带来什么实质性的好处，相反，戴上了“小康村”的帽子，一对夫妻将要严格执行只生一个孩子的政策，而在农村，如果只生了一个女孩，没有男孩，这将会是一件村民们很难接受的事情，所以，西村就保持了从村庄实际利益出发的务实态度。

事件二：2011年，县上又瞅准了西村靠近无定河沿岸的一片土地，提出了以一亩20万元的价格征收的要求。为了达到这个目的，县上甚至没收任何费用，就给村民们划分了一批新的宅基地。可是，村民们对20万元一亩的价格还是极不满意。原因是，西村中间原来有个园艺场，一年前，县上安置了园艺场工人的生活，征了园艺场的占地，后来，一经县上转手就将其以一亩130万元的价格卖给了一个地产商。村民们认为，同样的土地、同样的地理位置，凭什么你一转手就能卖130万元，而只给我们20万元呢？据村民们反映，县上在年初时派出了许多在县里有稳定工作、并且在西村有亲属或者朋友关系的人员来为他们做思想工作，可是，包括村组干部、村民们都一致不同意低价征地。村民们也有自己的想法，今天如果急匆匆地将这些土地低价出售了，那么，他们日后的生活用什么作为保障？至今，县上和村上关于这片土地的征用仍然处于僵持阶段，这也算是近几年来西村与国家权力对抗的又一重要案例。

事件三：2008年，县上要修一座桥梁，这座桥梁离西村很近，所以，县上就租了西村的一片耕地，作为修建桥梁时搅拌水泥、沙石之类的场子，租期约定为两年。当时，县上承诺会将租费付给县土地局，再由土地局将钱转到西村的账上。由于搅拌过水泥、沙子的场子上，农作物无法成活，所以，县上也曾答应会将用过的场地进行清理。可是，两年过去了，桥梁也修完了，但是，县上并未兑现曾经的承诺，他们不仅没有清理那片搅拌过水泥的场地，而且，土地局的钱款也没有如期打到西村的账户上。更让村民们接受不了的是，县上竟然提出了要低价征收西村这片场地的要求。近年来，由于西村土地的大量出售，村民们也越来越意识到了土地对于他们的重要性，尽管此事到目前还没定论，但是，村上已经作好了与县上谈判的充分准备。①

从以上的例子我们看到，村民通过自治组织村委会力量，同政府开展的利益协商过程。虽然目前这种协商并没有程序化、

① 高萍：《家族的记忆与认同——一个陕北村落的人类学考察》，博士学位论文，中国人民大学，2012。

制度化的处理方式，各方的协商处于力量的较量之中，但是村民通过组织化力量进行自我利益表达，开始了协商民主的探索过程。

发展协商民主是实现农村自治的重要途径。农村实现民主选举之后，在治理中，如何在具体的事务中，尊重各方意见，保障农民的参与性，体现决策程序民主化，就需要发挥协商民主的作用。首先，可通过建立“科学化、程序化、规范化”的制度管理农村社区公共事务，用法律、制度来制约各方的权力。其次，可根据不同利益需求建立社会组织，将分散的个人组织起来。这种社会组织应机构完善、自治性强，实行民主选举和管理，通过组织参与、集体行动，与有关部门进行协商，参与公共事务，影响公共权力，在这一过程中使村民自治权得以体现。发展社会组织，推动农村社区自治进程。“发挥社会组织的积极作用，增强社会自治功能”是十七大报告的新提法。社会组织是人民群众表达意见、参与公共生活的重要载体与机制，发挥社会组织的积极作用，将对农村自治进程产生根本性影响。

第三节　村民自治实证呈现

对村民自治研究可以从不同的视角展开，本研究本着更能体现村民主体位置的理念和思路，将村民对村民自治的感受和评价作为研究起点。村民自治的主体是农民，他们是制度变革过程的创新者、实施者和结果的承担者，他们对村民自治的实践感触也较为真切。他们在评价现行村民自治状况的同时，揭示了其中存在的问题，表达了自身的需求，也对解决问题的途径提出了不同的建议。

一　问卷分析

对于在村民中使用问卷调查及其结果呈现，学者有不同的认识。叶启政认为，使用问卷从事社会与行为的研究，是西方社会学的一大特色，因其善于表达而且教育程度较高，问卷有相当的可信度。[①] 但是，对在中国农村社区使用问卷调查是否具有同样价值，可谓见仁见智。我们在本次研究中使用问卷开展调查，也深有同感，所幸调查员耐心认真，多数受访人员体谅配合，使得问卷调查较为顺利地完成。针对村民自治状况，我们根据《村组法》（1998）中的主要内容，在多个指标中，结合社区实际和本次研究的主题需要，选取了四个方面在社区展开调查，包括民主选举、民主决策、民主管理和民主监督。本节所利用的资料主要是村民调查问卷的分析结果。以下将分别予以呈现和分析。

二 民主选举状况

民主选举作为体现村民自主意识和民主意识的主要表征，被视为中国农村走向政治民主和开启农村民主化之路的最重要的途径。《村组法》的实施，对中国乡村民主政治有着重要意义。本研究首先从西部资源匮乏型农村社区民主选举的执行情况开始调查，由此透视其社区自治的社会基础和政治基础。

（一）选举的筹备与动员过程分析

1. 村委会的换届时间

调查结果显示，当被问及“您村现在的村委会是哪一年换届选举的?”时，62.4%的受访村民表示村委会的换届时间是“2008 年”，33.3%的村民表示是“2009 年”，仅有少数（4.3%）受访村民表示是“2007 年”。如果以本研究实施调查的时间（2011 年）为坐标的话，我们发现多数村委会的换届都是在近 3 年内完成的，这基本符合《村组法》的相关规定。见图 1。

---

① 叶启政：《社会理论的本土化建构》，北京大学出版社，2006，第 22 页。

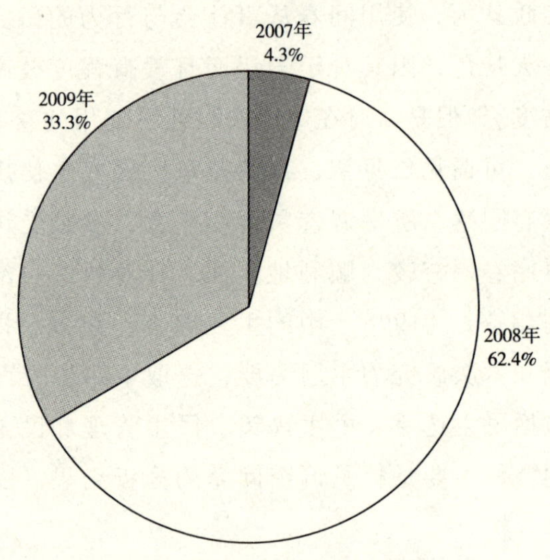

图 1　当前村委会的换届选举时间统计

2. 选举委员会和村民代表的提名和确定

调查结果显示，当被问及“选举现在的村委会时您村的村民选举委员会是如何产生的?”时，近七成（66.8%）的村民表示“是由全体村民大会推选产生的”，13.0%的村民表示“是由村民小组会议推选产生的”，8.5%的村民表示“是由村民代表会议推选产生的”，6.1%的村民表示“是由上级领导指定的”，4.8%的村民表示“是由村党支部指定任命的”，若将二者相加可以发现，村民选举委员会的产生仍受到一定的外界因素干扰。见表1。调查结果还显示，对于村民委员会候选人的产生途径，54.7%的村民表示“由群众直接提名产生”，16.0%的村民表示“是由村民小组提名产生”，10.8%的村民表示“是由选举委员会提名产生”，近两成（17.4%）的村民表示“由上级提名产生”（9.8%）或“由村党支部提名产生”（7.6%），而通过“自荐”产生的代表比例只占1.1%。见表2。这表明，尽管国家推动乡村自治的目标是希望各种功能互补的治理主体构成农村社区最基本的治理结构，但村党组织和上级过多干预村民自治，使得“民意”被忽视，农村社区治理实践遭遇了一些困境。

表 1　村民选举委员会的产生途径

村委会产生方式	频次(人)	有效百分比(%)
由全体村民大会推选产生	360	66.8
由村民小组会议推选产生	70	13.0
由村民代表会议推选产生	46	8.5
由村党支部指定任命	26	4.8
由上级领导指定	33	6.1
其他	4	0.7
合　计	539	99.9

表 2　村民选举委员会候选人的产生途径

村委会候选人产生方式	频次(人)	有效百分比(%)
由群众直接提名产生	295	54.7
由村民小组提名产生	86	16.0
由选举委员会提名产生	58	10.8
由村党支部提名产生	41	7.6
由上级提名产生	53	9.8
自荐	6	1.1
合　计	539	100.0

3. 候选人与村民的沟通方式

对于各村“在选举村委会时，是如何介绍每位候选人的?”的问题，调查结果显示，“开村民会议介绍”和“张榜公布介绍”是常用的两种方式，其中，采用开村民会议介绍的居多，比例为57.2%，采用“张榜公布介绍”的比例为31.6%。除此之外，还有9.1%的候选人是自己“走家串户自我介绍”。需要注意的是，有10.7%的候选人并“没有介绍”自己。见表3。

表 3　介绍村委会候选人的方式

介绍候选人的方式	频次(人)	百分比(%)
开村民会议介绍	321	57.2
候选人走家串户自我介绍	51	9.1
张榜公布介绍	177	31.6
其他方式介绍	21	3.7
没有介绍	60	10.7
合　计	630	112.3

注：本题为多项选择，故百分比之和大于 100%。

4. 村民参与相关推介活动的情况

正如有关研究者所说的那样，村民选举既改变了农村权力结构，也加快了农村社会的民主化进程。本次调查结果也印证了上述结论。如表 4 所示，村民在选举村委会的过程中，积极参与与选举有关的系列活动。其中，65.0% 的受访村民表示“参加选举会议或候选人情况介绍会”，41.7% 的受访村民表示“推荐某人为候选人”，32.8% 的村民表示“动员别人参加会议，了解候选人情况”，20.9% 的受访者“对选举表示不满或提出批评”。此外，我们也看到，10.1% 的受访者表示“动员别人投某个候选人的票”，6.1% 的受访者“劝别人不投某个候选人的票”。这一方面反映出村民对民主的诉求是强烈的，他们的选择行为也在逐渐趋于理性化；另一方面，毕竟中国城乡二元结构的状况尚未完全改变，农村经济基础依然薄弱的状况无法生成村民自治所需要的村民的文化素质和民主意识，如此也就制约了农村社区自治的发展。

表 4　村民在选举村委会的过程中参与相关活动的情况

单位：%

	是	否	合计
参加选举会议或候选人情况介绍会	65.0	35.0	100.0
推荐某人为候选人	41.7	58.3	100.0
动员别人参加会议，了解候选人情况	32.8	67.2	100.0
动员别人投某个候选人的票	10.1	89.9	100.0
劝别人不投某个候选人的票	6.1	93.9	100.0
对选举表示不满或提出批评	20.9	79.1	100.0

5. 竞选方式及承诺

既然是公开竞选，竞选方式也就会有多元化的表现。调查结果显示，61.4%的受访者表示候选人“承诺给好处”，30.0%的受访者表示候选人“请吃饭喝酒”，25.7%的候选人直接“送钱”，另有17.1%的候选人则选择“送礼品”。见表5。对此，有研究者予以直接批评，称这是学习西方民主，会对农村社区自治造成更多负面影响，会直接增加选举的负担。当然，也有研究者认为，在农村选举尚处于培育阶段的时候，无论村民的选择是理性的还是非理性的，这一形式已经可以有效解决农村民主选举过程中的很多问题。从这个意义上讲，公开竞选还是一个明显的进步。

表5 各村选举中出现不合法选举行为的基本状况

不合法选举行为	频次(人)	百分比(%)
请吃饭喝酒	21	30.0
送钱	18	25.7
送礼品	12	17.1
承诺给好处	43	61.4
合　计	94	134.2

注：由于该题为多项选择，故百分比之和大于100%。

（二）投票规则与过程分析

1. 投票规则

关于投票规则，调查结果显示，无论是选村委会主任抑或选村委会委员，大多数村子都采用差额选举的办法进行操作，比例分别高达86.4%和85.4%。见图2。

2. 计票方式

调查结果显示，在选举村委会时，表示“实行了”公开计票的村子比例占90.3%，表示“没有实行”公开计票的只占9.7%。见图3。不过，当被问及“在选举现在的村委会时，您村设立秘密写票处了吗?”这一问题时，55.3%的受访村民表示“设立了”，44.7%的村民表示“没有设立”。见图4。

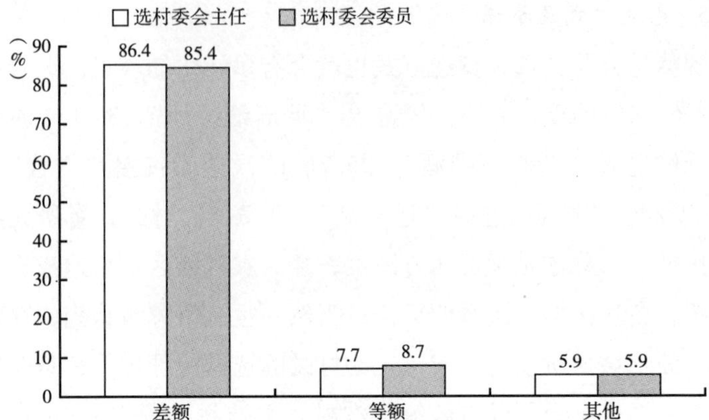

图 2　村委会主任和村委会委员的选举方法

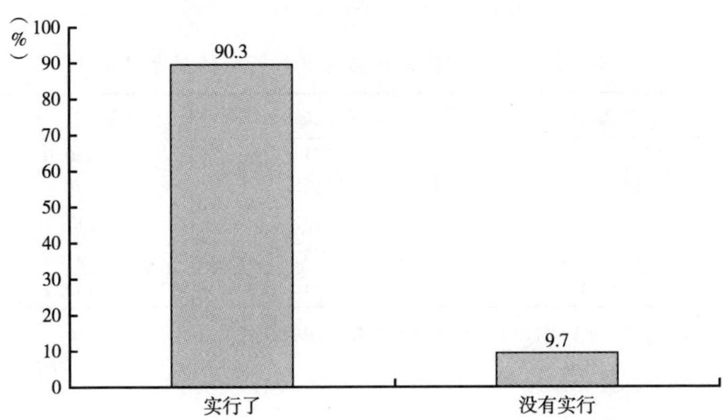

图 3　村委会选举时实行公开计票的情况

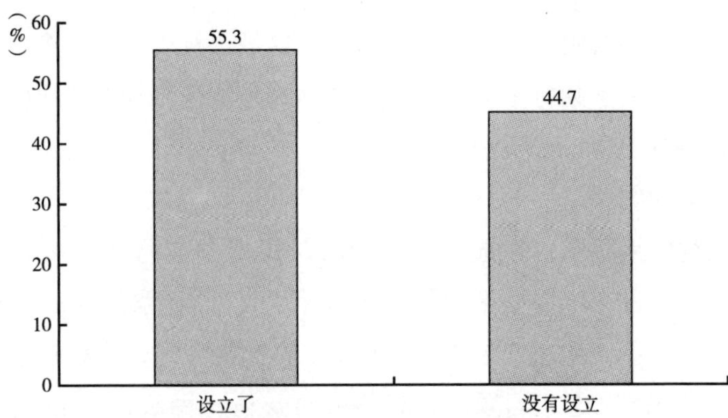

图 4　村委会选举时设立秘密写票处的情况

3. 投票情况

投票率是指实际参加投票的人数与选民总人数的比例。一般选举法规均对有效选举的投票率有所规定。按照我国相关法律规定，选举村民委员会时，有选举权的村民过半数投票时，选举有效。调查结果显示，在接受调查的650名村民中，88.2%的村民回答在换届选举中“投票了”，只有11.8%的被调查者回答“没有投票”。见图5。由此可见，各个村村民委员会换届选举的投票率是相当高的。结合访谈资料，我们分析原因主要包括：第一，村民直接提名、秘密划票、无记名投票等原则，在选举程序中得到了比较切实的落实，使选民的政治效能感大大增强；第二，由于差额选举原则的推行，使选举的竞争性大大加强，各候选人及其拥护者为了竞选成功，采取了一些方式对有关村民进行动员；第三，选举程序中明确规定了委托投票的规则，使在选举日没有赶回来的选民可以委托相关人员投票；第四，《选举办法》中对有效选举的投票率有所规定，乡镇和村庄的选举工作机构为了保证选举率，也在宣传和动员工作方面进行了一定的努力。

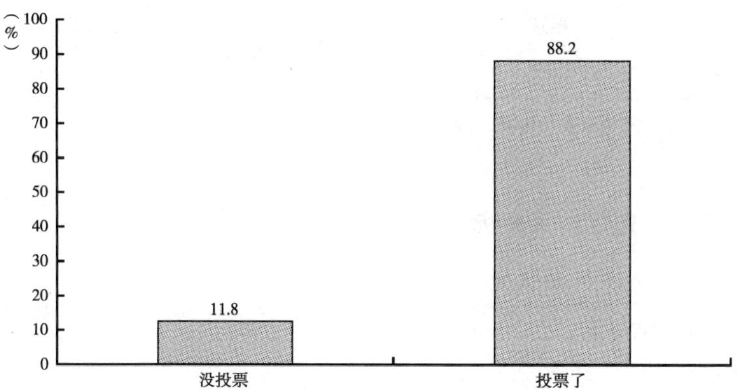

图5 受访者选举村委会时的投票情况

4. 影响选举的主要因素

调查结果显示，当被问及“您认为影响选举的主要因素有哪些?”时，“上级干预”和“宗族、家族势力强大”被受访者排在前两位，提及率分别为31.9%和31.0%，其次是“遗留经济问题”(27.0%)和“派系”(25.8%)，最后是“两委矛盾”(23.3%)和“贿选”(21.2%)。见表6。对此，有研究者认为，农村社区自治之所以进展缓慢，乡村权势结构才是村民民主选举、村民自治乃至乡村民主化的主要障碍。要想真正地推行民主选举，实行村民自治，还必须对乡村权势结构进行重构或改造。同时，家族势力在选举中的影响作用也不容忽视。本次调查结果恰恰印证了上述分析。

表6 影响选举的主要因素

排序	影响选举的主要因素	频次(人)	百分比(%)
1	上级干预	104	31.9
2	宗族、家族势力强大	101	31.0
3	遗留经济问题	88	27.0
4	派系	84	25.8
5	“两委”矛盾	76	23.3
6	贿选	69	21.2
	合　计	522	160.1

注：由于该题为多项选择，故百分比之和大于100%。

(三) 选举结果分析

1. 对公平性的认定

调查结果显示，当被问及“您觉得您村这一届村委会选举公平吗?”时，逾八成(83.6%)的受访者认为“非常公平”(29.8%)或“比较公平”(53.8%)，认为“不太公平”的村民比例只占9.5%，认为“很不公平”的村民比例也仅占6.4%，另有0.5%的村民表示“不清楚”。可见，选举结果基本上获得了村民的认可和肯定。见图6。

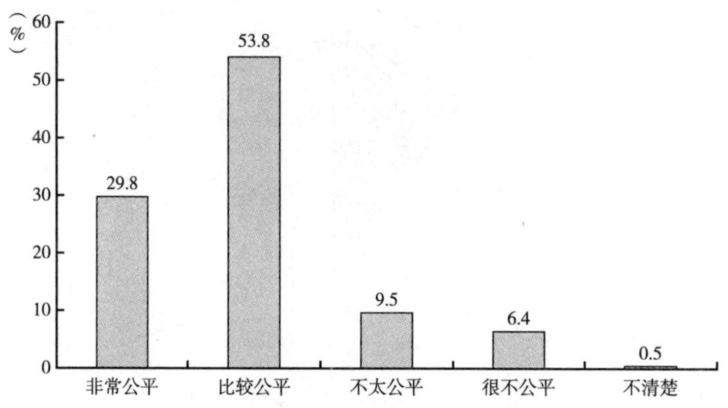

图 6　对村委会选举公平性的认定

2. 对人员代表性的评价

调查结果显示，当被问及“您认为村委会选举能把大家公认的人选出来吗?”时，近六成（59.2%）的受访者表示“能够”选出来，10.5%的受访者认为“不能够”，还有三成多（30.3%）的受访者认为“不好说”。可见，对于用村委会选举这种方式来确定社区负责人的方式，尽管多数村民表示认可，但也有不少村民持怀疑态度。见图 7。与此相对应的，当被问及“您觉得民主选举产生的村干部能代表群众利益吗?”时，41.6%的受访者认为“能”，33.5%的受访者认为“基本能”，13.3%的受访者认为“不能”，另有 11.7%的受访者表示“不好说”。见图 8。一些村民表示，从村民的角度，大家肯定都希望选出来的人作风正派，清正廉洁，能为村里做点实事，但事与愿违，候选人在选出之后没能好好表现，没有把村子的利益放在首位来为村子谋发展。

3. 理想的村干部

调查结果显示，当被问及“您认为当选村干部应具有哪些条件?”时，受访者首推“人品好，办事公平”，提及率高达 85.0%；其次是“处理农村事情能力强”，比例为 67.3%。见表 7。在多数村民看来，这两个条件既是当村干部的基本条件，也是必要条件，尤其在大家都“勤劳致富奔小康”的今天，村领导首

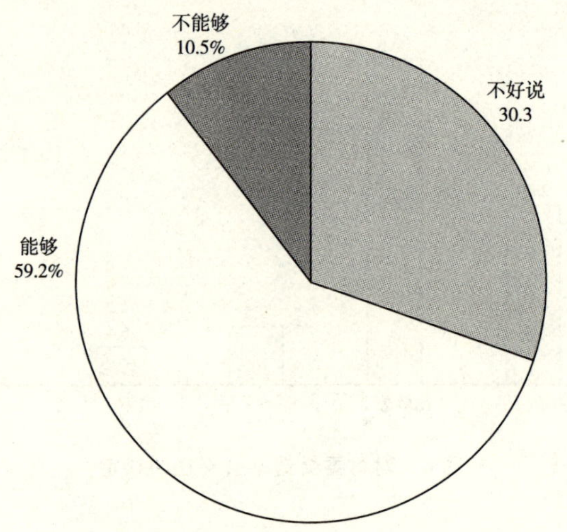

图 7　您认为村委会选举能把大家公认的人选出来吗?

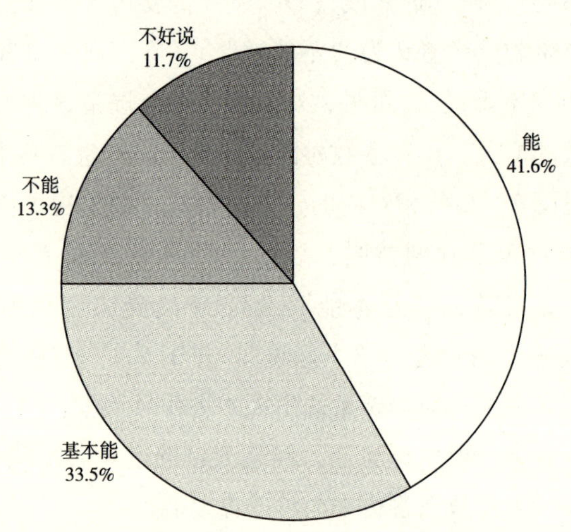

图 8　您觉得民主选举产生的村干部能代表群众利益吗?

先要能给村子带来实质性的利益，这才算是合格的村领导。正如有的学者所指出的，虽然农村民主选举可能选出了新的精英，但不一定是传统的干部精英、道德精英，而是经济精英或者社会活动家这样的新式精英。

表 7　当选村干部应具有的条件

排序	村干部的条件	频次(人)	百分比(%)
1	人品好,办事公平	528	85.0
2	处理农村事情能力强	418	67.3
3	经济能力强	184	29.6
4	党员	143	23.0
5	自己家人或亲戚	19	3.1
	合　计	1292	208.0

注：由于该题为多项选择，故百分比之和大于 100%。

三　民主决策情况

村级民主决策是村民自治的集中体现和中心环节，也是实现科学决策的前提和基础。村级民主决策，指在村级事务的决策过程中，要充分发挥村干部和村民群众的积极性和创造性，“要求凡是关系到村民群众利益的大事，由村民自己当家，自己做主，自己决定”。根据《村组法》等有关村民自治的法律和制度的规定，积极探索农村民主决策的有效途径，健全村党支部领导下的村民自治机制，是农村社区自治的重要体现，也是推进农村社会民主化的重要保障。

（一）民主决策制度

1. 村民代表会议的产生方式

调查结果显示，在选择的 20 个调查样本村中，83.4% 的村庄有村民代表会议，只有 16.6% 的村庄没有。见图 9。通过进一步调查发现，在有村民代表会议的村庄中，66.7% 的村民代表“由各村民小组推选产生”，14.2% 的代表“由村干部指定”，只有 9.9% 的代表“由联户推选产生”，还有 6.6% 的受访者表示自己村子的村民代表会议根本就“没有村民代表”。见表 8。

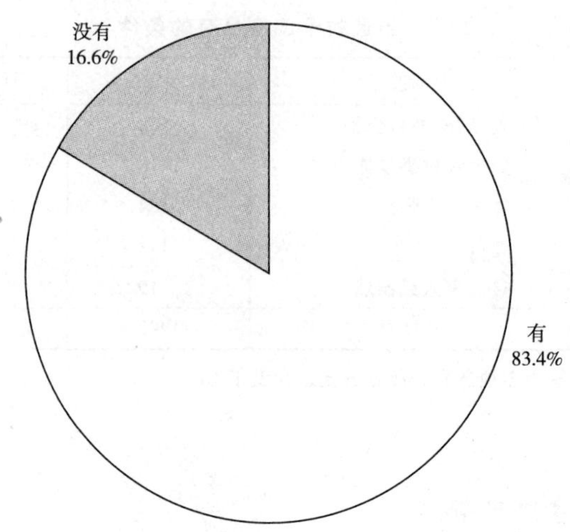

图 9　村庄有村民代表会议的统计图

表 8　村民代表的产生方式

村民代表产生方式	频次（人）	百分比（%）
由各村民小组推选产生	356	66.7
由联户推选产生	53	9.9
由村干部指定	76	14.2
由其他方式产生	14	2.6
没有村民代表	35	6.6
合　计	534	100.0

2. 村民代表会议的召集和主持者

至于村民代表会议的召集和主持者，65.6%的受访者表示是“由村委会主任召集和主持”，26.9%的受访者表示是“由村党支部书记召集和主持”，只有7.5%的受访者表示是“由村民代表会议主席召集和主持”，见表9。可见，村民代表会议的自主性空间受到了很大的限制，这直接影响着它在社区自治以及推动乡村民主进程中的效力。

表 9　村民代表会议的召集和主持者

村民代表会议的召集和主持	频次(人)	百分比(%)
由村委会主任召集和主持	271	65.6
由村党支部书记召集和主持	111	26.9
由村民代表会议主席召集和主持	31	7.5
合　计	413	100.0

3. 村民代表会议的召开频次

调查结果显示，当被问及“如果您村有村民代表会议的话，那么，2009 年召开过几次村民代表会议?”时，25.8% 的受访者表示“召开过四次及以上”，20.6% 的受访者表示“召开过三次”，21.7% 的受访者表示“召开过两次”，21.4% 的受访者表示“召开过一次”，10.4% 的受访者表示“一次也没有召开”。见图 10。关于“最近一年里，各村召开全体村民会议的情况怎样呢?”的问题调查结果显示，几乎四成（39.8%）的村庄“没有召开过”村民会议，21.2% 的村民表示“召开过一次”“召开过三次及以上”，另有 17.7% 的村民表示“召开过两次”。见图 11。

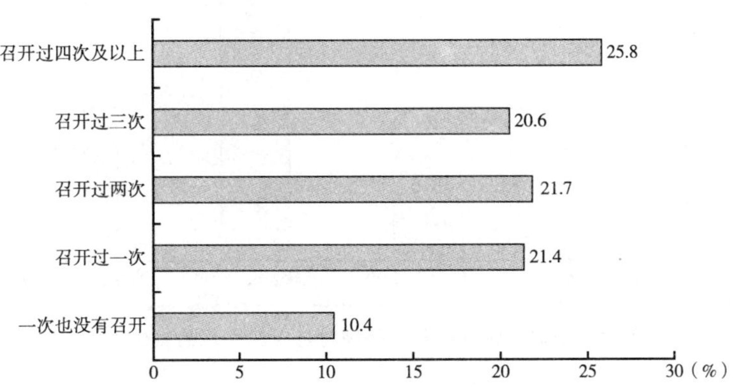

图 10　村民代表会议 2009 年召开的频次

（二）民主决策内容分析

调查结果显示，各村村民对于村干部在处理村务时的表现基本都

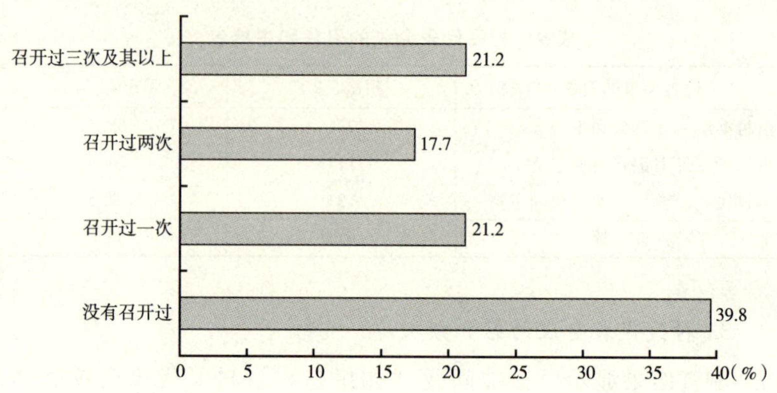

图 11　各村最近一年召开全体村民会议的频次

给予了肯定。其中，近六成（58.7%）的村民认为现任村干部在处理村务时表现得“比较公正、公道”，23.9%的人认为“非常公正、公道”，只有10.6%的人认为“不太公正、公道”，另有6.8%的人认为“很不公正、公道”。如图12所示。

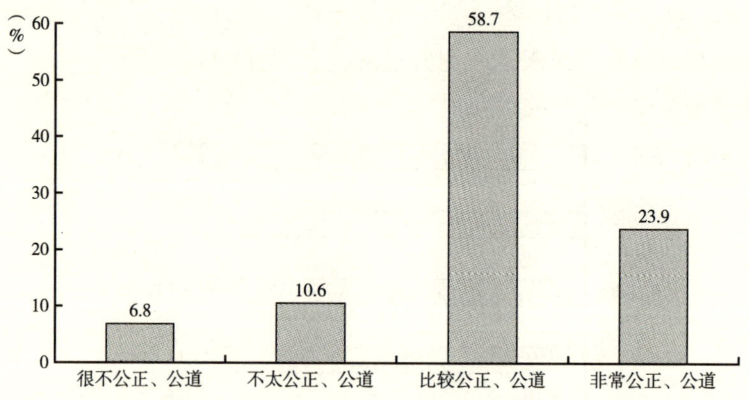

图 12　受访村民对村干部处理村务时的表现的整体评价

在事务的决策中，调查结果显示，没有一个绝对的权力进行决策，只是在具体的事务上会有所区别。其中，“村建道路、饮水等工程的经费筹集、筹劳方案”主要通过“召开全体村民会议或户代表会议讨论决定”（38.1%），“村集体经济所得收益的使用”

(41.3%) 和“宅基地的使用方案”(43.0%) 主要由“村干部们自己决定”，“村建设承包方案”既会经“召开村民代表会议讨论决定”，也会由“村干部们自己决定”。见表10。

表10 受访村处理村务的决策状况

单位：%

	村干部们自己决定	召开村民代表会议讨论决定	召开全体村民会议或户代表会议讨论决定
村建道路、饮水等工程的经费筹集、筹劳方案	27.6	34.3	38.1
村集体经济所得收益的使用	41.3	35.7	23.0
村建设承包方案	34.8	36.4	28.8
宅基地的使用方案	43.0	33.9	23.1

(三) 村“两委”公信力分析

关于“村中最有威信的人”，调查结果显示，“村党支部书记”和“村委会主任”的提及率位居前两位，分别为54.6%和45.9%，而村中其他人士的提及率则比较分散，均比村支部书记和主任的比例低很多。见表11。

表11 村中最有威信的人

排序	村中最有威信的人	频次(人)	百分比(%)
1	村党支部书记	332	54.6
2	村委会主任	279	45.9
3	各家族老者	87	14.3
4	离任的老干部	106	17.4
5	富裕大户、私营企业主	73	12.0
6	医生	43	7.1
7	教师	45	7.4
8	其他	59	9.7
	合　计	1024	168.4

注：由于本题为多项选择，故百分比之和大于100%。

（四）对民主决策社会效应的评价

调查结果显示，村民对村中以一事一议的方式解决村务的效果给予了肯定，近七成（67.2%）的村民认为“很好”（31.6%）或“比较好”（35.6%），仅有3.8%的人认为“不太好”，1.6%的人认为“很不好”，另有27.4%的人持“一般”模糊评价。见图13。用5级量表赋值方法测量并求取平均值得到的结果为，村民对村中以一事一议的方式解决村务效果的总体评价得分为3.98分（标准差：0.904），处于“一般”和“比较好”偏向“比较好”之范畴。

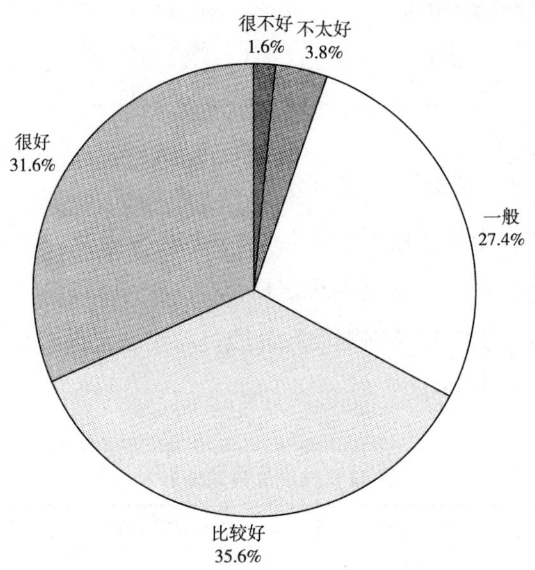

图13　村民对村一事一议方式解决村务效果的评价

四　民主管理

（一）财务管理

1. 公章保管与财务审批分析

关于“村里的财务开支由谁审批”“村财务收支状况”“是否有村规民约（村民自治章程）”以及“村规民约（村民自治章程）

的执行情况”，很多村民表示不清楚，选项也较为分散，不能形成统一结论作为参照，说明村民对这些情况并不十分了解，也暴露出乡村治理的一些混乱状况，这直接或间接、显性或隐性地影响着村民自治的推进力度，尤其在当前经济唱主角的社会处境下。如表12、表13所示。

表12　村民对村委会公章保管情况的知晓度

保管人	频次(人)	有效百分比(%)
由其他村干部保管	8	1.5
由村会计或村文书保管	367	67.2
由村委会主任(不兼党支部书记)保管	116	21.2
由村党支部书记(不兼村委会主任)保管	17	3.1
由村党支部书记兼村委会主任保管	38	7.0
合　计	546	100.0

表13　村民对村委会财务开支由谁审批的知晓度

财务支出审批情况	频次(人)	有效百分比(%)
由乡镇干部审批	6	1.4
由村支书、村主任、监委会主任共同审批	63	14.6
由监委会主任审批	27	6.3
由村支书和村主任两人共同审批	98	22.7
由村委会主任(不兼党支部书记)审批	128	29.7
由村党支部书记(不兼村委会主任)审批	35	8.1
由村党支部书记兼村委会主任审批	74	17.2
合　计	431	100.0

2. 对财务管理的整体评价

对于村子“财务管理”“村规民约执行”的情况评价，如图14和图15所示。调查结果显示，超过60%（64.3%）的村民表示“不清楚”村财务的收支情况，仅有9.4%的村民表示“很清楚”，12.9%的村民表示“比较清楚”，另有13.4%的村民表示“知道一些”；对于村财务管理状况的评价也显得比较分散，不到半数（46.3%）的村民认为“很好”或“比较好”，逾两成（23.3%）的村民认为“不太好”或“很不好”，另有三成强（30.5%）的村民认为“一般”。

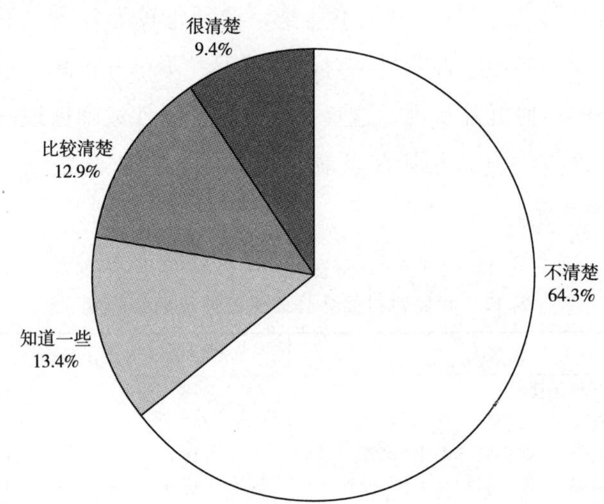

图 14　村民对村财务收支情况的了解情况

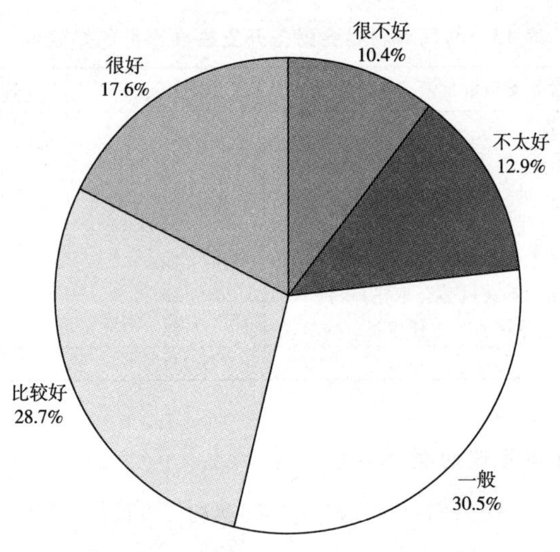

图 15　村民对村财务管理情况的评价

（二）村规民约

1. 对村规民约的知晓度及制定过程分析

调查结果显示，当被问及“目前，您村有村规民约或村民自治章程吗?”时，61.3% 的村民表示“有”，38.7% 的村民表示

"没有"，可见，村民对村规民约或村民自治章程的知晓度还可以，但宣传工作还有待加强。如图 16 所示。对于村子在制定村规民约或村民自治章程过程中征求村民意见的执行情况，近半数（48.6%）的村民表示是"召开村民会议（包括户代表会议）讨论通过的"，不到三成（26.6%）的村民表示是"召开村民代表会议讨论通过的"，另有 10.4% 的受访者表示"村干部分别只征求过一部分村民的意见"，14.4% 的受访者表示根本就"没有征求村民意见，是村干部们商量决定的"。如表 14 所示。

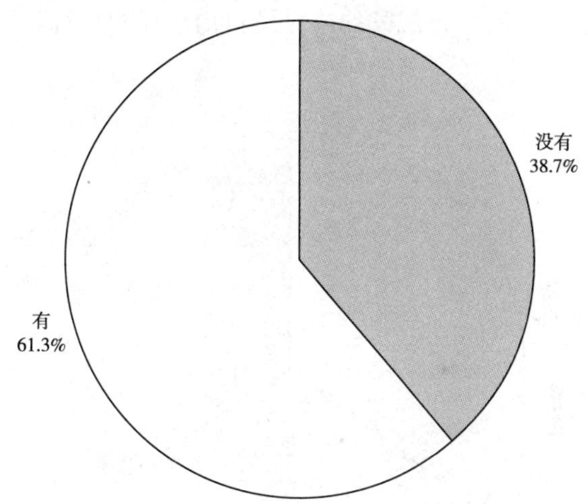

图 16　村民对村规民约或村民自治章程的知晓度

表 14　制定村规民约或村民自治章程时征求村民意见的状况

征求意见状况	频次(人)	有效百分比(%)
没有征求村民意见，是村干部们商量决定的	40	14.4
村干部分别征求过一部分村民的意见	29	10.4
召开村民代表会议讨论通过的	74	26.6
召开村民会议（包括户代表会议）讨论通过的	135	48.6
合　计	278	100.0

2. 对村规民约执行情况的评价及原因分析

对于村规民约或村民自治章程的执行情况，调查结果显示，逾六成（65.9%）的村民认为"很好"（35.0%）或"比较好"

(30.9%)，仅有1.3%的人认为“很不好”，3.8%的人认为“不太好”，另有29.0%的人持“一般”模糊评价。如图17所示。用5级量表赋值方法测量并求取平均值得到的结果为，村民对村规民约或村民自治章程的执行情况的总体评价得分3.95分（标准差：0.953)，处于“一般”和“比较好”偏向“比较好”之范畴。至于执行情况不好的主要原因，通过与村民进行深度访谈笔者获悉，“光让群众执行，干部不执行”是主要原因，其次“没有征求群众意见”、章程“缺乏可操作性”和“不切实际，行不通”等因素也在一定程度上影响着村规民约或村民自治章程的执行。

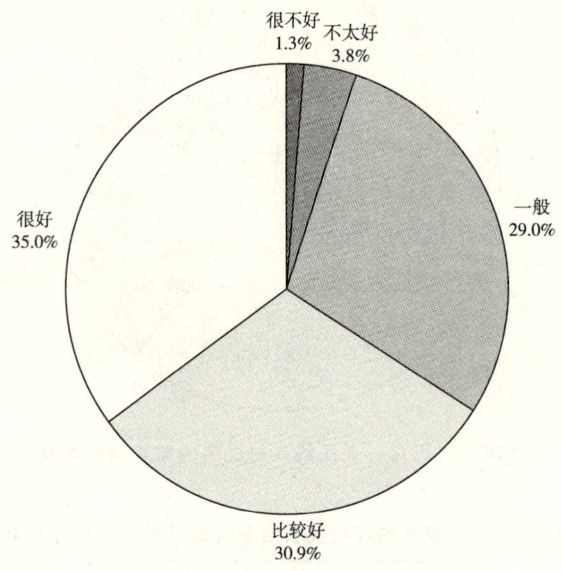

图17　村民对村规民约或村民自治章程执行情况的评价

五　民主监督

（一）村民监督委员会产生及作用分析

调查结果显示，在20个样本村中，11个村子（55%）有村民监委会，其余的没有或者不清楚。在有村民监委会的村子里，当被问及“您村的村民监督委员会是如何产生的?”这一问题时，

42.5% 的村民表示是“由各村民小组推选产生的”，25.5% 的村民表示是“由村民大会推选产生的”，13.7% 和 12.1% 的村民表示是“村民代表大会推选产生的”或“由村干部指定的”，另有少数村民（5.6%）表示是“由联户推选产生的”。总之，关于这个问题，村民们众说纷纭，没有一个准确的、绝对的结论。见表 15。村民对村民监督委员会的知晓度情况见图 18。对于村民监督委员会作用发挥的情况，调查结果显示，23.5% 的村民认为“作用很大”，30.9% 的村民认为“作用比较大”，只有 12.4% 的村民认为“作用不太大”，8.5% 的村民认为“基本没什么作用”，另有 24.7% 的受访村民认为作用一般。见图 19。

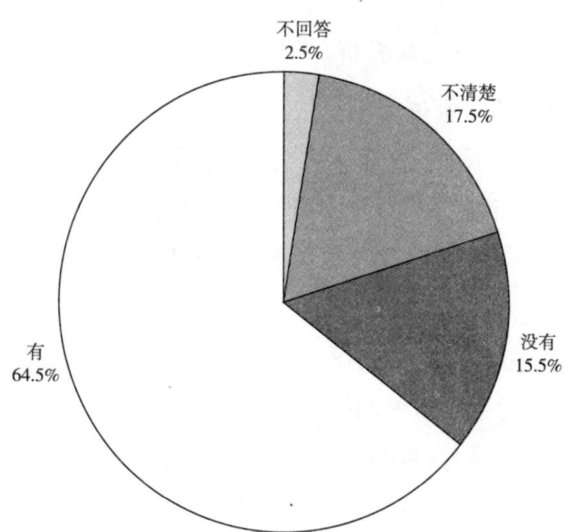

图 18　村民对村民监督委员会的知晓度

表 15　村民对村民监督委员会产生办法的认定

村民监督委员会的产生	频次(人)	百分比(%)
由其他方式产生的	2	0.5
村民代表大会推选产生的	51	13.7
村民大会推选产生的	95	25.5
由村干部指定的	45	12.1
由联户推选产生的	21	5.6
由各村民小组推选产生的	158	42.5
合　计	372	99.9

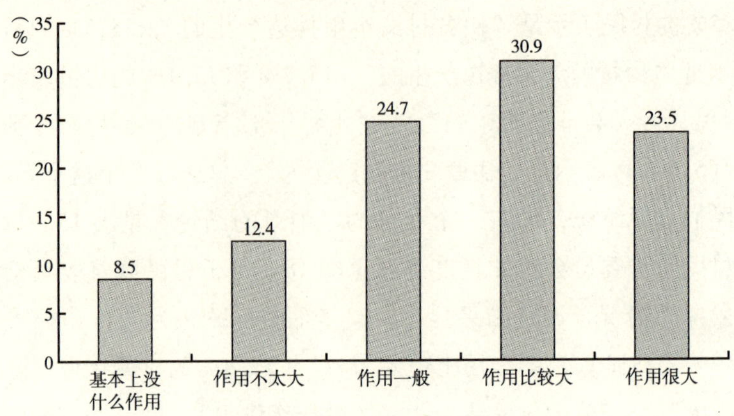

图 19　村民对村民监督委员会作用发挥状况的评价

（二）村务公开状况分析

1. 了解村务的渠道分析

调查结果显示，当被问及“您主要通过哪些渠道了解村里的村务、财务管理情况?”时，村民表示通过“看村务、财务公开栏”进行了解的比例最高，提及率达 46.4%，其次，不少村民表示要求通过“听村干部开会报告”和“听别的村民说”等渠道了解村里的村务、财务管理情况，其提及率分别为 29.4% 和 24.9%，至于其他了解渠道，村民的提及率则显得比较分散。可见，村务和财务公开栏是村民与村庄管理机构的主要沟通管道。见表 16。

表 16　村民了解村里的村务、财务管理的渠道

了解村里的村务、财务管理的渠道	频次(人)	百分比(%)
听村干部开会报告	174	29.4
看村务、财务公开栏	274	46.4
看发给村民的“明白纸”	38	6.4
听大喇叭广播	50	8.5
听村务监督委员会介绍	36	6.1
听村民代表或村民小组长介绍	61	10.3
听别的村民说的	147	24.9
其他	54	9.1
合　计	834	141.1

注：由于本题为多项选择，故百分比之和大于 100%。

2. 村子公开村务的频次

对于村里公布一次财务收支情况的时间，村民的看法差异较大，30.0%的受访者表示“随时公布”，29.3%的村民表示“从来没公布”，而有27.4%的村民认为公布的时间段为“一年”，另有少数受访村民表示或半年，或三个月，或一个月。见表17。调查的结果基本印证了上述统计结果的可信度。在所调查的16个村子中，有4个村子一年公布一次财务，3个村子半年公布一次财务，5个村子从来没有公布过财务收支，其余村子不甚清楚。

表17　村子公布一次财务收支情况的时间

村里村务公开的情况	频次(人)	百分比(%)
一年	128	27.4
半年	9	1.9
三个月	6	1.3
两个月	2	0.4
一个月	45	9.6
随时公布	140	30.0
从来没有公布	137	29.3
合　计	467	99.9

3. 对村务可信度的认定

调查结果显示，当被问及“您觉得村干部公开的事项真实可靠吗?”时，24.7%的受访者认为“真实可靠”，39.7%的村民认为“基本真实可靠”，而有18.1%的村民认为“部分真实可靠”，10.5%的村民认为“不真实可靠”。见图20。

（三）意见表达方式

调查结果显示，当被问及“如果您对村干部有意见的话，那么，您想主要通过哪些方式表达?”时，受访者首先会选择在“村里开会时发言提意见”（43.6%），其次是“找村干部谈话”（24.7%），有部分村民会以“选举时不选他们”（16.6%）或“找村民相互议论”（16.2%）等方式予以回应，有部分村民会选

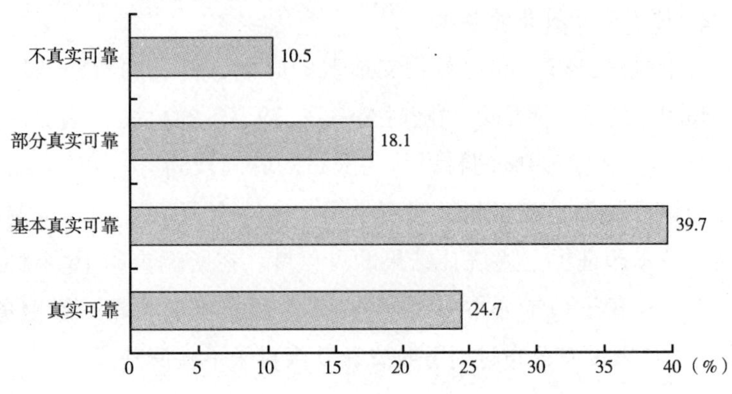

图 20　村民对村干部公开事项的真实可靠性认定

择“向上级反映（上访）”（10.5%），只有1.8%的受访者“联合村民罢免他们”。不过需要注意的是，“憋在心里不说”的村民也占据了相当大的比例，为22.6%。见表18。

表 18　对村干部有意见的表达方式

表达方式	频次（人）	百分比（%）
村里开会时发言提意见	274	43.6
找村干部谈话	155	24.7
向上级反映（上访）	66	10.5
找村民相互议论	102	16.2
选举时不选他们	104	16.6
联合村民罢免他们	11	1.8
憋在心里不说	142	22.6
其他	33	5.3
合　计	887	141.3

注：由于本题为多项选择，故百分比之和大于100%。

（四）对村民代表大会和村委会工作的评价

1. 对村民代表大会工作的评价

调查结果显示，大家对村民代表大会处理村务的效果评价不是太高，51.9%的村民认为“很好”（19.4%）或“比较好”

（32.5%），仅有7.6%的人认为“不太好”，4.3%的人认为“很不好”，另有36.2%的人持“一般”模糊评价。见图21。

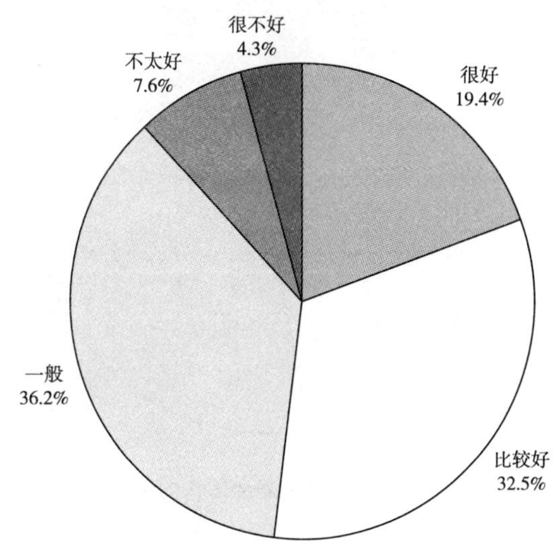

图21　村民对村民代表大会处理村务效果的评价

2. 对村委会工作的评价

调查结果显示，大家对村委会的工作基本认可，52.9%的村民认为“很好”（22.1%）或“比较好”（30.8%），仅有6.4%的人认为“不太好”，4.5%的人认为“很不好”，另有36.3%的人持“一般”模糊评价。见图22。当被问及“您认为村委会的工作需要改进吗?”时，高达86.8%的村民认为“需要”改进。见图23。

调查显示，当被问及“您认为税费改革后，您村村委会的工作效果和以前相比，变得”这一问题时，逾七成（71.6%）的村民认为“很好”（30.3%）或“比较好”（41.3%），仅有1.9%的人认为“不太好”，1.2%的人认为“很不好”，另有21.6%的人持“一般”模糊评价。见图24。同样，当被问及“您认为新农村建设后，您村村委会的工作效果和以前相比，变得”这一问题时，70.2%的村民认为“很好”（27.4%）或“比较好”（42.8%），

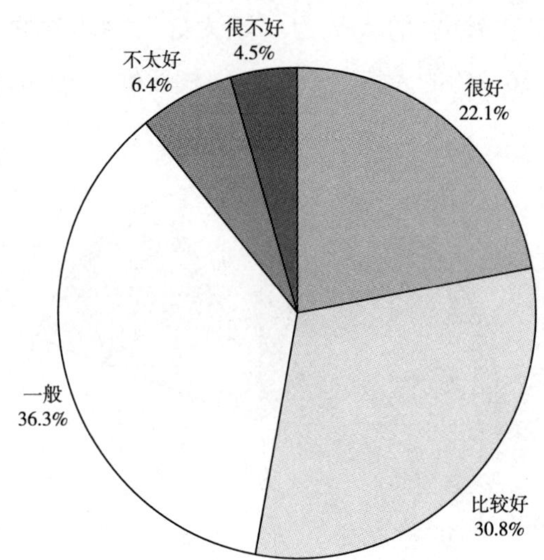

图 22　村民对村委会工作的评价

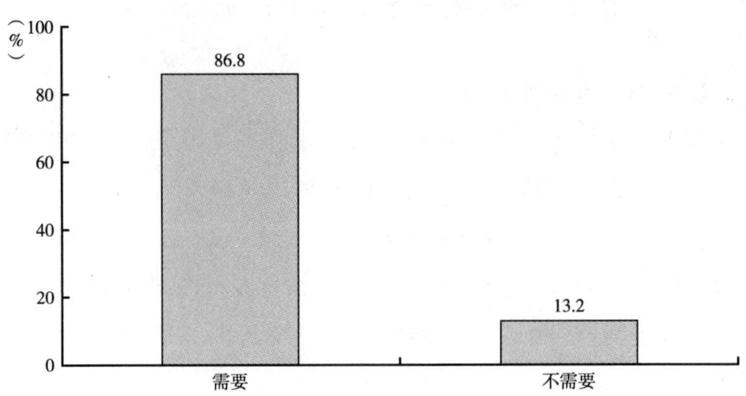

图 23　村民对村委会改进必要性的认定

仅有 2.7% 的人认为“不太好”，0.9% 的人认为“很不好”，另有 26.2% 的人持“一般”模糊评价。见图 25。

3. 对村委会与乡镇政府和党支部关系的评价

调查结果显示，对于村委会与乡镇政府的关系以及村委会与党支部的关系，整体评价都还不错。其中，77.1% 的村民认为村委会

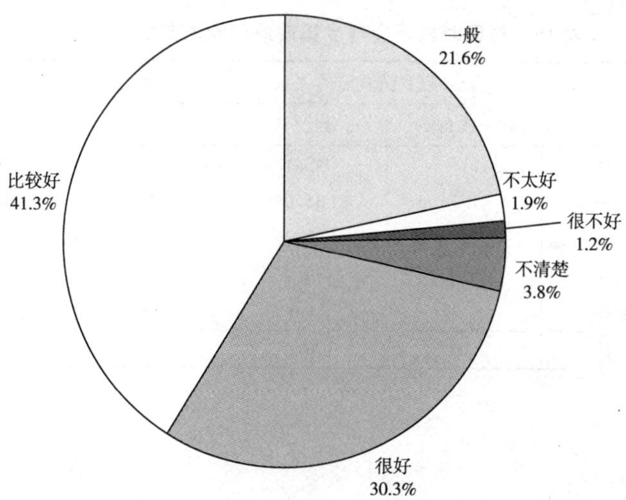

图 24 和以前相比，税费改革后村委会的工作效果

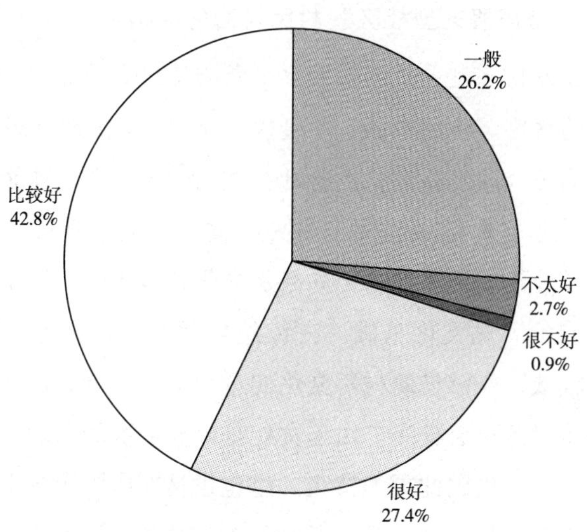

图 25 新农村建设后，村委会的工作效果和以前相比

与乡镇政府的关系“很好”（42.1%）或“比较好”（35.0%），74.4%的村民认为村委会与党支部的关系“很好”（30.0%）或“比较好”（44.4%）。见表 20。

表 19 村民对村委会与乡镇政府和党支部关系的评价

	村委会与乡镇政府的关系		村委会与党支部的关系	
	频 次(人)	百分比(%)	频 次(人)	百分比(%)
很 好	213	42.1	155	30.0
比较好	177	35.0	229	44.4
一 般	102	20.2	118	22.9
不太好	11	2.2	9	1.7
很不好	3	0.6	5	1.0
合 计	506	100.0	516	100.0

小结：关键议题

（一）“资源匮乏型社区”村民自治的建构性

自生自发秩序是系统内部相互平衡的结果，而非由外部强制力量所建构的秩序。传统中国，“皇权不下县”，在州县级以下没有任何类型的正式政府存在，村落社会实行“自治”。村落社会实行“自治”，除了农村地域辽阔、中央财政不足、地方官员匮乏等地理、经济和政治的原因以外，如果从文化角度上看，则是因为村落具备了“自治”的文化基础。在传统村落社会，长老、族长和士绅等村落权威，能够借助村落文化的意识形态功能，调解村落社会纠纷，维持村落社会秩序。由于文化是最深层次的东西，它所造成的村落自治状态也因此更为持久。这也正是在中国历史上政治运动风云变幻之时，村落社会难为所动的深层原因。[①] 在村落社会经历了集体化之后，国家在全国范围内实施村民自治，其目的既为国家权力退出农村社会后，弥补村落的社会管理，也为在以经济为中心

① 李全胜：《村落文化在当前中国农村村级治理中的作用与重构》，《理论视野》2012 年第 5 期。

的发展战略中，促进农村经济发展、摆脱贫穷、提高农民经济收入，并以此作为村干部的考核条件。在经济至上、物质主义等观念盛行的当下，西部地区经济发展较为落后的广大农村，与中东部地区经济发展较为发达的地区相比，村民自治凸显出物质资源匮乏的现实问题，尤其是在青壮年劳动力外出打工的现实条件下，人才匮乏问题也成为其制约性因素。

（二）村民自治知识的历史性与现实性、规范性与本土性

村民自治是我国农村在人民公社解体以后，在中央推行土地联产承包责任制的背景下广泛实行的一种政府主导下的强制性制度变迁，其基本形式是以行政村为单位而建立和运作的，一定时期内在乡村治理中发挥了应有的作用，取得了积极的效果。正如中国农村问题专家徐勇所言，村民自治是中国政治体制改革最深入的一个领域，它作为基层直接民主的有效形式，从根本上改变了长期以来中国社会普遍存在的自上而下的授权方式，将一种自下而上的乡村社会的公共权力产生方式用制度确定下来，体现了法治和民主精神，是现阶段中国民主政治建设的起点和突破口。[①] 村民自治由农民自发而起，随后得到国家的认可，成为具有国家法律保障的民主权力。在实践的过程中，有关选举、监督等方面的一些新做法在农村不断出现，这些新做法无经验、规范可循，有的做法经过实践的考验，又经专家学者研究讨论及党和政府相关部门的认可，在全国推广，如吉林省梨树县“海选模式”等。村民自治的这种发展模式，集民间智慧、国家权力、学界智慧为一体，成为中国基层民主发展的特点之一。

（三）村民视角与社区自治理论的重构

在村民自治的研究工作中，本研究选择个人口述和问卷的方式，尊重村民的个人经历，防止出现研究对象被“边缘化”的倾

---

① 任中平：《村民自治究竟应当向何处去?》，《理论与改革》2011 年第 3 期。

向，在本地化的情景中完成对资源贫困地区村民自治的描述和解释。在以往的村民自治研究中，农民是被研究的对象，研究者从权力、制度、民主等不同的视角对村民自治的主体——农民进行研究，印证研究的假设。本文则强调从村民视角切入，注重贫困地区农民的经历、感受和情感，以此描绘村民自治的历史、现状，揭示、呈现村民自己眼中关于村民自治的“现实”。当然，不同的访问对象因其所在的社会、文化、性别、阶层的社会位置不同，所叙述的事实也不会相同，也会受多元权力关系的影响而产生不同的“故事”。因此，关于村民自治的论述更具有显著的建构性特点。

村民自治理论的重构是在本土性、参与性理念的指引下，透过“自下而上”的发声通道和研究路径，注重农民群体的话语权，获得大量、丰富的有关农村治理方面的知识——问题、需求和回应的对策。村民自治涉及不同人群的利益，村民由于社会身份、互动身份的不同，会有不同的表达策略，这需要研究者具有敏感的意识，将村民自治表象背后的社会结构与社会关系呈现出来。

第三章　西部资源匮乏型社区村民选举的逻辑：人脉利用

“竞争的选举产生民主。”[①] 在村民自治中，选举可以说是最令人瞩目的。对于大多数研究者来说，研究已经聚焦于两种文化的遭遇和交流。以竞选的方式产生社区领导者，这种异质性颇强的外来文化建构的制度，实施于最具中国传统特色的乡村社会，两者之间强烈的反差产生的激烈碰撞，对农村社区产生了深刻的影响。然而，还需要关注的是，在资源匮乏型社区中，两种文化的结合有着更为特殊的取向，人及人交往圈子的影子在不断地影响着选举的过程。同时，经济也是影响选举的重要因素，在经济资源丰富的农村社区，选举更为激烈，而在资源匮乏型社区，“被选上”成为寻常之事。

第一节　村民选举的过程与结构

村民自治同选举过程的联系，吸引了不同社会力量的关注。

① 乔万尼·萨托利：《民主新论》，冯克利、阎克文译，上海人民出版社，2009，第171页。

其中，国家力量起到了至关重要的作用。同时，社区的社会经济发展程度也会对选举产生不小的影响。揭示这两个因素在选举中的作用，可以说明选举是这些力量连同社区人的意愿互动的结果，也可以说明选举仅仅是社区治理的开端，真正意义上的社区自治绝不限于选举，更为重要的是治理过程的表现。选举之后的治理同样需要这些力量的汇集。透过村民选举的过程既可以感受到村民自治的形式，还可以体会到村民自治的过程和结果。那么，村民选举的过程和结构如何，显然是需要回答的问题。

（一）国家的“在场”

事实上，现今的村民自治是由政府主导的自上而下的自治。为此，国家不仅提供完备的制度设计，还提供法律保障和财政支持。每三年一届的村委会选举正是在各级民政部门、基层政府的积极推动下完成的。因此，村民自治就是完全由村民自己说了算，不应受政府干预的说法是不符合农村实际的，而不断完善的《村组法》在村民自治和政府干预之间终于找到了平衡点。在村民自治过程中，国家和社会总是缠绕在一起，并不是泾渭分明的两个空间。

赵旭东在描述和分析这一现象时指出，王斯福的研究表明，国家的权力并没有真正地退出乡村，农民也还在寻求各种机会为争取自己的权利而跟国家的“代理人”讨价还价。而且这种讨价还价不一定是直接的，很多时候是象征性的。国家从来就没有从农民的生活场域中退缩，农民也从没有离开对国家的想象而生活，他们依赖于国家，并给出自己对于什么是国家应尽义务的界定。[①] 这一研究结果在我们的调研中也有所反映。比如，针对国家主导农村社区治理的现象，多数村民表示认同，认为国家就应该在社区治理中多

---

① 赵旭东：《从交流到认同——华北村落庙会的文化社会学考察》，《文化艺术研究》2011 年第 4 期。

扶持发展，多给钱，多给项目。遇到不公平的事情，村民也是希望通过上访来解决。

1. 工作路径与策略

透过选举过程可以感受到国家在场的影响力。在村民选举中，一般都设两级选举组织，一是由基层党委、人大常委会、政府主要领导及有关部门负责人组成的县、乡镇两级村民委员会换届选举领导小组，承担换届选举工作的领导责任。二是村级的村民选举委员会，负责选举的具体工作。国家通过这两级组织机构的设立和运转，保证了政府管理下农村换届选举工作的顺利实施。在资源匮乏型社区的选举过程中，地方基层政府扮演着重要的角色，成为影响村委会选举与村民自治的主要因素。

肖唐镖、王欣在江西 C、T 两县，以及山西 X 市的 49 个村进行的跟踪调查显示，在 2005 年的选举中，作用位列第一位的是县乡指导小组，第二位的是村支书①；在 1999 年选举中，各村选举都是在政府行为驱动下展开的。选举的筹备、动员与组织，以及规则、程序的安排与实施等都来自政府。在这里，县、乡政府的作用是第一位的，它除了制定并解释有关选举的规则和程序外，还向各村派出专门的指导小组亲临指导、把关。② 在选举的一些细节运作中也都存在基层政府的强介入力量。一些地方基层政府的安排更加细致入微。如要求在换届选举前，县、区、乡镇干部逐户发放《村“两委”换届选举工作须知》，对换届选举的政策法规、选人标准、程序步骤，以及各类优秀人才的特点、优势进行广泛宣传。为营造良好的换届选举环境，各乡镇成立了村“两委”换届选举监督委员会，各村成立了监督小组，换届选举各个关键环节都由监督小组成员和参与竞选

① 肖唐镖、王欣：《农村村民选举质量及其影响因素的变化——对 4 省市 68 个村选举的跟踪、观察和研究》，《北京行政学院学报》2009 年第 3 期。

② 肖唐镖：《村民选举“宗族势力干扰论”可以休矣》，《学术前沿》2011 年第 3 期。

的人员共同签字认可。[①] 在实践中，基层政府是村民自治的积极推动者。在某种意义上，政府的“在场”使得资源匮乏型社区村民选举成为自上而下的制度引入过程。

到目前为止，组织村委会选举依然是基层政府的主要工作。每次选举前，乡镇干部会定点包村，由于常年工作在基层一线，他们对村庄情况比较了解，并对选举程序较为熟悉，对可能出现的问题、可能出现问题的村庄以及可能出现问题的人也了然于胸。这些条件使得包村干部能在选举前针对可能出现的问题，制定相应的对策，区别对待各种社区，尤其关注一些问题突出的村庄，对难点村重点防范。

2. 组织选举及问题处理

村民选举过程是自发的，但选举开端却是由政府部门积极筹备和设计的。于是，组织选举成为相关部门的重要工作。整体上看，组织选举往往会涉及两类性质的村庄，一类属于基础较好的、历年开展选举工作较为顺利的村落，另一类则属于困难村，即问题较多的村落。

（1）放心的村庄。

L 县的 N 村是历届选举工作都进展得比较顺利的村庄，该村党支部和村委会班子团结、合作得较好，在村中威信较高，在县里的口碑很好。该县民政局局长认为，N 村是县里很放心的村子，村支书和村长两人合作得很好，一般不会有什么差错，而县里对本次选举最担心的就是到场人数不够，达不到规定人数，换届会开不起来，要设流动票箱。还有选票、唱票时容易出现问题，选民投完票就走了，没有监督唱票人。选举工作重在安排上，安排好了，问题就少一点。

村民到场人数不够，达不到《村组法》规定的“双过半”，导

---

① 李勇：《村“两委”换届选举面临的问题及对策》，《领导科学》2011 年第 6 期。

致选举不能顺利进行，这与我们平时想象的选举场面并不相符。实际上，在整个调查范围内，选举竞争激烈的社区只占少数，大约10%。笔者分析原因后发现，经济因素在其中起了关键作用。L县属贫困县，绝大多数的村无集体资产，年轻人多选择外出打工。选举竞争激烈的社区，基本上经济条件较好，有一定数量可供支配的公有财产，如县城附近的社区、卖地后有了收入的社区等。这样的社区由于竞争激烈，往往要经历多次选举。我们所参观的社区，属于经济贫困但管理情况较好的社区，基本上能一次选出村委会成员。即使是这样的村落，也存在投票人数不够的问题。针对农民不积极参与选举的现实，组织选举的县及乡镇干部，将参选率作为硬任务安排下去，这也是在选举前一天村选举委员会开会时，村选举委员会主任对村干部等再三强调要保证投票人数的原因。事实上，村中每户都安排了村干部做工作，确保在选举日村民去现场投票。

（2）问题村落。

矛盾较多的村庄，是县及乡镇干部关注的重点。从仝志辉所描述的陕西毛村选举，我们看到在需要进行二次选举的村庄，村民要求国家力量出面主持选举，以寻求程序公平。① 可见，在资源匮乏型社区选举过程中，政府恰当的介入在某些时候是保证选举顺利进行的重要条件，政府在选举中所扮演的角色并不仅仅是选举结果的干预者，更多的是组织者和程序公平的维护者。

政府介入行为不仅存在于选举期间，还贯穿于治理过程的始终，包括疏导因选举产生的各种矛盾。村“两委”换届选举期间，尤其选举前后，是矛盾高发时段，群众的来信、来访如果得不到及时答复或迅速解决，往往就会出现重复反映、集体反映、越级反映的现象，很容易使一些小矛盾酿成大问题。因此，疏通群众来信、来访的渠道，建立换届选举应急预案，成立选举工作

① 仝志辉：《村落的二重化权力空间与权力的空间控制技术——陕西毛村选举再解》，《华中师范大学学报》（人文社会科学版）2000年第5期。

执法监督组，加强对换届选举工作现场的掌控也是区、乡镇政府的主要工作。

3. 国家权力的人格化

村委会在农村社区拥有较大的权力。根据《村组法》规定，村委会享有依法管理本村经济事务、本村集体所有的土地和其他财产以及本村财务的权力。现行的制度实践中，基层政府注重推行选举，而对农村社区的民主决策、监督、管理重视不够，造成村民自治实施效果不理想。尤其在经济发展水平较高的村，村集体收入较多，村委会控制的资源丰富，因此这样的村成为竞争激烈、矛盾高发区域。作为国家力量在村庄的集中代表和执行者，村委会主任和村支书在农村社区掌握权力，而不受监督。如有的农村社区村干部在集体土地的处置、村民宅基地甚至责任田的划分、村办企业收入分配等方面，并没有依据《村组法》的要求召开村民代表大会或村民大会依法处理，而是擅自决定，这很容易引发干群矛盾，积累到一定程度很可能发展成群体性事件。总之，农村社区的发展及村民凝聚力、认同感、归属感无不与社区领导者紧密相连，如同过去所讲的“国以一人兴，以一人亡”。

（二）候选人的表演

村民选举中候选人的产生经多年实践，逐渐形成提名、推选或自荐等几种方式。在实际选举中，不同候选人参选的动机和目的不同，表演形式各异，而普通村民则成为观看他们表演的观众。候选人并不都是想参选的人，因此，也有被动的表演。

1. 参选动机

我们按竞选动机将候选人分为三类。

（1）经济利益型。

土地、水域、矿石、林木等经济实体是乡村最基本和最重要的资源。随着农村经济的不断发展，以前人们不愿意当的“村官”成为一个“肥差”。在目前农村各项制度不健全的情况下，村干部在宅基地的分配、户口迁入迁出、土地承租与出让、集体经营项目的承包、工程招标及其他集体资产的处置等方面，有机会获得利益。这种经济利益型候选人多存在于资源型社区中，常发生在村集体有一定收入的社区。

资源型农村为村庄内部竞选提供了理由或动力。以陕西省 H 市 L 村的情况看，一是资源型农村的村干部有更多个人经济收益上的好处，村庄精英为争夺村干部职位而充分利用已有的关系，并不断通过各种关系集结新的利益联盟。二是丰富的矿产资源为精英提供了兑现许诺的条件，这种兑现反过来又会强化许诺的效力，从而强化在村干部选任时拉关系的力度。这种拉关系的力度进一步稳固了共同利益的基础，提高了精英当选的概率。三是资源型农村的村干部兑现的各种承诺是对村集体经济资源的一种再分配，而每一次对村集体资源的再分配都会引发公平与否的争论。①

在经济利益的驱使下，候选人参加竞选时，常会给村民作出一些许诺，甚至贿选，这与村干部背后巨大的经济利益密不可分。需要警惕的是，经济利益型候选人在选举获胜后，一旦不能兑现承诺，就容易造成社区人心涣散，直接影响社区的发展。

（2）政治利益型。

候选人通过参加选举，进入村干部群体，具有了不同的身份符号，在县乡一级的公共事务中，对农村事务有了一定的发言权。F 县某镇政府干部提到："毕竟身份不一样，干部和村民就是不一样，出去人家也看得起。不当干部了，就是个普通村民，谁理你。"

虽说村干部的职位不高，但在农村多少也算是个"官"，在一部分人心中，当上村官可以"光宗耀祖"。此外，在资源相对短缺的农村，担任村干部职务还意味着比普通村民更有机会"露脸"

① 董江爱、崔培兵：《村治中的政治博弈与利益整合——资源型农村选举纠纷的博弈分析》，《中国农村观察》2010 年第 2 期。

及获得更多资源。政治利益型候选人不仅存在于资源型社区中，还存在于资源匮乏型社区中，政治身份的改变和话语权的获取是他们参与选举的重要动因。

（3）声望荣誉型。

这一类型的候选人愿意为村民办事，以获得村民的认可，从而获得声望和心理满足。他们多具有较强的经济能力，在个人致富之后，承担起本村发展的责任。他们中有的自愿参加竞选，有的“临危受命”，即在本村面临诸多困难、派系斗争激烈的情况下，在乡镇干部的积极劝说或本村村民的极力推荐下，参与竞选。有的候选人当选后，在新的舞台上，有了更出色的表现。如 HC 县民政局干部说：“有的村干部素质确实高得很，一心为村里办事，我看和国家领导人的素质都差不多。”在以经济建设为目标的社会发展中，经济能力是重要的考核标准。经济能力、综合能力较强的领导者，容易树立个人威信。但是，如果经济能力不强，就有人说：“连自已的小家都搞不好，咋能带领大家致富。”

这样的分类只是为了使分析显得较为清晰。实际上，这三种动机之间的界限并不是泾渭分明，而是互相渗透，尤其是在农村社区这样的小共同体中，地域界限明显、群体之间互动频繁、人与人之间熟悉度较高、信息流动通畅，因此，动机透明程度高。想当选与能否当选，也体现了候选人和选民的意愿是否一致。在许多村民选举的实践过程中，资源型社区选举往往受到各种利益因素的干扰，而资源匮乏型社区则更多地受到人才缺乏的制约。

2. 候选人的策略

戈夫曼认为，当个体在他人面前呈现自己时，他的表演总是倾向于迎合并体现那些在社会中得到正式承认的价值。表演显著地体现了它所在社会的普遍、正式的价值标准，在此意义上，我们可以用涂尔干和拉德克利夫·布朗的办法，把它看成一种仪式——对共同体道德价值的表达性复原和重申。[①]

调研组在访问各村村委会主任时，一般都会问他们，当初竞选时对村民有何许诺。无一例外，村主任都会提到公共品的提供、基础设施的建设，以及提高村民的经济收入，有的还提到了修建幼儿园，提高村民的生活水平。作为土生土长的本村人，他们既是社区的领导者，也是生活在其中的一分子，他们无疑最了解村民的需求，因此，他们竞选时的承诺是最贴近实际情况的。

在一些贫困地区，村委会委员（成员）“伸张”或“实现”自己意志和范围的程度较少，也不能得到多少额外的“物质利益”，在这样的背景下，“主动参选”或“竞选”就失去了为“权力”或“利益”博弈的前提和基础。在不富裕地区为当选的“荣誉”而主动参选或竞选的刺激比发达地方要弱得多。因此，需要根据当地的经济发展状况、民主政治特点，找到适合地方特色的，既能激发村民参选意愿，又能选出合适人选的实现路径。

在资源较为丰富的农村社区，选举前，候选者为了争取更多的选票，往往会安排自己小利益集团的人员到各家拉选票，运用的手段也多种多样，主要包括拉关系、送钱物、许诺当选后给好处等。而资源匮乏的农村社区，在选举前会风平浪静，一切如常。人们会理性计算，投入成本与自己获选后获得的回报。

（1）情感沟通。

翟学伟认为，中国人的关系逻辑起点不是在个体的理性选择基础上，而是在持久而无选择性的起点上。在这一特点的作用下，中国人的关系具有了去个性化与情理兼备的特征，进而导致工具性与情感性相混合。捆绑性的关系催生了感情关系、信任的建立，使稳固的关系培养了感情。同时，儒家伦理系统对个体在维持人际关系时的具体要求，使得人们互相之间的支持和帮助不一定出自个人的

---

① 欧文·戈夫曼：《日常生活中的自我呈现》，冯钢译，北京大学出版社，2008，第29页。

意愿等，而是出于伦理关系的要求。①

在农村这样的“熟人”社会，或是“半熟人”社会，祖祖辈辈“生于斯，长于斯”，彼此之间的熟悉程度较高，社会关系密切，或是街坊邻居，或是亲戚朋友。候选人或是候选人的团队，如果要参与竞选，就会到选民家中拉关系，希望他们能投自己一票。他们通常会借助亲戚、同学、战友、邻居等各种能将彼此距离拉近的关系。这也是一种较为有效的办法，尤其是在经历了几届选举之后，前几任的表现使选民意识到，不重视自己的选票，或是轻信许诺，最终受害的还是自己。而情感交流具有长期性、累积性、稳定性特点，在拉选票的过程中具有一定的优势。

（2）钱物相送。

钱物相送通常被定义为贿选。关于村委会“贿选”问题，《村组法》第十五条作了明确规定：“以威胁、贿赂、伪造选票等不正当手段，妨害村民行使选举权、被选举权，破坏村民委员会选举的，村民有权向乡、民族乡、镇的人民代表大会和人民政府或者县级人民代表大会常务委员会和人民政府及其有关主管部门举报，有关机关应当负责调查并依法处理。以威胁、贿赂、伪造选票等不正当手段当选的，其当选无效。”按照全国人大常委会、国务院、民政部对《〈中华人民共和国村民委员会组织法〉条文释义》的解释，贿选是指“以获取选票为目的，用财物或其他利益贿赂选民、选举人或选举工作人员，使其违反自己的意愿参加选举，或者在选举中进行舞弊，并对正常的选举工作产生影响的活动”。中办、国办《关于加强和改进村民委员会选举工作的通知》（中办〔2009〕20号）进一步明确了贿选的定义：“在村民委员会选举过程中，候选人及其亲友直接或指使他人用财物或者其他利益收买本村村民、选举工作人员或者其他候选人，影响或左右选民意愿的，都是贿选。”

---

① 翟学伟：《关系研究的多重立场与理论重构》，《江苏社会科学》2007年第3期。

对行贿者来说，预期的利益是贿选发生的土壤。“如果预期不会带来明显的利益，个人就不会采取涉及成本的行动。这种利益可以用他们自己的效用函数来衡量。如果一个人预期另一个人或另外一些人不管怎样都会为他提供利益，那他就会自愿而主动地采取行动。”① 在资源较为丰富的农村社区，村民委员会选举中贿选者表面上追求的是村主任所拥有的权力，实质上是为了可预期的村主任权力所带来的经济利益。为了维护现有的经济利益或对现有的经济利益进行有利于自己的再分配，催生了属于权力寻租的“贿选”。② 可以说，贿选现象已经成为基层社区选举中的重要社会问题之一，虽然已有相关法律条文规定，但是在实际操作中，由于没有对委托他人贿选的具体表现和变相贿选的特定方式（如宴请、赠送物品、承诺等贿选）进行详细的规定和描述，对贿选钱物未加具体列举和量化，而且，“班子”成员和贿选对象只是委托代理者和利益互惠者，他们不是法律调整的最终对象，因而不承担任何经济风险，③ 由此带来贿选查处的困境，给贿选行为的制度规避留下了很大的空间，这也成为资源丰富地区贿选屡禁不止的原因。

贿选形式多样，既有直接利用钱物、给予好处，也有感情笼络，如在新疆维吾尔自治区组织部课题组对有关地州、市、县、乡村共 8787 人开展的问卷调查中，当被问及“您认为基层（乡村）选举中贿选的主要表现形式有哪些（多选题）”时，排在第一位的是“利用请客吃饭‘聚集’人气贿选”，占 63.25%；排在第二位的是“利用利益‘承诺’蒙骗选民贿选”，占 52.41%；排在第三位的是“利用赠送财物‘笼络’人心贿选”，占 44.22%；排在第

① 詹姆斯·M. 布坎南：《民主财政论：财政制度和个人选择》，穆怀朋译，商务印书馆，1993。

② 胡健：《村民自治中的“贿选”现象透视》，《成都大学学报》（社会科学版）2005 年第 5 期。

③ 吴思红：《村庄派系与贿选行为——以 H 村村委会选举为例》，《湖北行政学院学报》2011 年第 3 期。

四位的是“利用宗派关系‘拉拢’感情贿选”，占 40.07%；排在第五位的是“利用赠送金钱‘购买’选票贿选”，占 39.08%。①

为了避免选举中的贿选行为，各地办法多样。在民间宗教发达的地区，利用人们对神灵的敬畏，也是一种行之有效的方法。而选民对贿选的态度却迥异。福建省厦门市的一个村 2010 年进行换届选举时，两名村主任候选人在宗族族长的主持下，到关帝庙发誓不贿选，在竞选中，两名竞选者果然践行了“不贿选”的诺言，其中一人后来依法当选了村委会主任。对于这个结果，一部分村民不满意，认为还是贿选好。其中一位村民说：“往年村主任换届选举，一张选票三四百元，最高上千元，去年没有贿选，这村主任只是事后请大家吃了一顿饭，喝了一瓶啤酒。”村民们还相信，“贿选”对于竞选者来说只是一种“投资”，最终他们“还是要捞回来的”。②

请客吃饭、馈赠钱物在日常交往中，被视为人之常情，俗话说，礼多人不怪，别人为自己办了事，通过这种方式表达感激之情，也为人们所认可。在村庄实行选举后，这种请客送礼之习俗迅速与选举联系在一起，反映出本土乡村文化的影响和作用，尤其与制度因素相结合，显现出愈演愈烈之风。

在进行调查之前，关于选举，听到的经常是激烈的竞争。2008 年是陕西省第七届村委会换届选举的时间。选举前夕，调研组来到陕南 LB 县某村，旁观了整个选举的过程。选举前，选举委员会主任召集各小组组长开会，保证第二天的选举各户都要来人。11 月 15 日是正式选举日，早上下起了雨，因担心村民不愿来，村支书不停地给各小组组长打电话，催促赶快到各户去叫人。各小组组长骑着摩托车，来回奔走在各户及会场之间，不停查看到场人数情况，把人往会场上撵。笔者在分会场旁观整个选举过程，分会场设

---

① 丁宁：《整治农村选举中的贿选问题研究》，《中州学刊》2010 年第 2 期。

② 党国英：《试论建立村民监督委员会的重要意义——基于对陕西农村建立村民监督委员会制度的调查》，《毛泽东邓小平理论研究》2011 年第 5 期。

在村小学内，10 点多，村民陆陆续续到了会场。上届村长 T 某早早来到分会场，神情有些紧张，在会场内走来走去，拿着一条烟，给在场的男村民发烟，和村民拉家常。有两个年轻妇女，打扮时尚，跟 T 某说："你请我们吃饭，我们就选你。" T 某大声说道："胡锦涛当国家领导也就当两届，我当村长当过两届也就够了。"到了 11 点，现场人数过半，选举按程序有条不紊地进行。显然，经过前几届的选举实践，选民对整个竞选程序都较为熟悉。大家都挤在村小学教室里，听宣布规则，没有规定中的候选人演讲，现场比较安静，选民表情严肃。在领到选票后，开始填选票，村选举委员会没有安排写票间，选民有人在教室内，有人走出教室；有三五个人商量着填写，有找僻静的地方一个人填写；有的选民一人拿着四五张选票填写，有个别选民还不知道怎样填写，不停地问旁边的人。选民很认真地填写选票，也不时打趣候选人。候选人一方面表示出当不当村主任无所谓，一方面不停地给大家发烟，和大家拉关系。接下来按选举程序投票、唱票、统计票数，教室里仍然坐着十几个村民，12 点多选举结果出来，由专人送到主会场，两个会场的票数汇总后，新一届村委会班子就选出来了，上届村委会主任继续当选，委员中本来安排陪选的 J 某，因票数较高，排名靠前，当选为委员。而本来安排进入村委会的某女性成员，由于票数较低，未能如选举前的安排进入村委会。

选举进程顺利，虽然有竞争但并不激烈，原村主任顺利继任。整个选举过程比较平淡，没有想象中的激情演讲、踊跃投票、紧张唱票，以及最终公布时欢呼与失落的巨大反差。当选的村主任已连任两届，此次当选，既在意料之中，也不可避免地经历了一番心理起伏，一张张的选票毕竟在村民的手中，是否能当选完全由村民决定。选举时的忐忑不安，当选之后的喜悦溢于言表，这毕竟是村民对自己工作的一种肯定。村换届选举委员会的负责人村支书，在会上高兴地宣布，当天的选举很成功。当选的村长也很高兴，自己到旁边的小房子喝了两杯酒。

在选举舞台上，候选人已经完全呈现在观众面前。如戈夫曼所说，他人知道个体也许会以一种对他自己有利的方式来表现自己，因而他们也许会把亲眼目睹的事件分为两个部分：一部分是个体相对容易随意操纵的，只要是他的言语表达；另一部分则是个体看起来几乎没有留意或加以控制的那部分，主要出自他流露出来的印象。因此，他人可以利用他们认为他的表达行为中难以控制的那些方面，来对照检查那些可控制方面所传达出来的事情的真实性。① 这也是孔子所说的“听其言，观其行”。在“熟人”社会，选举时的表演，并不能使观众完全信任，往日的言行才是决定性的因素。

3. 身份获取的策略

村民选举中，参选人往往具有一定的人脉关系资源，或有较其他村民明显的特长或优势，这些个人资源具有转化为本村发展的潜在优势。当然，也因此刺激了一些不正当手段的出现，充分暴露出选举中合法性基础的脆弱。

(1)“靠资源，拉关系”。

作为旁观者，笔者观察了整个选举过程，但感到意外的是，村民对选举工作不关心，对投票这种大事都不愿参与。村民 W 认为，要想当村长不容易，没钱、没关系很难。N 村村支书和村长都是村里的能人，尤其是支书，今年 50 多岁，从 30 多岁起就在村里当村长，之后又当选党支书多年，近年来搞多种副业，年收入十几万元，他和县上、镇上的领导也很熟悉，关系较好。村长 T 某，今年 40 多岁，已当选过两届村委会主任，这次当选是第三届，自己经常在外承包工程。村支书和村长两人合作多年，比较默契，关系较好。按照要求，村民委员会成员被依法确定为候选人的不再担任村民选举委员会成员，但是在实际中发现，T 某既是村民选举委员

① 欧文·戈夫曼：《日常生活中的自我呈现》，冯钢译，北京大学出版社，2008，第 6 页。

会成员，也是候选人。针对这一问题，L 支书面露尴尬地解释说，农村就是这个样子。显然他也是清楚这个规定的，但是村里相关监督机制不健全，在公开场合也没人就此提出异议。从村委会人员的组成来看，村里原有的权力结构比较稳固，要想打破原来的权力结构，竞争村委会主任、委员不是件容易的事。在选举结束后，调研组到县民政局了解情况，得知有几个村因村长一职竞争很激烈，没有选出村委会主任。有一个村出现了这种情况，G 某并不是村长候选人，由于他在选举前做了大量工作，在选举日，他的选票和候选人接近，但都未达到规定的票数，那么，就要按要求在规定日期内重选。为什么有些人会花很大精力参选呢？局长对此的解释是，有的人觉得当了村长，就能和县里、乡镇干部领导接触，对他自己有好处，认识人多，好办事。对一般人来说，要竞选村委会主任，就需要考虑自己是否有资金、时间、相关领导的支持，能否获得选民较高的支持率等，如果所需代价和收益相比达到一个有利的交换比率时，他才愿意接受高的代价，竞争村委会干部。

（2）“干一届算一届”。

T 村村委会主任说，自己干完这届就不干了，村长每年只有 1500 元补贴，组长每年 800 元，这点钱现在能干个啥，村里事情又多，还要应付县上、镇上安排的事，当村长出力不讨好，干完这届就不干了。在新一届村委会会议中，村委会主任也提到，不参加下一届的选举了，要给年轻人让位子，培养年轻人。从 N 村村委会主任的说法看，村主任一方面要完成上级下派的任务，一方面要给群众说话办事，在利益冲突时会产生较多矛盾，平常工作中就承受着较大压力，到选举时还要承受更大的心理压力。因为一旦选不上，在农村这种“熟人”社会里是很没有脸面的。目前，国家对于乡村的治理体制仍然是行政 - 命令式，地方党政为完成自己的各项行政任务，采取多种行政措施控制村委会，村干部成为完成政府任务的“准行政干部”。由于陕西大多数市、县、区、村级组织实行“村财村用乡代管”的制度，村级组织运转经费由乡镇管理，村委会为此也要和乡镇搞好关系，完成下派的各种任务，以便要钱时比较顺利，但有时也会为此和村民发生矛盾。T村村委会主任觉得实际给的补贴太少，自己平时忙于承包工程，还要管理村务，完成上面交给的各种任务，在收入和付出相比较之后，认为当村委会主任不划算。

（3）“经济利益决定一切”。

经济原因也是影响竞选的重要因素。在贫困地区，为增加收入，年轻人大多采取外出打工的方式，可供选择的候选人并不多。如调查的N村，目前集体经济落后，村集体无收入，2008年8月20日N村村务公开栏显示，村经济收入是零。相比集体收入较多的村，村民参选的动力不强。在与N村相邻的D村，因为有公路通过村庄，政府给了一些补偿，村集体有了一些资金，村委会主任一职竞争就很激烈。这种情况，在关中一些村子，表现得也很明显，如M村，在20世纪90年代以前，没多少人愿意当村长，因为村集体没有收入，村长基本上就是给村民服务，但是，90年代后，随着城市化进程的加快，M村的土地全部被征用，得到一笔补偿，在这个过程中，信息不公开，缺乏监督，村民每人只分得了很少的补偿，但此后村委会主任一职成了激烈竞争的对象。

（4）“流氓选举”。

选举期间，在资源丰富的社区，贿选与暴力相结合，成为破坏选举公平性的主要因素。这不仅发生在派系之间，如通过对竞争对手采取暴力方式使其退出选举，而且对选民也依此手段进行控制。在经济资源丰富的社区，候选人因经济利益参选，在选举前期投入较多的财物用于贿选。为保证接受自己财物的选民能够在选举时投自己一票，候选人对此也是“煞费苦心”。在H县的调研中，我们原以为候选人并不知道在选举时哪些人给自己投了票，尤其是那些拿了自己钱物的人是否投了票。但被访者对此的回答出人意料，原来，他们在投票前与不同的选民约定，在选票上按照顺序写上哪些人的名字。在选举后，检查选票时，他们就可以依此判断哪些已经答应自己的人将票投给了自己，而哪些人并没有给自己投票。在某些社区，没有按照先前约定投票的选民，可能因此受到报复。

村民自治中，各界的关注点多集中在民主选举方面，而对于选举后社区的治理却并不关心。《村组法》中关于村务决策、公开、监督等规定在实际中并没有起到应有的约束作用。在选举后，社区的治理又走入了传统的轨道，村内的事务由村委会主任或党支部书记说了算。贿选者收回投入成本，通过权力侵占集体财产，普通村民在分散、信息不全、抗争成本过大等现实条件下，无力对抗侵权者。也有村民会采取上访等途径，但大多数的人选择接受现实，等待下一次的竞选。而唯利者的当选，破坏了选举的合法性，消解了社区的凝聚力。如曾国藩在《原才》中所提，“此一二人者之心向义，则众人与之赴义；一二人者之心向利，则众人与之赴利”。

（三）村民的“观看”

选举的关键问题是谁当选，毕竟当选者的素质将影响整个社区的发展，这也是社区人的切身体验。在刚开始实行选举的几年中，村民投票比较随意，也有个人素质、能力较差的人当选村主任，结果出现侵吞公有财产、只关心小集团利益、任人唯亲等现象，村民深受其苦。经过几届的选举，村民对自己手中的选票投向谁，也开始很慎重了。

1. 选择的标准

他们是村里的经济能人。20 位村委会主任中，多数以承包工程、开公司、办酒楼、开旅社、跑运输、经营小卖部、经营加油站或在外打工等对外经济活动为主，少数在村中种植经济作物及在村中兼职，如做电工等。之所以选择经济能人，是因为这些人头脑灵活，能够带领全村致富，另外一个重要原因就是“没钱当不了村干部”。HSDC 村主任说道：“我们的村委会办公楼，是去年 7 月开工，今年 9 月办公，花了 30 多万元，都是我垫资的。我以前是在城里修路，前几年还开酒楼。今年办了老年协会，花了几万元。村里没什么钱，县上让建，钱都是我垫的。”这种垫资为村里办事的情况并不在少数。

2. 情感的支配

做事合理、办事较为公正也是选民评判的主要标准。村中有经济实力的，并不只有当选的村主任。有的社区竞争很激烈，经历一两次选举都没选出主任。但很多人花费巨资竞争，只是为个人或小利益集团牟利、看重集体财产或村委会拥有的权力。在资源匮乏型社区，当选村委会主任的收益与付出的成本不成比例。有的人在自己经济条件提高之后，愿意回报乡里，提高亲朋好友、左邻右舍的生活水平，推而广之到改善本村农民的生活、生产条件。他们的情感已突破个人、家庭小圈子，能够为更多的人服务。如黄宗羲在《原君》中写道，“有人者出，不以一己之利为利，而使天下受其利；不以一己之害为害，而使天下释其害。此其人之勤劳，必千万于天下之人。夫以千万倍之勤劳，而己又不享其利，必非天下之人情所欲居也”。传统中国文化依然在影响着一些人的价值观，成为他们安身立命的标准，他们的行为也为周围人作出榜样，起到了移风易俗的作用。

3. 权衡的策略

要为村里办事。资源匮乏型农村社区一般没有集体经济，或很少，但是农村的基础建设、公共服务需求很大。村委会主任作为村民的代理人，需要通过各种办法、形式为大家办事。如果不办事的话，很难得到村民的认可。村委会需要的资金基本是通过政府各种项目的形式转移到农村，各农村社区之间的差距由此产生。因此，有的人能力强、办事公正，但不愿意担任村干部，而有的人有当村干部的意愿，但是能力或素质不高，得不到村民的认可，这需要在相互的选择中，达到一种动态的均衡。

第二节　村民选举的影响因素

在村民自治中，选举被认为是最引人注目的。农村社区这样的小共同体中，实行直接选举无疑是具有优势的，因为农村社区地域范围小，人口少，行政村多则2000人，少则300人；共同体内人员相对稳定，多是祖祖辈辈定居于此；村民之间熟悉度高等。这也是直接民主的重要前提。选民对于候选人的情况，甚至候选人的亲属朋友的情况都很清楚。在一定程度上，可以说选举是一种结果，即选民在信息充足的前提下，对候选人的认可。同时，也是一个开端，即对村主任领导的社区治理满意与否的考察过程的开端。

（一）制度与政策的逻辑

对于村民是否愿意参加投票选举，研究者们众说纷纭。关于村民参加选举的影响因素，大多数经济学家的研究发现，经济发展水平、产业结构等对村民是否参加选举具有重要影响。也有研究者将选举行为用市场行为分析逻辑予以解读，认为，投票人如同市场中的消费者，利用选票、货币等政治资源来表达自己对立法或公共物品的需求。投票人是利己主义的，他们希望政府能够提供的公共物品能最大限度地符合自己的偏好。在政治上，投票人将尽力支持一个能给自己带来最大净利益的政纲，投最符合个人意愿的候选人一票。既然是利己主义的，那么投票人必定也是理性的，他要在慎重权衡损益的基础上决定是否参与政治活动，是否投票。这是因为即使一个人走出市场，走进投票间，他在一定程度上也是按经济原则行事的。他可以继续用经济学上客观测量的标准衡量选择对象，因而他的选择行为，可以根据基本的经济学原理进行检验。①

社会学研究者则从社会学视角，从社会资本、社会信任、社区认同、社区人口结构和个人特征等，观察、分析这一现象。有研究者发现，社会资本对于村民是否参加选举具有重要影响。例如孙昕等的研究发现，村民对基层政府的“政治信任”越高，其参与选

① 詹姆斯·M. 布坎南：《民主财政论：财政制度和个人选择》，穆怀朋译，商务印书馆，1993，第180页。

举的倾向就会越高。[①] 此外，也有研究者从村民的教育水平、年龄、性别、是否党员等方面，考察个人特征对他们是否参加选举的影响。[②]

从整体上看，经济学、政治学、社会学领域相关的成果都涉及基层社区选举中的一些关键性问题，但大多数是基于对资源型社区的研究。对资源匮乏型社区村民选举的特殊性及其运作逻辑、制度与政策在两种类型社区中的角色和定位差异等相关的研究仍然缺失。

（二）社区文化的作用

与经济学、政治学等学科视角不同，社会学视角更强调社会文化因素对村民选举的作用，尤其在资源匮乏型社区中，社区文化更是影响村民选举过程的重要结构性因素。

1. 乡村价值

农村社区虽然在现代市场经济、物质文化、个人主义冲击之下，渐渐融入工业化、现代化的潮流之中，但是，农业生产的特殊性以及居住的固定性等，使农村社区仍留有传统价值观的烙印。我国传统社会的治理是以儒家礼教（一套确定人际关系法则的“礼治”）为主，以法律惩罚（“制法典，正法罪，辟狱刑”，《左传》）为辅，与此同时还存在着民间处理各类纠纷的习惯法，以及以民间宗教为基础的道德规范。这是维系传统社会的秩序和行为规范的三个层次。民众对“作孽会遭天谴”的敬畏，形成了他们在思想和行为方面自我约束的某种“德治”的精神基础和文化氛围。但是这种民间朴素的“德治”自新中国成立以来，随着历次政治运动的涤荡已逐渐遭到消解。在强调法律的同时，社会中关于“孽”的意识普遍淡化，不考虑做了“缺德事”是否会“遭报应”，或者

---

① 孙昕等：《政治信任、社会资本和村民选举参与》，《社会学研究》2007 年第 4 期。

② 高汉、章元：《公共品需求对农户参加村长选举行为的影响》，《东岳论丛》2011 年第 5 期。

根本否认“报应”的存在。[①] 虽然这三个层次的约束作用与传统社会相比已削弱很多，但它仍发挥着潜移默化的作用。尤其是改革开放后，在民间宗教逐渐恢复的地区，这种作用更加明显。

在村民自治推行过程中，经历现代民主实践的农民对选举民主也有着自身的判断。有研究表明，中国农村居民的公平观中，程序公平和分配公平原则占有重要的地位，而于己有利的结果这一工具主义原则，则居于非常不重要的地位。程序公平和分配公平在中国农村居民的公平观中的地位不相上下。在三个程序公平特征中，就对公平感的影响而言，中国农民首重平等待遇，海选即可选择性其次，投票发声权利殿后。中国的农民是具有现代民主和法制意识的，并非自私自利的小农。[②] 不论形式如何，目的是要达到公平，经历了实践的历练，选民对此有了清晰的认识。

2. 人脉资源

村主任通过选举，进入领导层，确定了身份界限，拥有了一系列机会，主要有分配权（即对资源、土地、人事的分配）和以村民代理人的身份与基层党政干部交往的机会。在担任职务的三年中，会形成自己的利益团体，强化群体的力量，这易于在下一轮的竞争中加分。村干部的身份有助于维持有边界的网络，网络内部彼此认可，积累有关信息，主要与关系密切的人分享，排除其他人，在与其他人的互动中产生不平等。

引人注目的是，在调研的 20 个村里，第一次当选的村主任中有 5 人，他们当时并没有参加选举，甚至有人不在候选人名单内，自己也没有担任村主任一职的动机，但是出乎意料地被选上。这种情况在关中、陕北、陕南都存在，反映出了一种共性。

在陕北 FZL 村，村主任已 50 多岁，对于当时的选举情况，他

---

① 马戎：《罪与孽：中国的“法治”与“德治”概说》，《北京大学学报》（哲学社会科学版）1999 年第 2 期。

② 张光、Jennifer R. Wilking、于淼：《中国农民的公平观念：基于村委会选举调查的实证研究》，《社会学研究》2010 年第 1 期。

说道："第一天，我没去投票，在家里，有人跑到我家说，我有290多票，我当时就不是候选人，是村民选的。第二天，再选，选上了。既然大家信任就当。"

在关中HWC村，情况较为特殊，因为上届村委会就没选出村委会主任，三年工作由党支部代管，村内问题较多，矛盾突出。本次当选的村主任在镇上开小卖部20多年，基本不参与村里事务，但是本次选举，群众投票选择了他。

关中LSZZ村，村委会主任介绍说："我在外面建筑工地上包工程，没有参加选举，选举时也不在村里，结果出来后，书记和我说的。"

关中HWT村，村主任说："原村委会不推选选举委员会，不开会，选举选了三次，我前两次都没参加，村里主要分了两派，两次两派都没选出人来，村民就推选我，第三次我参加了，也选上了。"

陕南YDZP村，村主任说："我在外面打工，没有参加村里的选举，群众把我选上了，我就回来干这个事。"

这五个社区新当选的村主任，虽然没有参选动机，但是在结果宣布之后也就接受了，并感到村民的信任，很快投入到工作当中，虽然在访谈中也说到了工作中遇到的种种困难，也谈到不想干。但是，能被村里人认可，被选为村主任，这也是对个人的肯定，他们获得了心理上的满足，因此还是表示要努力地做好村主任的工作。

（三）选举与社区治理的成效

选举与治理形成了一种相互影响和制约的循环关系链。选举产生的村主任决定治理效果，治理的结果对村主任能否当选又有着制约作用。如果运用权力分析的视角观察就会发现，围绕村民选举和社区治理，权力的两个维度即权力的获取和权力的行使之间，存在重要的表象区别和内在联系。这种选举的引入确实开始改变了农村当局获得权力的方式，但是这并不必然会改变他们行使权力的方式。这一状况提醒我们，诺贝特·博比奥（Norbert Bobbio）所说的“民主在高度激进的意义上讲就是颠覆性的，因为它颠覆了那种认为权力是由上而下的传统的自然观念”，并不完全准确。因为，在现实选举与治理过程中，我们只看到了权力获取模式的颠覆性改变，而较少看到权力在使用中发生的根本变化。治理的效果同选举的民主性不一定正相关。

在调研中笔者发现，选举的状况也呈现出相似的特征。按照换届选举过程是否顺利，可分为以下三类：①换届顺利，约占50%；②换届过程中有小问题，约占40%；③换届不顺利，未选出村主任，约占10%。其中，换届不顺利的社区，多出现在以下三类社区：第一类，经济好的村，即有一定经济收入的村，或地理位置较好的村，如大路边的村、县城附近的村，收入与竞争激烈程度成正相关关系；第二类，有遗留问题的社区，如上一任村主任垫资修建工程，款项未收回，又面临换届；第三类，宗族、派别、个人恩怨等矛盾较多的村。而为何会出现上述三种情况？研究发现有以下几种原因。

第一，政绩。根据原《村组法》第十一条规定，及新颁布的《村组法》第十二条规定：村民委员会每届任期三年，届满应当及时举行换届选举。村民委员会成员可以连选连任。根据规定，对于村委会委员并没有任期方面的限制。另根据原《村组法》第十四条规定：选举村民委员会，有选举权的村民过半数投票，选举有效；候选人获得参加投票的村民过半数的票数，始得当选。新颁布的《陕西省村民委员会选举办法》第二十七条〔投票有效规定〕规定：选举村民委员会，有登记参加选举的村民过半数参加投票，选举有效；第二十八条〔村委会成员产生〕村民委员会主任候选人获得参加投票的选民过半数的选票，始得当选。两者的差别在于有选举权的村民的过半数投票和有登记参加选举的村民过半数参加投票，新《选举法》更切合实际。

村委会主任继任说明他是在超过多数的村民投票的情况下当选

的。这有可能是村主任的威信很高，或缺乏强有力的竞选者，所以高票当选。在我们调研的村，显示连选连任三届及以上的村主任，有年轻的，三十多岁；也有年长的，五六十岁，在村民中威信较高，办事公道。有可能是其利益集团参与投票的人数超过“双过半”。这说明上一届三年的村委会的整体运行得到参与投票半数以上村民的认可。在这里，排除了贿选、威胁、打击候选人等情况。在相对贫困的陕西农村，近80%的村集体无收入，竞选活动平淡。情况复杂、竞争激烈的选举多发生在有一定集体收入的村，典型的如城中村、城郊或有大额卖地收入的村。

第二，个人能力。首次当选的村主任，不论是主动参与竞争，还是“被选上”，都面临着现实的考验。是否得到村民的认可，在下一届的选举时会表现出来。虽然有不少村干部抱怨“工作太多，报酬太低，村干部得罪人”，但是，这一职位代表的声望，还是能在他们身上体现出来的，新任村干部履行自己的职责，积极地找项目、筹资金，搞村里的基础设施建设，帮助农民种植经济作物等。如H村在经历了三年无村委会的情况后，村民对本届两委班子赞叹不已，说：“这届班子确实好，为村里办了不少实事，把村里巷道硬化了，用水也解决了，班子也团结，比以前好多了。”村委会的工作得到了村民的认可。在短时间内，能达到这样的效果，和新任村主任的个人能力息息相关。据村委会主任介绍，在上任时，他给村民许诺了十件事，现在已办成了六七件，这些事村民看在眼里，记在心里。村民认为“村主任有能力，人也厚道”。但是，也有在这个过程中遇到困难的。FZL村的村主任谈道：“群众把自己选上，自己就要好好干。当上主任以后，给村里办了不少的事情，修村委会办公场所、修广场，干了好几件事，但是有些人不理解，找麻烦，尤其是当过干部的人，更过分，自己也很心凉，不想干这个事了。”但是在访问村民时，遇到了不同的看法。调研时，在村干部的陪同下，访问员找到村民填写问卷，看到村干部在场，村民比较拘谨，访问员请村干部回避，不料村干部很激动，不肯合作。有村民说：“原以为他（指现任村主任）办事公正，现在看也不怎么样。”FZL 村村干部与群众两个群体之间存在着一定的紧张关系，村民认为村干部办事有欠公正，村干部认为自己出力不讨好。在这种情况下，下一次的选举，村委会成员能否继任，就打了问号。

在权力的行使过程中，由于制度上的不足和传统政治文化的影响，村民的村务参与度较低，是否让村民参与社区事务的管理，并不取决于《村组法》的规定，而往往取决于村庄实际掌权者的意愿。据观察，一般社区中的实际掌权者既可能是村委会主任，也可能是党支部书记，这要依二人在村庄的工作能力及威望而定。在基层政府中流传着“一强一弱是好班子”的说法，两强或两弱都不利于村庄的管理。只有在选举的时候，才是村民利用手中的选票算账的时候。

在资源型村庄，村民选择新村干部主要受两方面因素的影响和制约。一是在转型期的农村，较强势的个体日渐流失到城市中，有能力在竞选中与原村干部竞争的村民越来越少，村民在可选对象的集合日渐缩小的情况下，就不得不从有限的几个村民中权衡轻重加以选择，新村干部当选的机会大大增加了。二是随着农村市场经济的发展，不论在自身经济实力还是在人际网络方面，新村干部的优势都在逐渐增加，竞选获胜的概率也有所提高。由于以上两方面因素的影响和制约，新村干部协调自身行为的强度进一步加大，打破均衡的可能性进一步增强。①

另外，也存在另一类现象，即村民认为“天下乌鸦一般黑”，谁上去都会贪污。由于村委会选举仅有投票机制，而缺乏村民参与管理等利益协调机制，上任后的村委会成员对集体资源的分配具有完全的决策权。村庄中的“精英”有较强的动机

---

① 董江爱、崔培兵：《村治中的政治博弈与利益整合——资源型农村选举纠纷的博弈分析》，《中国农村观察》2010 年第 2 期。

追求集体资源的私有化，以提高他们通过贿选或暴力等手段参与竞选并获取竞选胜利的概率。而村民们会发现当选的村干部在没有权力约束的情况下，可能因追逐个人利益，造成集体资源的流失。[①]

一个村庄的治理，也有着许多构成因素，而获取权力途径的扩大是“权力如何行使”的条件，但它并不决定权力是如何行使的。中国农村的“高质量的民主”所依赖的远不只是好的村民选举[②]，更重要的是在权力行使过程中如何实现真正意义上的民主。

第三节　村民选举的功能和结果

经过多年的实践，陕西农村村民自治逐步走上了制度化、规范化、民主化的轨道，村民的法治意识、政治参与和自治意识日趋增强。通过多届选举，村委会班子结构进一步优化，整体素质提高，村民民主意识增强。

（一）选举的模式

《村组法》实施二十多年来，各地在村委会选举的实践中，根据《村组法》，针对不同地区的村级政治环境，形成了各种选举模式，这些选举模式都是一种积极尝试的结果。在选举的组成要素中，选举程序、选举委员会、选民登记、候选人提名、候选人数量、竞选活动、不记名投票、流动票箱、代理投票、计票方式等都涉及选举的公平性和竞争性，为选民及研究者所关注，其中选举委员会及候选人提名尤为引人注目。

---

① 郎晓娟、邢熙、郑风田：《农村选举中的资源竞争与制度供给》，《社会科学》2012 年第 5 期。

② 欧博文、韩荣斌：《民主之路？——中国村民选举评析》，云南师范大学哲学与政法学院译，《国外理论动态》2011 年第 7 期。

1. 候选人的产生

（1）“海选”提名和无提名候选人选举。

候选人提名对选举的竞争性和公平性具有决定性作用。村委会选举改革之初，提名方式多种多样，有“协商”“上级指定”“组织提名”等。随着选举的推进，提名权越来越得到重视。特别是“海选”及“无提名候选人选举”创新了候选人的提名方式，提高了效率，降低了投票成本。

（2）代表或上级提名。

经过几届村委会选举的实践，各种推选候选人的形式已经为选民所接受，并得到《村组法》的支持。但是，基层政府对村委会选举人选、结果干预的情况仍然存在。在我们的调研中，遇到了这种情况，D村因派系斗争，两次选举均未选出村主任。乡镇政府提名候选人参与选举，此候选人是乡镇干部，以前是D村人，但本人并不愿意参加选举，迫于压力接受任务。乡镇政府通过一定的方法使之当选村委会主任，此结果引起了村民的不满。

在难点村或问题村，乡镇政府的提名起着关键的作用，尤其是在派系矛盾较大，多次选举都不能产生候选人，导致几年内村内无村委会主任的情况下，为实施对农村社区的正常管理，常需要基层政府调节矛盾。有的村庄由村小组、村民代表开会提名，有的村庄是由村委会、村党支部提名，也有的村庄由村内有实权的人提名。

（3）“个体选举”模式和“组合选举”模式。

在村委会成员的选举中，候选人的参选大多是以个人行为为主进行的，但也有一种选举是“先由村民提名推选村民委员会主任候选人，然后由村民委员会主任候选人在村民推荐的基础上提名委员组成竞选班子，再通过村民两轮投票选举产生村委会主任及其他成员”。这种选举方式开始叫“组阁竞选”，后来逐渐改为“组合竞选”。这种选举模式试图把选民的意愿表达通过“选举”“推选”与村委会候选人之间的“组合”结合起来。此外，广东村委会选举中也有“竞选团队”现象，这种选举也属于“组合选举”模式。[①] 各种模式都有优劣，但为选举制度的进一步完善提供了基础与借鉴。

有研究认为，完全由公众提名候选人的程序可以更好地治理中国农村。在完全由公众提名候选人的村庄，干部获得连任的几率更大。公开提名程序的主要作用在于聘任更好的干部，而不是激励在职干部努力工作以避免同更有能力的人竞争。在实施公众提名程序的村庄，干部“寻租”的程度在选举年有所降低。[②] 海选方式费时费力，多是在候选人较多或矛盾突出的村落实施。自荐方式不适用于性格较为内敛、注重面子的大多数人。由村庄有实权的人提名，更会造成不公平。尤其在资源匮乏型社区，可供选择的候选人并不多。在此种情况之下，选举结果的公平性也会受到质疑。因此，如何能够实现公平合理地提名候选人，成为选举乃至治理是否顺利的关键因素之一。

2. 选举委员会的重要作用

在村民选举过程中，为保证选举程序公开和公正，选举委员会的成立是必不可少的。选举委员会成员的代表性越强，工作独立性越强，工作机制越健全，越能发挥作用。

（1）举足轻重的组织——村选举委员会。

《村组法》（1998）第十三条规定，村民委员会的选举，由村民选举委员会主持。村民选举委员会成员由村民会议或者各村民小组推选产生。《村组法》（2010）第十二条规定，村民委员会的选举，由村民选举委员会主持。村民选举委员会由主任和委员组成，由村民会议、村民代表会议或者各村民小组会议推选产生。村民选举委员会成员被提名为村民委员会成员候选人的，应当退出村民选

① 赵光元、张德元：《村民委员会选举的模式变迁与发展趋势》，《湖南师范大学社会科学学报》（社会科学版）2011 年第 4 期。

② 劳伦·勃兰特、马修·特纳：《不健全的选举的功效：中国农村选举的状况》，王昀译，《国外理论动态》2012 年第 4 期。

举委员会。从中我们可以看出，在农村的选举过程中，村选举委员会是负责整个流程的核心力量，候选人的提名、有选举权人员名单的确认与公布、组织选举、是否设立秘密写票处、设置流动票箱、清点选票、确定当选者，以及与上级部门联系、协商等，都由村选举委员会安排。因此，选举委员会主任由村庄里有威信、有发言权的人担任，常常是村党支部书记担任此项职务。

肖唐镖、王欣在江西 C、T 两县以及山西 X 市的 49 个村进行的跟踪调查显示，在 2002 年的选举中，村选举委员会、村支书、县乡指导小组和原村干部四种力量，在各村选举组织和实施过程中，作用列第一位的是村选举委员会，第二位的是村支书。在 2005 年的选举中，第一位变成了县乡指导小组，第二位是村支书。根据 2005 年调查的所有样本村（包括江西、山西、上海、重庆共 68 个村）选举作用力量比较的汇总，第一位是村选举委员会，第二位是村支书。[①] 从总体上看，村选举委员会对选举结果还是起到了关键性作用。

有研究表明，社区精英在村委会的选举中发挥着重要作用。精英的资源优势是明显的，尤其是在社区精英掌控村选委会后更是如此。许多村的选举，大多由村支书兼选举委员会主任或副主任，而其他村干部则多数担任选举委员会委员。村支书系选举利害关系人，为了确保自身核心地位不至于遭受威胁，一般倾向于选择个性不强且能力较弱的村主任与自己搭档，使一些能力较强、个性突出的村庄精英遭到排斥。因此，由村支书兼任选举委员会主任或副主任的非制度性安排，不利于体制外精英和其他能者的崛起。[②] 实际上，由村政精英主导的村委会选举并不符合《村组法》的立法精神，在一定程度上违背了民主的精神。

---

① 肖唐镖、王欣：《农村村民选举质量及其影响因素的变化——对 4 省市 68 个村选举的跟踪观察和研究》，《北京行政学院学报》2009 年第 3 期。

② 邱国良、戴利朝：《困境与出路：协商民主与村级选举制度的完善——以江西省若干村选举为研究对象》，《求实》2007 年第 11 期。

（2）“明天村委会选举一定要成功”——2008 年村委会换届选举前陕南 N 村的安排。

N 村的选举委员会由村支书担任领导，为了选举的顺利举行，村支书对此进行了精心的安排。选举前的几日里，村里很平静，没有想象中村委会换届选举前的激烈竞选场面。本届村换届选举委员会主任同时也是村党支部书记的 L 支书在村办公地点召开换届选举委员会会议，在会上讲到，明天村委会选举一定要成功，各组组长负责召集选民，争取每户都要来人，当晚回去就通知，争取明天 12 点以前投票。因为是差额选举，主任要确定两个候选人，A 某，你要陪主任选举，委员有三个候选人；J 某，你陪委员选举，给群众要说明选谁。今年要设两个会场，一个主会场，一个分会场，我负责主会场，T 负责分会场，另外，再准备两个流动票箱，谁家要是实在来不了，就拿流动票箱到他家去，M、C 带人负责流动票箱。当天就把票箱都准备好。N 村地处山区，村民居住比较分散，所以还要设分会场，支书本人负责主会场，上届村长负责分会场。被指定陪选的 J 某，沉着脸往门口走，一边走一边说：“我明天没有时间，我不来，我不参加，莫要叫我。”L 支书也很不客气地说，“明天你一定要到”。J 某是村党支部成员，也是村委会上届委员、村多个领导小组的成员，一直参与村务管理，因上级要求本次委员中要有女委员，所以村长要求女委员陪选，J 某对此安排很不满意，在开会时一直面色阴沉，不停喊自己明天不参加投票。但实际上，第二天，J 某还是参加了选举。选举结果出来后，J 某还是当选了村委会委员，原村选举委员会安排的女性候选人，因票数不够未能当选。

（二）选举的功能

我们将选举的功能分为正功能和负功能，正功能发挥选举的优势，提升社区的信任，增强凝聚力，改善社区的管理；反之，负功能则显示出制度的缺陷与不适应性，与社区环境、文化、历史传统的对立造成了社区分离。

1. 选举的正功能

选举的正功能主要体现在，可以提升村委会的权威、增强村民的参与性、促进基层和谐稳定、增强人们政治公平意识等多个方面。

（1）提高村委会在村民中的权威地位。

如果在村委会选举过程中，每个成年村民都有投票的机会，获得平等的待遇（一人一票，自己的一票与其他任何选民的选票价值相等）、候选人由村民直接提名产生（海选），那么，即便选举产生了不利于他们的结果（自己支持的候选人落选了），受访人对选举公平程度的评价仍然显著高于他们对结果有利（自己支持的候选人当选）但程序不公平（丧失投票机会、不平等待遇或非海选）的选举。[①] 在程序公平的前提下，村民对选举的结果会采取接受的态度。在民政部门接待的有关选举的信访中，提出的多是程序方面存在违反《村组法》的行为。在访谈中，有党支部书记就提到，现在有的村党支部没有以前威信高，有的村民更信任村委会，因为村主任和委员都是村民选出来的。

（2）增强村民的参与性。

相对于自上而下的安排村庄领导人机制，村委会的选举让村民拥有了挑选村庄领导人的权利，村民可以通过选举更换领导人。这在一定程度上，激发了村民的参与意识，增强了对村庄事务的实际参与。同时，为了保证村民选举的参选率，以及达到《村组法》规定的参加人数，政府也会强调村民的参与性。影响村民的参与性的因素很复杂，包括选举的公平性、政府对选举的干预程度、参与选举的成本分析、本村经济发展状况、村民的村庄认同感、候选人的可信度、宗族派别影响力等。

---

① 张光、Jennifer R. Wilking、于淼：《中国农民的公平观念：基于村委会选举调查的实证研究》，《社会学研究》2010 年第 1 期。

（3）改善社区管理质量。

三年一届的村委会选举，使村委会主任及成员的组成处于变动的状态。如果村委会主任想继续成为社区的领导人，需要关注选民的意愿、调解村内矛盾、改善村委会的管理质量、提高人们对现任村委会领导人的满意度。在一般情况下，资源匮乏型社区的整体情况较为稳定。首先，地理位置较为偏僻，较少存在近年来因征地而引发的种种干群矛盾；其次，外出务工人员较多，或居住分散，日常事务较少；最后，选民多通过选举，选择能够影响本村发展的社区精英，期望能改变现状。

（4）加强村民对制度的信任。

公平、公正的选举能够增强村民对制度的信任。选举不仅仅是加强责任心的一种手段，也是共产党政权用来加强公众对政治制度公平性的信任度的手段，而且是政治风险又小的一个工具。① 村民自治是有中国特色的基层民主制度，不仅促进了农村社会的发展，也为我国基层政治改革路径提供了例证。通过法律、政策实施的稳定性、持续性、有效性，增强了公众对制度公平的信任。

2. 选举的负功能

选举在正功能不断增长的同时，负功能也不断显现。不适当的选举会导致村庄内矛盾激化，导致人们对社会政治的消极认知。

（1）社区矛盾明显化。

在现代的竞选机制中，以最终得票数为获胜依据，因此，争取选票成为竞选者的焦点。选民是有限的，为了在有限的人群中争取尽可能多的选票，拉票、贿选、劝说、威胁、恐吓等随之产生，并以各种方式钻法律的漏洞，逃避法律的制裁。尤其在资源较为丰富的村庄，矛盾更为突出。

---

① P. F. 兰德里、D. 戴维斯、王石如：《中国农村的选举：没有其他政党参与的竞选》，张静波、冯雪勇译，《国外理论动态》2012 年第 4 期。

这种情况，一方面使选民意识到选票的重要性，另一方面使原本表面上融合、平静的村庄呈现出明显的裂痕。在关中某村，有村民就提到："以前大家关系都很好，都是街坊邻居，起码表面上也都过得去，现在，因为要投票，投谁的票，不投谁的票，就成了问题，有的闹的矛盾越来越深，见面都不说话了。"也有的为了不得罪人，不去投票。如陕北某村，有村民说，两边都是亲戚，都拿了东西来，没办法，为了不得罪人，就不去投票了。相关调研资料显示，在村民选举过程中还会出现"派系斗争"，个别地方甚至爆发较激烈的对抗性冲突事件，这些都会给基层治理和社会稳定带来负面影响。

（2）社区政治冷漠化。

相对于热闹的选举场面，有研究发现，在目前农村劳动力大量外流、农民日益分散、乡村社区逐渐解体的情形下，许多地区的村民实际上对选举持漠然态度，并没有多大的参与兴趣。冷漠有多方面原因，美国学者罗伯特·达尔曾指出："①如果你认为同可以期望从其他活动中得到的报酬相比，从政治介入中得到的报酬价值较低，你就不大可能介入政治。②如果你认为所面临的各项选择之间没有什么重大差异，因此你的所作所为就无足轻重，那么你就不大会介入政治了。③如果你认为你的所作所为就无足轻重，因为你无论如何不能有效地改变结果，那你就不大会介入政治了。④如果你认为没有你的介入结局也会相当满意，你就不大会介入政治。⑤如果你觉得你的知识太有限了，不能有所作为，你就不大会介入政治。⑥你遇到的障碍越大，你就越不大会介入政治。"[①] 如果在选举和治理过程中，发生漠视村民权利及欺骗性的事件，如选举程序中的漏洞，监督、决策、管理机制不健全，村民除选举权外没有实际的参与村务决策的途径，村主任承诺与实际作为不符，村委会对集体财产的侵占、办事不公、形成小利益集团等，选民就很容易对

① 罗伯特·A. 达尔：《现代政治分析》，上海译文出版社，1987。

基层政府和现任村主任、村干部产生不信任感，导致社区的分裂。在以后的选举中，村民选举冷漠现象的出现也就不足为奇了。

（三）选举的结果

选举结果对村庄的发展和未来都会产生一定的影响，无论选举程序是否公平，无论成功的候选人是否得到村民的认同，他们的行为在客观上是对农村权力结构的改变，对农村经济社会的发展都是一种触动。

1. 改变了权力获取的方式

《村组法》第十一条规定：村民委员会主任、副主任和委员，由村民直接选举产生。由此可以看出，村民委员会选举的方式是村民直接选举，任何组织或者个人不得指定、委派或者撤换村民委员会成员。

与村委会选举相比，中国目前进行的其他公职选举或多或少在走过场，象征意义大于实质。村委会选举程序具有现代民主选举程序的基本特征。每个村民都有权投票，一人一票，每票价值与其他任何一票价值同等，由本村有选举权的村民直接提名候选人（海选），候选人的名额应当多于应选名额（差额选举）。这些程序规则符合民主原则，在中国传统中尚找不到对应物。[①] 在传统社会的宗族性村庄中，血缘关系和经济地位是选择村庄领袖的双重标准，长久以来，村领袖实行继任制，村民对此已达成默契。不论是选择政治代表还是选择经济合作对象，人们总是优先考虑同族之人，这使社会结构中的两极分化得到加深和再生。在宗族之中，政治代表往往是族中的精英，富裕的儿子可以继承其父的领袖地位，但家道中落者则无权继承。[②]

---

① 张光、Jennifer R. Wilking、于淼：《中国农民的公平观念：基于村委会选举调查的实证研究》，《社会学研究》2010 年第 1 期。

② 杜赞奇：《文化、权力与国家》，王福明译，江苏人民出版社，1996，第 249 页。

2. 社区领导者更关注村民的意愿

无论是在选举前还是在选举成功后，为了赢得村民的认同，参选人往往会尽可能扮演集体利益维护者的形象。在选举成功后，为了实现承诺，参选人往往都会作出各种努力，以增强管理者的权威和威信。在资源匮乏型社区，因村民的信任而当选的村干部，在村民中具有一定的声望，上任后也会尽力关注村民的需求，在公共事务中投入更多的时间、精力及财物。在调研中笔者发现，有村主任为了村落的公共事务而私人借款、贷款，有人甚至因此负债累累。

3. 选举对村民的态度和公民意识产生明显影响

欧博文认为，选举不仅是要努力吸引农村地区的人民参与当地的政治生活，而且是一种在完整的公民身份得到承认之前公民实践得以表现的一种途径。李连江指出，自由和公正的选举使政治效能感增强，有助于灌输那种政治权力来自人民同意的思想。冈特·舒伯特和陈雪莲建议，选举可增强政权的合法性，因为村民们将逐渐对其领导人拥有一种“理性的信任”。梅特妮·曼宁也发现，选举质量同村民相信领导人是值得信任的这一点之间成正相关关系。[①] 无论选举结果如何，选举程序及其历经的过程逐渐将政治因素嵌入农村社会生活中，并潜移默化地刺激了村民政治意识的成长。

小结：关键议题

与资源型社区村民选举不同，西部资源匮乏型社区的村民选举更多地受到社区文化和社会因素的影响，尤其是人脉关系

---

① 转引自欧博文、韩荣斌《民主之路？——中国村民选举评析》，云南师范大学哲学与政法学院译，《国外理论动态》2011 年第 7 期。

的运用。其中，村民的参与行为、选举的过程与结构，以及选举中折射出来的社会信任问题，是决定村民选举结果的重要因素。

议题一：社区选举参与的行动逻辑及激励因素

针对农村基层民主投票行为的研究中，早期国外学者对中国村民选举的实证研究认为，村庄民主在集体经济较为发达的地区容易实施；也有学者指出，贫穷落后村落的村民选举同样积极；但也有学者指出，这两者之间并不是直线关系，而是曲线相关。总之，"区域经济发展水平及经济结构是影响创建不同形式居民自治体系的重要因素之一"，这依然为此阶段研究难得的学术共识。① 孙秀林借"2005 年全国城乡居民生活综合研究（CGSS2005）"农村样本对村庄民主在不同地区之间的差异进行实证研究，结果显示：从经济因素来看，人均村民收入并不会影响村庄民主，而人均集体收入却呈现一个显著的曲线效果，同时本地非农经济的发展是促进村庄民主的重要因素。②

胡荣从福建省选取经济发展程度不同的三种类型村庄研究发现：村民是具有明确利益意识的主体，他们的个人利益诉求决定了他们的投票参与行为；同时，他们的参与程度也对选举的激烈程度有重要影响。③ 蔡定剑的调查指出，选民投票与经济发展状况有关，选举积极性最高的是月收入 400 元 ~ 800 元的低收入者，愿意参选的比例高达 80.5%，更低收入者（400 元以下）和中等（800 元 ~ 2500 元）及中等以上收入群体的参与积极性差距不大。收入在 2500 元以上的高收入者表示愿意参与投票的比例只有 55.8%，

---

① 臧雷振、孟天广：《中国农村基层民主选举中经济投票行为研究》，《社会科学》2012 年第 2 期。

② 孙秀林：《村庄民主及其影响因素》，《社会学研究》2008 年第 6 期。

③ 胡荣：《村民委员会选举中村民的自主式参与》，《村委会选举观察》，天津人民出版社，2001。

而不愿意和无所谓的高达40%以上。[①] 有学者对武汉地区研究后认为，居民去投票主要是基于个人经济利益的考量，当投票的成本大于利益时，就不会去投票；当投票的成本小于利益时，就会去投票。而且当存在选择性激励机制（给予补贴或发放物品）时，投票率往往较高，这种机制在一定程度上推动了居民的参选，使一部分居民发生“态度转变”，走出“投机博弈困境”，积极参与社区选举。但在选举中建立物质激励机制来满足投机动机容易带来较大的负面效应，当前村民自治中给选民发放的误工补贴不断增加的事实，足以说明这种物质激励难以长久。[②]

经济学家对村民选举的影响关注点之一，就在于它是否有利于直接或间接提高村民的福利水平和农村社会经济的发展。例如，刘荣基于1987～2000年的一个面板数据研究了村民选举对村级公共支出和管理效率的影响，发现村民选举能够有效地提高村庄公共支出，并减少管理费用。[③] 王淑娜和姚洋研究了村民选举对村委会问责、地方财政以及国家税收的影响，发现村民选举增加了村庄预算中公共支出的比例，减少了行政支出以及上交给乡镇政府的份额。[④] 张晓波等人研究也发现，村民选举有助于村集体收入的增加，村集的收入主要来自企业上缴的税收，但是私有化增加了村集体向企业征税的难度，所以他们认为单靠村民选举不一定能增加村财务支出中公共投资的比例，而只有真正实现决策权的分担以后，公共支出中用于公共投资的比例才会增加。[⑤]

村民对公共品的需求也是其参选的动力因素。村委会的一个重

---

① 蔡定剑：《中国选举状况的报告》，法律出版社，2002。

② 陈伟东、姚亮：《选举行为背后：投机博弈》，《华中师范大学学报》2005年第3期。

③ 刘荣：《中国村庄公共支出与基层选举：基于微观面板数据的经验研究》，《中国农村观察》2008年第6期。

④ 王淑娜、姚洋：《基层民主和村庄治理——来自8省48村的证据》，《北京大学学报》（哲学社会科学版）2007年第2期。

⑤ 张晓波、樊胜根、张林秀、黄季焜：《中国农村基层治理与公共物品提供》，《经济学》2003年第2期。

要功能就是为村民提供公共产品，例如小学（或中学）、诊所、水利设施、道路、治安管理等，而村委会的重要领导——村委会主任是否被选举出来的，会对村集体的公共品供给决策产生重要影响，这一点早已被大量研究所证实。

村民公共品的潜在需求水平对他们是否参加选举具有显著的促进作用，这一结果蕴含的启示在于：村集体所能够提供的公共品的潜在需求水平越高，村民就越有动力参加选举，因为只有通过参加选举，才有可能改变村集体对公共产品的供给行为，从而对大多数选民有利。①

选举是否公正是影响村民选举参与积极性的一个重要因素。胡荣认为，如果选举是被操纵的或者流于形式，例如候选人由上级政府内定产生，那么选票是不重要的，选票对选举结果的影响微乎其微。在这种情况下，除非迫于外部压力，弃权是村民的理性选择。如果选举程序改进，使得上级不能操纵选举结果，每张选票对选举结果的影响增大了，村民参加选举的积极性必然增大。②

2004 年农村选举中，尽管家庭富裕程度、个人接受教育的程度、民族明显影响了选民的参与率，但是，选举过程的制度性本质，特别是选择和竞争的观念，是选民投票背后唯一最重要的因素。③

年龄差异稳定地影响着村民的投票参与，40～59 岁的中壮年人群正处于人生的巅峰期，绝大多数人群在这个年龄段迎来自身事业、财富的成功，从而将自己从“私人生活”中解放出来，开始更加关注公共事务。另外，这个年龄段的人群积累了丰富的社会经验，拥有丰富的社会和政治资源，因而也更有能力参与投票。极值

---

① 高汉、章元：《公共品需求对农户参加村长选举行为的影响》，《东岳论丛》2011 年第 5 期。

② 胡荣：《村民委员会选举中村民的自主式参与》，《村委会选举观察》，天津人民出版社，2001。

③ P. F. 兰德里、D. 戴维斯、王石如：《中国农村的选举：没有其他政党参与的竞选》，张静波、冯雪勇译，《国外理论动态》2012 年第 4 期。

点在 50 岁。①

在那些前任村主任威望高的村庄，因为没有其他候选人与之竞争，村民参与程度相对较低。相反，村民对前任村委会越是不满，就越关心选举，投票率也越高。经济发展水平较高的村庄，村集体收入较多，村委会控制的资源也比较多，因此村民参与的程度也比较高。村委会在农村社区拥有相当大的权力，因此能够吸引许多候选人参选。根据《村组法》规定，村委会享有依法管理本村经济事务、本村集体所有的土地和其他财产以及本村财务的权力。

议题二：村民民主选举结构的变迁

周雪光通过对中国北方一个乡镇村庄选举的个案研究，从制度角度分析了村民自治中民主选举的历史演变过程。近年来，镇政府在很大程度上退出了干预活动，并在维护程序的公正方面起到了重要的作用。镇政府从选举过程的积极参与者转变为维护程序公正的监督者。这种转变并不是内在的、自愿的，而是因为地方政府所处的组织环境发生了重大变化。20 世纪 90 年代中期的财政改革，削弱了地方政府对农村地区的控制力。农业税的废除在很大程度上使镇政府从与村干部的庇护主义关系中脱离出来。城市和农村之间的农民工流动，以及附近地区商业机会的出现、经济的快速增长，促使那些曾有意进入政治的村民“退出”，在一定程度上缓和了选举过程中的冲突。同时，随着时间的推移和各轮选举过程的展开，村民逐渐学会了行使自己的权利。他们不仅根据选举规则来参与这一过程，还运用这些规则来挑战镇政府的操纵活动、监督基层干部的行为，争取自身的利益。这些变化特别体现在地方干部与村民的互动中。政府官员常常提到近年来出现了许多村民拿着选举条例来质问地方干部操纵安排的事例。一位政府官员这样说道：“有些村民

① 孙昕等：《政治信任、社会资本和村民选举参与》，《社会学研究》2007 年第 4 期。

对选举规则比我们干部知道得还清楚。如果你不小心自己说的话或者做法，他们随时都会提出质问。”值得注意的是，“党领导下的村民自治”是政府设计村庄选举政策的初衷。但是，村庄选举的重心慢慢地转移到当选村干部身上，从而削弱了现存权威的合法性基础。①

从任命到投票选举，村委会主任的产生经历了巨大的转变。在这期间，我们经常会听到质疑的声音，认为在中国文化程度最低的群体，实行民主选举，是行不通的。那么，经历了七届选举之后的农村社区选民，显然已经将这一权利运用得比较熟练了。就如 HC 民政局干部讲到的：“现在的村民选举不像前几年，以前村民对选举结果不满意，跑到民政局来上访，是胡搅蛮缠，现在是拿着《村组法》，违反了哪一条、哪一款，说得清清楚楚，有的村民把《村组法》背得很熟，比好多干部都明白。有的人专门钻法律空子，让你的选举不成功。就像《村组法》上面说，选民数有误的，选举结果无效，但是有的人明知道选民数不对，他不说，等选举结果出来后，他才说，这样选举就无效，搞一次选举把人集中起来不容易，就因为这，还得重选一次。”显然，现在的选举逐渐走入了规范化的道路。在这里，我们想弄清楚的是，什么样的选择机制搭建起候选人动机与选民意愿之间的桥梁。

议题三：社区信任与选举中的困境

选举中，既有激烈的竞争，也有波澜不惊的平静场面，在资源匮乏型社区，选举的过程比资源丰富的地区更平淡无奇。选举本身是一种治理工具，它既可能整合社区也可能分裂社区，这其中社区信任成为关键因素。

在社区信任中，制度信任和人际信任成为关键要素。制度信

---

① 周雪光：《一叶知秋：从一个村庄选举看中国社会的制度变迁》，《社会》2009 年第 3 期。

任对村民的选举投票行为影响最为显著。制度信任强调社会成员对社会规范、社会制度、社会性惩罚、法律等的可预期性。制度信任的关键是社会成员对制度或规则所达成的共识，依赖成员对制度和规则的认同和内化程度。对于整个社会来说，一方面，在宏观层面，法律、机制、规则等一系列制度维系了社会成员之间的信任；另一方面，制度的实际质量产生令人信服的能力，这决定了它们能够提高那些受影响群体的忠诚度。在村民选举中，村民对村委会选举的参与是其“制度化”政治参与的一个主要表现形式，村民是否参与村委会选举的一个重要决定因素是其对乡镇基层党委、政府的政治信任程度，村民对政府权威、政府政策的信任可以提高村民选举投票的积极性，减少接受贿选行为。政府的制度设计是否符合村民所追求的经济、社会效益或政治理念，制度在执行过程中是否遭遇到了限制，制度的制定与执行之间是否有矛盾，如此种种最终都会演化为村民对制度的信任与否。①

村民对村委会选举公平程度的评价中，选举的程序性特征的影响力显著大于选举的结果。在具有投票机会、平等待遇和“海选”三种程序公平特征中，平等待遇（一人一票）的影响力显著大于其他两个特征，“海选”的影响力显著大于投票的机会。这一优先顺序，一方面呼应了国人的“不患寡而患不均”的传统平等意识，另一方面又与中国传统和现行的政治制度中缺乏平民通过选举参与政治的事实相契合。②

此外，人际信任对村民的选举投票行为的影响较为显著。在一个共同体内，人际信任水平越高，合作的可能性就越大。在农村诸如业缘经济合作社、地缘等关系也会促使信任产生，它类似于韦伯

① 裴志军等：《社会资本、中间投票人和村民选举中的贿选》，《农业经济问题》2011 年第 11 期。

② 张光、Jennifer R. Wilking、于淼：《中国农民的公平观念：基于村委会选举调查的实证研究》，《社会学研究》2010 年第 1 期。

所说的“普遍信任”。这种在同行业的个体之间通过接触、合作或在一定地域边界内长期群居的个体之间，所形成的相对稳定的信任关系，是“熟人”社会或半“熟人”社会得以存续的基础。在村民选举中，这种信任的关系和合作的习俗，能使更多的村民参与村集体的公共事务和公共管理中，更关注集体和村庄的公共利益，促使村民对投票选举更重视，愿意表达自身的意见和利益，从而减少了接受贿选的可能性。

第四章 西部资源匮乏型社区村民自治管理的策略：社会关系的维系

自从实施家庭联产承包责任制及村民自治以后，农村社区原有的社会结构出现了一定的松动。受国家、社会、市场等多种新力量的推动，农民活动的社会空间与选择领域不断扩大，流动性也明显增强。正是在这一过程中，因农民资源占有、需求与价值取向的不同，而逐渐形成了农村社区中不同的利益群体以及各利益群体之间的相互关系，这些对农村社区的自治成效都产生了深刻的影响。本章旨在揭示出，社会关系的有效链接在西部资源匮乏型社区自治管理中的重要意义。

第一节　农村社区的结构化及其利益群体

社区的结构是由社区的各类活动仪式要素以及人们赋予其意义的结果构成的。社区的结构化则是一种强调人的建构性作用的动态过程。本节将重点对农村社区的结构化及其相关利益群体作一介绍，以便后文展开对社区自治管理逻辑与运行机制的讨论。

一　社区的结构化

首先，来谈一下社区共同体形成的要件、共同体与社区利益交换以及农村社区行动的动力，希望以此能将农村社区结构化的状况作一简单的展示。

（一）社区共同体形成的要件

“共同体”的特征。

“共同体”一词发展至今，其衍生的概念非常宽泛，如政治共同体、经济共同体、民族共同体等。德国社会学家滕尼斯提出，一切亲密的、秘密的、单纯的共同生活，都可以被理解为在共同体里的生活。人们在共同体里与同伴一起，从出生之日起，就休戚与共，同甘共苦。[①] 在共同体内，个人之间关系的一般根源是与生俱来的无意识的生命的相互关系。在各种关系联结中，既有心灵的纽带，如基于纯粹的本能、爱、感激、相互习惯、回忆、习俗等，也有物的联结，如共同的经济与财产等；既有直接的纽带，如个人之间的相互关系，也有间接的纽带，如对物的习惯、对熟悉的人或事件的习惯、回忆等。

血缘共同体。

在典型的血缘共同体中，建立关系的原因是天生和不言而喻的。母子关系、兄弟姐妹之间的关系等都被视为最强有力的结合。比如，母子之间有直接的关系联结，如通过纯粹的本能、相互的习惯和相互给予快乐的记忆；也有间接的关系联结，如对周围一些原本就令人舒服的或变得令人舒服的物的乐趣、习惯和回忆，也包括对熟悉的、亲爱的人的乐趣、习惯和回忆等。比如，中国人常讲的“血浓于水”“手足之情”与“认祖归宗”等就体现了人们对血缘关系的认同。往往有血缘关系的亲属共同生活在一个能够保护他们

---

① 斐迪南·滕尼斯：《共同体与社会》，林荣远译，北京大学出版社，2010，第43页。

的屋檐之下，他们的意志和精神并不受房子的限制和空间上近距离的约束。在血缘共同体中，人们完全可以依靠自身甚至记忆来获取爱的温情和内心的安宁与平静。目前，我国就有许多由血缘关系结成的家族村落。

地缘共同体。

社会学对地缘共同体的一般定义是，一定规模的住户比较集中地居住在有一定界限的地理区域内；居住者之间表现出坚固的内聚性相互作用；他们具有不基于血缘纽带的共同成员感和共同归属感。[①] 在传统农耕社会中，地缘关系是血缘关系的投影。地缘上的靠近可以说正是血缘上亲疏的一种反映。[②] 地缘共同体直接表现为人们居住在一起，日常交往比较频繁。与血缘共同体相比，地缘共同体虽然凝聚力较弱，但是，生活于其中的人们仍然具有某些心灵相通的特性，也有一些共同的习惯与习俗支撑着。在地缘共同体中，人们相互之间通过生产、生活的需要密切地联系在一起，日积月累的交往显示出彼此之间的熟悉与信任，共同体中共同的自然物品、共同的精神以及共同的秩序管理将人们维系在一起。这种方式的共同体即使人不在，也仍然可能保持着。从规模上讲，地缘共同体可大可小，自然村、行政村均可称为地缘共同体，或是施坚雅所提出的，农民的实际社会区域的边界不是由他所在村庄的狭窄的范围决定的，而是由他所在的基层市场区域的边界决定的[③]。

村落共同体。

村落共同体是典型的地缘共同体。村落共同体以土地的私人占有为基础、以村落共有的水利设施为补充，在共同体中形成了关于耕地和耕作的规则、用水规则等共同体规则，并在此基础上确立了

---

① 亚历克斯·英克尔斯：《什么是社会学?》，陈观胜、李培莱译，中国社会科学出版社，1981，第 100 页。

② 费孝通：《乡土中国》，三联书店，1985，第 72 页。

③ 施坚雅：《中国农村的市场和社会结构》，史建云、徐秀丽译，中国社会科学出版社，1998，第 40 页。

生活规范。在传统村落中，血缘与地缘的特征被体现得淋漓尽致，人们在血缘关系与邻里关系等的互相协作中完成了日常生活中的劳作，同时，也形成了共同的文化信仰与生活规范，形成了在生命意义上的相互认同感。①

（二）共同体与利益交换

村落共同体中的利益交换。

在村落共同体中，人们因为耕种土地的关系固定居住、生活在某地，土地、耕种成为联结人们的纽带，人们因为土地的关系而形成了多种合作方式，其中包括农耕结合、因水利关系形成的结合以及因资金借贷关系形成的结合等。拿“农耕结合”来说，主要包括：①劳动力－役畜－农具的相互融通和共同使用；②劳动力－畜力的各种形式的交换；③役畜及农具的借用；④无偿的劳动援助；⑤役畜的共同饲养和利用、共同租种土地、共同雇工以及灌溉水井的共同开凿和使用，乃至雇佣和租佃关系中的“干活带地”与“伙种”；等等。② 这些合作方式一般都因血缘、宗族和信任关系而建立，它鲜明地体现了合作者之间基于长期的交往、重复博弈形成的熟人社会的信任关系。通常，合作关系的边界具有一定的伸缩性，其主要表现在：它形成于宗族或者邻里之间，是合作关系中最基本的形成方式；但也可能因水利灌溉突破自然村的界限（水利）而形成合作关系；还可能因生产资料、资金的流通而形成集市关系；等等。总之，合作关系是形式多样的，它可随着外界环境的变化而发生相应的改变。

利益交换的形式。

美国学者施坚雅在《中国农村的市场和社会结构》中提出，市场结构具有农民社会或传统农耕社会的全部特征，农民实际社会区

---

① 李国庆：《关于中国村落共同体的论战——以“戒能—平野论战”为核心》，《社会学研究》2005 年第 6 期。

② 张思：《从近世走向近代：华北的农耕结合与村落共同体》，《民俗研究》2010 年第 1 期。

域的边界不是由他所在村庄狭窄的范围来决定，而是由他所在的基层市场区域的边界来决定。基层市场满足了农民家庭所有正常的贸易需求，它既是农产品和手工业品向上流动进入市场体系中较高范围的起点，也是供农民消费的输入品向下流动的终点。作为社会体系，基层集市是农民熟人社会的边界，农户所需要的劳务和资金需求一般在这里可以得到满足；基层市场构成了通婚圈的范围并与农民的娱乐活动有关。[①] 在江苏南部地区，特别是在集体经济产权改制之前，村落发挥着经济活动的主体作用，而集体经济的发展也强化了村落的各种职能。直到 20 世纪 90 年代初，随着企业的股份制改革和企业的集团化发展，村落经济功能才开始逐步分化。[②]

匮乏型社区中的利益交换。

与资源丰富地区的村庄相比，西部资源匮乏型社区集体经济发展水平很低，并不能发挥经济主体的作用。过去这样的社区主要以农业为主，而农耕劳作需要足够的劳动力，同时，季节、天气对农作物的种植和收获影响较大，农户只有通过帮工、换工及雇工等形式才能完成对农作物的耕作。而现在，大量年轻劳动力外出打工，村民的收入渠道有所拓展，而这也造成了社区中劳动力缺乏等问题。在这种情况下，农民不得不将雇工作为解决问题的手段与方式。如陕西韩城电视台报道，市政府出面在劳务人员与椒农之间建立关系，以解决韩城椒农采摘花椒的燃眉之急。目前，虽然村落共同体的生产方式与经济基础正在发生一些微妙的变化，但在具体的生产生活中，村民之间这种相互信任、相互依赖的关系依然存在，主要表现为：在过去，人们主要以土地为中介，通过劳动力、生产工具、资金等方式形成合作，而现在，人们则主要通过互相提供打工渠道、合伙做生意等方式形成利益关联。

① 施坚雅：《中国农村的市场和社会结构》，史建云、徐秀丽译，中国社会科学出版社，1998。

② 李国庆：《关于中国村落共同体的论战——以“戒能—平野论战”为核心》，《社会学研究》2005 年第 6 期。

（三）农村社区互动的动力

满足公共品需求。

目前，农村公共品的供给来源主要有两方面：国家提供项目资金和农民通过一事一议投工或投资。因为公共品具有投资金额大、项目时间长、投资风险高、资金回收期长的特点。而目前，我国农民收入普遍较低，有的贫困社区，农民人均年收入只有几百元，因此，在农村公共品如农村基础设施的建设与维护中，就形成了以国家对项目的投资为主、以村民的投资投劳为辅的局面。在西部资源匮乏型社区，仍然存在以下的状况：虽然目前国家通村公路项目已实施，但山区道路造价高，雨季经常遭遇山洪、泥石流等自然灾害，修复起来比较困难，农村社区内部巷道的硬化资金比较缺乏；水库年久失修，这严重影响了农户家庭的农田灌溉；人畜饮水问题亟待解决，教育落后，医疗人才设备也比较缺乏，所有这些都成了制约农村社会经济发展的主要障碍。在此情形之下，公共品的提供成了一种超越农户家庭的社区性集体行动，许多农民都将能否争取到政府项目作为评判社区领导者是否能干的一个重要指标。

维系社区情感。

情感是共同体连接的核心纽带，人们在血缘共同体中体验了亲情带来的情感满足，通过地缘共同体扩大了自己的交往圈，人际交往变得更加丰富。在村落共同体中，“低头不见抬头见”，生老病死、婚丧嫁娶，不论生产还是生活，在街头巷尾，人们都受到邻里的关注，同时也关注着邻里，由此产生的熟悉感与信赖感，使人们摆脱了孤独与寂寞，获得了情感上的极大满足与认同。拿桂北的民间信仰来说，它作为一种传统文化资源，在村庄的公共生活中发挥着重要的情感维系功能。如在以集体丧礼为代表的情感宣泄场合，纵向绵延的亲情在互动仪式中被情感符号不断唤醒，人们在浓烈的亲情体验中感觉到了村庄共同体的存在，并产生出宗教般的神圣感。于是，祖先与子嗣在阴阳之间相互沟通，而兄弟与村友则成为在同一块土地上延续永恒的同道者。经由这种情感整合机制，桂北的民间信仰造就了自然村的全体村民对村庄集体的情感认同与情感依恋。也正因如此，村民们才在自然村的公共事务中甘愿付出，并勇于主动承担义务和责任。①

增强与外界的联系。

社区作为一个区域共同体，常常需要以整体的形式与外界交往。杜赞奇研究发现，中国的村落并不是孤立地存在，国家政权通过行政和文化的渠道不断向乡村渗透，这对村落的社会结构产生了极大的影响。因此，研究村落必须关注国家政权的影响以及国家与地方相互关系的变化。另外，他还指出，乡村基层领袖在国家与乡村社会之间扮演着“经纪人”的角色。所谓“经纪人”，可以分为两类：一类是“赢利型经纪人”，他们将小农视为榨取利润的对象；一类是“保护型经纪人”，他们代表社区利益，并保护自己的社区免遭国家的侵犯。自村民自治实施以后，我国许多农村社区就面临着与国家的关系问题，如村级组织——村委会及党支部经常代表村民与国家交往，在交往的过程中，常会出现个人意志代替村民意见，引起村民不满等现象。尤其在涉及重大利益事件如征地谈判之时，谈判的透明度与村民的参与度都不够，这容易引发不稳定因素，造成冲突对立，成为农村社区行为的动因之一。

二　社区中的利益群体及其互动关系

自从实行村民自治以来，农村社区形成了以基层政府/村“两委”、村干部/村民以及社区精英为主的利益群体。下面来主要谈一下各相关利益群体及其关系的互动状况。

（一）社区中的利益群体

基层政府/村“两委”。

乡镇基层政府与村“两委”分别是国家利益与农村社区利益

---

① 袁松：《民间信仰的情感维度与村落公共生活的整合——以桂北村落为考察对象》，《广西民族研究》2009 年第 3 期。

的代表。村民自治实行的是民主选举、民主决策、民主管理与民主监督，它的目的在于实现村民的自我管理、自我教育与自我服务。关于基层政府与村级组织的关系，《村组法》（2010）第五条指出，乡、民族乡、镇的人民政府对村民委员会的工作给予指导、支持和帮助，但是不得干预依法属于村民自治范围内的事项。然而，实践中两者之间的界限却往往被打破。其一，村民自治是从原有的集体化背景中脱离出来的。根据制度变迁的路径依赖理论，制度变迁过程中会对以往的制度形式和历史有一定的依赖性。以往对农村社区行政性的管理方式，如对政府资源的依赖性较强等对现行的村民自治影响较深。其二，我国的村民自治是在国家的推动和指导之下进行的。虽然实行了村民自治，但基层政府仍然需要对农村社区进行管理。而对于村级自治组织而言，它则享有法律所规定的权力，要保证社区自治的顺利实施，而不仅仅是基层政府的“末梢”。

村干部/村民。

首先，村干部具有双重身份。村干部作为国家行政村的领导人，是政府的“代理人”，需要完成乡、镇政府安排的各项任务；同时，作为村民民主选举产生的村主任，又是村民的代言人，要体现并实现村民的利益。其次，村干部需要得到双重认可。他们既要得到国家的认可，能较好地完成乡、镇政府下派的各种任务，以此来实现国家对农村的控制；同时，又要得到村民的认可，能给村民带来利益，提高收入，改善生产、生活条件。最后，村干部具有双重权力。乡、镇政府干部一级的各种政策，要由村干部向村民传达、执行，因此，村主任的权力具有自上而下的性质，他们代表了政府对于农村的管理；同时，民主选举又使其权力具有自下而上的性质，他们代表村民与政府及其他社会组织进行交往，从而实现集体的利益。以上这三种双重性导致在农村社区自治管理中，以村主任及党支部书记为主的社区政治精英处于夹层状态，他们在与村民及上级政府的关系中常常处于“两难”的困境。

社区精英。

帕累托提出，这些阶层（“按势力和政治及社会权力而区分出的一类人”，或“所谓的上流社会”）构成一个精英集团。只要社会平衡是稳定的，这些阶层的多数成员便会具有某些突出的素质，无论这些素质是好是坏，都是权力的保证。在我国传统的村庄，向来就有一些文化精英，他们一般具有良好的文化水平与能力素质，并且拥有充足的乡土知识储备，他们做事、做人公平公正，在村落社会中享有一定的权威，这类精英在当前的农村社区中依然存在。此外，自从改革开放以后，我国农村社区的经济状况有了很大的改观，正是在这一过程中，我国乡村社会中涌现出了一批经济精英，他们一般从事与市场关系密切的职业，收入要高于普通农民，他们信息灵通，对外界环境的运行规则比较熟悉，拥有充分的经济实力与较为广泛的社会关系。目前，在我国西部大多数农村社区中，呈现出了文化精英与经济精英并存的状态，但相比之下，文化精英的功能范围主要局限于传统习俗方面，在村庄的公共事业服务方面经济精英发挥的作用则更大。

（二）各利益群体间的关系类型

合作/冲突。

目前，我国许多乡镇与村落已经建立了良好的合作关系，乡镇政府能够依法指导、支持和帮助村委会开展村民自治工作，村委会也能够协助乡镇政府完成各项委派任务。也有一些乡镇政府与村落仍然维持着传统的行政支配关系。比如，一些乡镇政府为了维护自己的施政能力，一方面，强化对村级党组织的领导，并通过村级党组织来控制村民自治组织；另一方面，实行“村财乡管”、下派干部、村干部工资制、村干部提拔为乡干部等措施来肢解村民自治组织的职权，从而导致了乡村关系的紧张，村民自治取得的成果也逐渐被弱化和流失。[①] 学界有一种观点认为，村民自治的主要威胁来

---

① 于建嵘：《村民自治的价值和困境——兼论〈中华人民共和国村民委员会组织法〉的修改》，《学习与探索》2010 年第 4 期。

自它的上一级乡镇政权，如果对现有的乡镇一级体制进行改革，村民自治的民主便更易于巩固。然而，事实并非这样，目前削弱村民自治制度的权力不仅来自乡镇一级，有时还来自县市级、地市级，甚至更高。往往层级越高，权力越大，不要说村级自治组织，任何一个比其低一层级的政权组织都无法抵挡权力直接冲击的力量。①

正式/非正式。

在人们一般的印象中，政府官员总是代表着庄重、威严，甚至强迫。特别是极权主义理论，更是将社会主义国家的官员描述成一个行使着无限的权威、惯于使用暴力手段的群体，训斥与强迫则是他们频繁使用的手段。然而，事实证明，官员们对正式权力资源的使用却是相当慎重的，即他们很少使用正式规则所规定的程序和惩罚手段。他们常常借助于有关权力的正式规则中所不包括的非正式因素，即运用日常生活中的“讲道理”或说服等方式，来极富“人情味”地使用这些权力。正因如此，我们看到了一种“正式权力的非正式行使过程”。也就是说，这种权力的行使，在很大程度上并不是以有关权力的正式规则为基础，而常常是基于民间社会中的本土性资源。② 目前，在上级政府完成各种任务，如下达需要完成的经济指标、统计外出务工人口的状况、推广经济种植的任务时，非正式权力的运用则更加突出，他们总是善于利用本土性知识的“软硬兼施”策略以达到目的。

特殊主义/普遍主义。

帕森斯和希尔斯提出，特殊主义“凭借与行为之属性的特殊关系而认定对象身上的价值的至上性”，普遍主义“独立于行为者与对象在身份上的特殊关系”。往往一个社会中的信任系统越大，其成员间的信任感就越弱化、越单一，一个信任系统越小，其成员间的信任感就越强烈、越全面。抛开功利上的得失不谈，人还有强

---

① 沈士光：《削弱村民自治的两种权力》，《学习时报》2012 年 3 月 5 日。

② 孙立平、郭于华：《“软硬兼施”：正式权力非正式运作的过程分析——华北 B 镇收粮的个案研究》，《清华社会学评论》特辑，社会科学文献出版社，2000。

烈的情感需求。人渴望与伙伴有密切的交往，渴望在与其他人的互动中感受快乐，而这些也只能在一个规模不大的群体，即库利所说的首属群体中实现。换句话说，一切与情感伴随的那种高度的信任感，必是针对具体的个人的，必是产生于首属群体及一种特殊主义的信任系统之中的。在社会资源的权力与分配上，特殊主义是唯一能取代和补充普遍主义的控制系统。普遍主义不存在、不充分的场合，特殊主义必将出场。[①] 目前，农村社区尚处于社会转型之中，以血缘、地缘为主的特殊主义与现代社会要求的普遍关系交织在一起，它们在人际互动与人际交往中共同发挥着重要的作用。

（三）各利益群体间的关系特征

在农村社区这样的“熟人”社会里，群体之间具有不同的互动关系。由于情感的远近亲疏不同、利益的分化等，在面对不同的情景时，形成了冲突性、互补性、相对性、易变性等特征。

冲突性。

冲突性在于不同的关系类型，如正式/非正式、特殊主义/普遍主义都有其各自运用的条件和基础：特殊主义注重情感，是人们本能的需要，很难以理性计算来衡量；普遍主义则是维持整体性社会秩序中不可缺少的规则。农村社区状况复杂多样，有时需要顾及社区成员的道德情感，而有时则需要考虑整个社区秩序的良性运行，这样，就会经常出现一些合理不合法或者合法不合理的状况。

互补性。

在对农村社区资源的分配上，本来主要运用的是普遍主义的控制系统。然而，在很多场合，普遍主义并不存在或者存在但并不充分，这时，就需要特殊主义出场。通常，普遍主义的控制与特殊主义的控制都不存在的场合是很少见的，若都不存在，那里的秩序必然混乱无序。[②] 目前，我国大量的农村社区处于社会转

① 郑也夫：《特殊主义与普遍主义》，《社会学研究》1993 年第 4 期。
② 郑也夫：《特殊主义与普遍主义》，《社会学研究》1993 年第 4 期。

型的大背景之下，由于许多制度尚在建立与探索之中，这样，面对不断出现的新问题、新现象，现行制度的滞后性与局限性就被充分地凸显了出来，这时，就需要特殊主义来维护乡间的社会秩序，在这里不得不说，特殊主义是唯一能够取代和补充普遍主义的控制系统。

相对性。

"差序格局"是一种对社会中的稀缺资源进行配置的模式或格局，它最能充分体现"特殊主义"的逻辑，从某种程度上讲，它是特殊主义的极致形式。① 自 1949 年之后，我国对稀缺资源的配置制度发生了根本性的变化，那就是用社会主义的再分配经济体制取代了过去以血缘和地缘为基础的配置制度。② 在资源配置发生制度性的改革之后，建构在其上的关系也因此发生了相应的改变。

易变性。

虽然在新的农村社会结构中，以血缘、地缘为主的特殊主义与现代社会要求的普遍关系交织在一起，它们在乡村社会的人际互动与交往中共同发挥着作用。然而，由于传统与现代因素的交织，普遍主义与特殊主义之间也存在着一定的矛盾与对抗，这种状况既在弱化着特殊主义的关系，也在影响着普遍主义的发展。这样一来，无论是特殊主义的社会关系还是普遍主义的社会关系都遇到了一定的问题。于是，村民们既无法像传统社会那样完全依赖特殊主义的血缘/地缘关系，也无法像新中国成立后那样从普遍主义原则那里获得各种帮助。③ 在这种情形之下，各利益群体就不得不依据具体的情景以及彼此之间亲疏远近的不同，在社会交往互动中不断改变和调试自己的行动标准，以便寻求到更好的资源组合，并且以此来达成自己的一些行动目的。

---

① 郑也夫：《特殊主义与普遍主义》，《社会学研究》1993 年第 4 期。

② 孙立平：《"关系"、社会关系和社会结构》，《社会学研究》1996 年第 5 期。

③ 林聚任、杜金艳：《当前中国乡村社会关系特征与问题分析》，《中国农业大学学报》（社会科学版）2007 年第 3 期。

第二节　社区治理的逻辑

农村社区中不同利益群体有着各自的行动目标，村干部对社区的治理主要是一个维持运转平衡的过程。在此逻辑之下，我国的村民自治形成了不同的治理模式，各模式的目的都在于努力寻求各利益群体之间行动的平衡与协调。在西部资源匮乏型社区，情感认同则是实现社区团结所依靠的主要力量。

一　社区治理的基本目标

目标是个人、部门或整个组织所期望达成的主要成果。社区治理是指政府、社区组织、居民及辖区单位、营利组织、非营利组织等基于市场原则、公共利益和社区认同，协调合作，有效供给社区公共物品，满足社区需求，优化社区秩序的过程与机制。社区治理的基本目标是通过社区治理获得所期望达到的成果。

（一）群体资源的整合

虽然农村社区中不同的群体有各自不同的利益，但是，这并不排除大家有共同愿望的产生。这里的“共同愿望”，即指村民生活水平的提高、整个社区处于良性运行的状态。

基层政府——完成上级任务。

基层政府是国家的行政末梢，乡镇工作人员是“政府官员身份，是国家意志的执行者和政务的实施者”。国家意志、国家关于农村的发展规划、各项政策的实施，最终要落实在乡镇干部的各项工作之中。比如，税费改革之前，乡镇干部的主要工作是收定购粮、收税费等，而税费改革之后，则转变为完成各项经济指标、完成上级各部门下达的种类繁多的任务。通常，乡镇干部都是当地人。在我国，有相当一些乡镇干部的家庭就定居在这个乡镇所属的村庄之中，还有一些镇干部（多为镇里的主要领导干部）居住在县城里，但他们自己也往往是在当地农村长大。这样的背景告诉我们，这些镇干部从小就受到了格尔茨所说的“地方性知识”的熏陶。通常，基层政府官员对当地的习俗、文化、人情世故等都有着切身的感受和体验，而这些也是他们在完成上级下达的任务过程中可利用的资本。可以说，基层政府官员正是通过对正式权力之外的本土性资源的巧妙利用，才在很大程度上强化了国家权力的资源，从而强化了国家在农村中的权力。①

村干部——维持运转平衡。

前文已经提到，村干部作为国家行政村的领导人，要完成乡镇政府安排的各项任务；同时，作为村民的代言人，他们需要体现和实现村民的利益。他们既要得到国家的认可，又要给村民带来利益，得到村民的认可。他们既代表政府对农村进行管理，又代表村民与政府及其他社会组织交往，以此来实现村集体的利益。村干部对村务的管理之所以是一个维持运转平衡的过程，是因为他们具有以上提到的双重身份、双重认可与双重权力。也正是以上这三种双重性导致了在农村社区自治管理中，以村主任及村党支部书记为主的领导层处于夹层状态，他们主要的工作就是维持农村社区的良性运行，并且尽量得到基层政府与本村村民的认可与好评。

村民——寻求合适“代理人”。

民主选举的实施，改变了农村权力产生、更迭的方式。目前，在三年一届的选举中，村民通过选票推选社区的领导者，已成为各利益群体共同认可的方式。通常，在经济落后的社区，村民希望村干部能给村里办实事，解决生活中的实际问题，领导大家早日脱贫；在经济情况稍好的社区，除了要求改善交通、道路、水库灌溉等公共品外，他们对村干部还提出了办事公平、少做表面文章等要求；在各方面条件都不错的社区，他们的要求更提高了一步，比如

---

① 孙立平、郭于华：《“软硬兼施”：正式权力非正式运作的过程分析——华北 B 镇收粮的个案研究》，《清华社会学评论》特辑，社会科学文献出版社，2000。

希望修建文化娱乐场所及组织活动、修建体育设施及老年人活动场所、兴办幼儿园、绿化道路、修建垃圾池等。要满足以上不同社区中村民不同层次的需求，除个人努力之外，最重要的就是选出他们的“代理人”，向政府争取资金与项目。因此，村委会成员的选定，既体现了村民的意志，又寄托了村民的期望。

（二）群体认同的强化

前面已经提到，农村各利益群体都有一个共同的愿望，那就是保证社区生活的良性运行。然而，在总目标的指引下，各群体又有自身的利益与需求，这样，只有各群体都投入相应的“成本”，真正做到群体之间的认同与行动的协调，才能使各利益群体都能获益。

政府投入：资金、项目。

政府对农村的投入，主要以资金和项目为主。这些资金和项目由政府相关部门分别负责，如住建局组织实施危房改造项目；扶贫办组织实施整村推进扶贫项目、移民搬迁项目；环保局组织实施农村环境整治项目；交通运输局组织实施农村公路建设项目；水利局组织实施农村安全饮水项目；能源办组织实施农村能源“一建三改”（建沼气池，改厨、改厕、改圈）项目；广播电影电视局组织实施广播电视村村通工程；农发办组织实施农业综合开发项目等。对于以上项目，县级政府各相关部门都要积极参与。

村干部投入：时间、精力与资金。

政府各部门的项目、资金需要在部分村实施，在部分村实施的比例确定以后，其指标便会被分解到乡镇，再由乡镇落实到村“两委”，由村“两委”负责安排执行。此外，对于惯例的夏天防汛、冬天防火、每月需要上报的计划生育情况、外出人员务工情况以及临时性的检查、人口普查等工作，村干部也都要认真负起责任，保证各项工作的有效落实。从总体上讲，用“上面千条线，下面一根针”来形容村干部的工作是再恰当不过了。要做好这些工作、完成这些任务，村干部需要投入大量的时间、精力与资金。

至于他们的治理成效究竟如何，这也要受到乡镇政府的考核。

村民投入：权力让渡、对村干部的支持。

村民选举中的“民主”不但体现了少数服从多数的原则，而且意味着通过选举进行个人权力的让渡或委托。被让渡的权力要真正体现选民的意志则有赖于选民对罢免权的占有与行使。选举往往不是万能的，选民由于局限的理性选错人以及被选人当选后权力异化的情况都是存在的，这在一定程度上决定了罢免权对真正实现民主的重要性。除了权力的让渡，村民的投入还表现在对村干部工作的支持方面。面对上级政府安排的各项任务，最终都要通过村干部落实到相关的村民，是否按照村“两委”的安排来完成任务则要看村民的认识和自觉。

（三）行动的平衡与协调

面对不同的群体目标，运用强制性的权力还是“软硬兼施”的策略，展现了村干部不同的管理理念与管理能力。

1. 维持较高水平的平衡，体现了村干部积极的管理理念

这具体表现在，从小处入手、为群众着想，解决他们的困难和问题；谋求发展，能为本村发展申请到合适的项目，能努力争取，从而使得一些优势资源向本村倾斜；办事公正，能够赢得村民的信任，与村民形成良好的互动；政府安排的任务能够得到较好的实施与执行，项目的正面作用也能得到很好的体现；村干部的能力可以得到基层政府的认可与赏识。

笔者所调研的 YLJ 村里，干群关系最融洽，村办公室每天都有村干部轮流办公，解决村民问题，其主要涉及经济问题、技术问题、合作医疗报销、和上级的联系以及邻里纠纷等。

> 一个地方要发展好，首先干部要服务好，要确确实实为群众办实事，群众才认可。农村资金困难，村干部要争取项目，给老百姓办一些看得见的事，老百姓会很支持。经过十年时间的努力，村组织、村干部的形象逐渐树立起来了，现

在村民不管有什么困难、问题，都会来找村干部帮忙。（YLJ村村主任）

HW村由于第六届村委会选举中未选出村委会班子成员，暂由党支部书记代理村委会工作。由于村干部之间存在矛盾，村里的一些工作无法正常开展，一度成为当地的难点村。到了选举第七届村委会时，现任村主任当时不在候选人之列，但是村民还是选择了他。原因是，他办事认真，责任心强，处理事情公平公正，个人能力较强。他上任后，巧妙地处理了村干部之间的矛盾，缓和了干部之间的关系。

以前一些村干部之间有矛盾，互相都不说话，更别说在一起商量村里的事，我就安排他们一起出去办事，他们也就不得不说话了，慢慢地关系就好了，其实本身也没有太大的矛盾，相互不理解，矛盾也就越来越多了，现在大家在一起工作，接触多了，关系也就好了。（HW村村主任）

现在，HW村在“两委”班子的合作下，由难点村逐渐转变为普通村，再继续向示范村发展。在该村村主任上任一年多的时间里，该班子为村里申请了近十个项目，现已完成五六个。在笔者调研过程中，村民们对这一届班子交口称赞，认为确实是为村里办实事了。

2. 维持较低水平的平衡，体现了村干部消极的管理理念

这具体表现在，对村民经济收入提高、生活条件改善的意识不强；办事不公正，关注小集体利益，未通过努力与村民形成一定的信任关系；对乡镇政府安排的各项任务被动完成，项目的积极效果没有得到很好的发挥；不主动申请项目，村民有较多不满，群体未形成凝聚力。

FZL村未选出第六、七届村委会主任，未组建村委会班子，由村党支部书记代理，但是，由于一些对外活动需要村委会出面，如村民到公安局办户口需要村委会盖章，或申请项目需要“两委”班子齐全，因此，村里的正常工作受到很大影响，公共事务近于瘫痪，村民也怨声载道。

> 当干部不为村里办事，群众会骂，可是要干事，太麻烦，干的事越多，骂的人越多，做得不好，也会挨骂。（FZL村村主任）

3. 维持中等水平的平衡，体现了村干部介于积极与消极之间的均衡管理理念

不同村之间村干部管理能力的差异，在一定程度上导致了社区之间整体发展状况的差距。农村的发展状况首先取决于一定历史条件下的制度安排，取决于地理环境、历史文化传统、经济发展状况等。但是，在这些条件相近的情况下，农村干部的素质、能力对社区发展则会起到非常重要的作用。

总之，农村干部对社区的管理内容主要有两类：对内及对外。对内，主要处理村民之间的纠纷、解决村民的困难，有发展理念的村干部，会在进一步提高村民收入、改善生活条件等方面努力。对外，主要是处理与政府的关系，村干部与政府关系的亲疏将会影响到村庄的发展，村干部需要妥善处理由此引起的各种问题，从宏观上维持整个村庄的正常运转。

二　社区治理的运行过程

由前文已知，农村社区治理有三个基本的目标，它们分别是群体资源的整合、群体认同的强化以及社区行动的平衡与协调。有了明确的治理目标作为导向，那么，社区治理的运行过程究竟是怎样的呢？

（一）决策

“决策”一词，指为了达到一定目标，组织或个人通过细致的分析与比较，在若干种可供选择的方案中选定最优方案的过程。在农村社区内部，决策权主要掌握在村主任和村党支部书记的手中，主要指村主任或村党支部书记对未来一定时期内村庄有关活动的方向、内容及方式制定出计策和方法的权力。《村组法》第二十四条明确规定，涉及村民利益的下列事项，经村民会议讨论决定方可办理。

本村享受误工补贴的人员及补贴标准；从村集体经济所得收益的使用；本村公益事业的兴办、筹资筹劳方案及建设承包方案；土地承包经营方案；村集体经济项目的立项、承包方案；宅基地的使用方案；征地补偿费的使用、分配方案；以借贷、租赁或者其他方式处分村集体财产；村民会议认为应当由村民会议讨论决定涉及村民利益的其他事项。而村民会议也可以授权村民代表会议讨论决定前款规定的事项。

根据《村组法》第二十六条规定，村民代表会议由村民委员会召集。村民代表会议每季度召开一次。有1/5以上的村民代表提议，就应当召集村民代表会议。但实际上此规定形同虚设，村委会不就上述事项召集村民，村民代表会议无法进行讨论，这也是农村发生群体性事件的主要原因之一。

（二）执行

“执行”一词，即指对原有规划的贯彻与施行，它可以分解为任务分配、解决问题、意见反馈等一系列错综复杂的环节。前面已经提到，村干部对社区的管理主要是一个维持运转平衡的过程。维持运转平衡则主要通过以下的程序实施，即分配任务、反馈（顺从和拒绝）、应对、再分配、结果、循环。

在实践中，分配任务主要分内外两类。其一，乡镇政府安排的各项任务，包括政府各个部门对应的农村工作，内容繁多，且具有时限性。任务下达后，乡村基层组织会动员整村完成任务。其二，村干部为本村发展所制定的规划，需要村民筹资、筹劳等。分配的方式主要是通过各小组长与村民联系、传达，或召开村民代表大会讨论。乡镇政府安排的工作，基本上是自上而下的，主要包括来自省、市、县各级政府的指令，既有常规性的工作，如计划生育；也有规划性的任务，如统一在全县发展某种经济作物；还有推广新技术，如沼气池的建设等；此外，强行推销农作物，如给村里推销种子等也是包括在内的。改革开放以来，虽然各级政府在政策及管理上进行了调整，但从总体上看，他们在经济、政治、社会等各领域，对农村实施行政管理的方式是依然存在的。请看下面口述材料。

> 工作多数是上面安排的，没有政府安排的话事就少得很，例如计划生育、党建、环境卫生、防疫、教育、预备役训练、防火、防汛等。政府部门有的工作，农村都有，任务太多。2009 年一年，几乎天天都在忙这些事，要花大量的时间、精力和钱。村里本身没有什么事情，这届村委会的主要工作就是处理以前遗留的一些问题。现在土地承包，土地都分配到各户，种地的事我们不用管，村民们几乎没有什么事找村干部，我们主要处理邻里纠纷，办村里的事主要就是公正。（FZL 村村主任、党支部书记）

对于乡镇政府安排的各项工作，村干部一般都会接受。因为，首先村干部认为自己是为国家服务的。虽然村干部的基本身份是村民，但是，现行基层政府却将他们当作政府官员来管理。乡镇普遍对村干部实行目标责任制考核，村级干部的工资标准也是由乡镇政府核定的。其次，村干部及村民都明白，土地是国家的，由集体管理，虽然实施村民承包，但政府的要求如同法律一样都是需要遵守的。再次，陕西农村 80% 以上的村没有集体经济，村民收入较低，想要发展，必须依靠政府的扶持。如果不配合政府的工作，那么，村里的发展也就没有希望。因此不管怎样，村干部都会想方设法完成乡镇政府下达的任务。请看下述材料。

在 FZL 村，我们看到一个个废弃的用于种植大棚菜的棚子。这批大棚建于 2002 年，当时为发展当地经济，提高农民收入，政府提供无息贷款，推广大棚菜。建成一个大棚共需要 5300 元，政府提供 5000 元的贷款，村民自己出 300 元。

由传统的种粮变为种大棚菜，作为政府的一项政绩工程，在推广时给村里下了任务，村干部积极配合。他们知道任务也不是镇上下来的，是从市里、县里一级一级下来的，不能坏在这里。为配合当地政府的推广活动，村“两委”把农民承包地收回到集体，村干部做村民工作，劝说统一搞大棚菜。作为村里的扶持产业，村里 60 多亩机动地被无偿提供给村民种植大棚菜。种植大棚菜与种粮相比，要投入更多的精力、时间、资金，也要面临更多的市场风险。两年后，原有大棚使用年限已到，需要继续投资建棚时，种植大棚菜的人已是寥寥无几了。坚持到现在的人，尽管经济效益很好，别的村民也看到了效益，但是觉得自己吃不了那种苦，也就放弃了。政府提供的贷款到现在还没有还。政府推广的项目有一个特点，就是在开始有人管，但是在执行的过程中无人监督，项目的结果如何也没有相应的机构评价。村干部在开始时，动员村民参加，至于种植以后的事情，上面不管，他们也就不再有来自政府的压力了，而村民却要面对随之而来的种种问题。近十年，作为政府的政绩工程，诸如此类项目的推行，效果都不佳，但是“乡镇干部、村干部却要成天应付这些事”。项目的推行原意是为了提高村民的经济收入，但是由于某些原因，如没有考虑农村的实际需求小，经济状况、项目的延续性较差，项目之间的关联性也较差等情况，以至于项目没有成功，而成为“双输”

的选择。虽然国家投资很大，但投入没有效益，农民的收入也没有提高，而且，农民意见很大。体现在村委会的选举上，就是村委会成员的落选，但下一届新组建的村委会班子，不得不继续处理上届遗留的问题。(FZL 村村主任)

对村干部安排的任务，村民表现出了顺从和拒绝两种反应。顺从与拒绝两种反应的比例、程度，一般会同任务的合理性、村民对任务的认识、村干部与村民的关系，以及以往的经验等联系在一起。对于拒绝执行的情况，村领导层通常会采取以下几种应对措施：其一，威胁。村领导层会表明这是上面的任务，或村民代表大会已经通过，必须要完成。如果不支持村上的工作，那么以后找村里办事（比如宅基地审批、外出需要村上开证明和贷款等）就很难。其二，劝说。“熟人”社会的治理，除了信息透明度高以外，还有两个重要特点，一是“动之以情，晓之以理”，二是充分采用举例说明的办法。举例说明，是以村民都知道的身边发生过的事例说服、教育村民，而不是通过讲法律规则来约束村民。其三，教育，讲政策。有的村干部会利用自己多年来在村民中树立起的威信，站在较高的立场上，对村民的行为进行批评教育，要求考虑大局，或者讲这是国家的政策，必须执行。其四，示范。要求村民做到的，村干部先做，做出成绩了，再劝说村民。请看下述材料。

YLJ 村现在主要种植中药材、蔬菜。以前以种粮为主，因所在地区适合种植中药材，县上才对其进行推广。村“两委”为提高群众收入，开始在村里动员村民种植中草药，开始群众并不愿意，没有人种，对此问题，村主任采取了循序渐进的办法。

我们村干部自己先种，成功了以后，动员党员种，党员成功了，再引导群众。在种的时候，联系技术专家来做讲座，在技术上给予指导，产量不断提高。开始的时候，村干部去外面

> 联系客商，谈价钱，把他们带到村里来，村民觉得价钱合适，就卖了。现在到收割季节，客商就来了，客商打电话和村民联系，谈好价钱，说好时间，村民就到地里把药材挖上来，到时候，客商的车到了村里，直接装货，现在村民的经济意识很强。这几年种药材、种菜，群众的收入明显提高，群众也受了益。（YLJ 村村主任）

总之，村干部对村务管理方式的差异在不同的环节都有所体现。在反馈阶段，主要取决于顺从与拒绝的人数比例。在维持较高水平的平衡中，顺从的人数占有较大比例，在较低水平的平衡中，拒绝的人数占有较大比例。在应对阶段，在维持较高水平的平衡中，村干部会较多地使用劝说的方式，反之则多用威胁。在结果阶段，在维持较高水平的平衡中，村干部与村民之间的信任会加强，反之会削弱，进而在村委会的选举中，村干部会有续任与落选的差异。

（三）监督

“监督”一词，即指对现场或某一特定环节、过程进行监视、督促和管理，使其结果能够达到预定的目标。在农村社区治理过程中，监督权主要属于村民或者村落内成立的能够代表大多数村民意见的组织，他们会对村干部的行为、村落公共事务的发展过程进行监视、督促和管理，杜绝一些不良状况和问题的发生，从而使得社区能够向更好的方向发展。

2003 年，陕西省渭南市澄城县罗家洼乡杨家陇村成立了一个“党员群众代表议事会”，作为村委会的监督组织，这就是“村民监督委员会”的雏形。2006 年 9 月，杨家陇村正式挂牌成立了全省第一个“村民监督委员会”，经全乡 21 个行政村推广后，又于 2007 年和 2008 年分别在澄城县和渭南市全面推广。2009 年 2 月，陕西省下发了《关于在全省农村开展建立村民监督委员会试点工作的意见》，决定在全省农村建立“村民监督委员会”。不同于村务公开监督小组和民主理财小组的附属性质，这是一个独立于村"两委"的正式组织，对村"两委"有着监督权和约束权，这在一定程度上提高了对村"两委"监督的力度和效能。目前，该举措正处于起步阶段，像"村民监督委员会"的财务监督权如何落在实处等，仍是需要进一步探索的问题。

第三节　村民自治的运行机制

运行机制，是指在人类社会有规律的运动中，影响这种运动的各因素的结构、功能及其相互关系，以及这些因素产生影响、发挥功能的作用过程和作用原理及其运行方式。自村民自治实行以来，村级民主选举改变了农村社区权力的产生方式，这无疑对村落社会产生了重要影响。在村民自治的政治背景下，社区领导者要维护社区利益，整合多方资源，满足各方需求，调动不同群体参与社区治理，拓宽参与途径，以期实现良好的治理。

一　观察的基本视角

目前，学术界已经对村民自治的运行机制作出了大量的观察与研究，从观察的基本视角来看，学者们大多基于我国悠久的历史文化传统，主要是从历史的视角、政治的视角和文化的视角对其展开探讨的。

（一）历史的视角

"历史的视角"核心特征在于，研究者尝试从中国历史的观点出发，密切注意中国历史的轨迹和中国人的本土观念，并依据这样一种思路去理解村民自治发展的脉络。当然，这并不意味着漠视外在的影响，也不会排斥相关理论和方法的运用。持这一观点的学者认为，对中国这个庞大国家，要完全依靠国家的权力来实行治理几乎是难以做到的。为此，就要充分利用亲缘与地缘的关系，利用宗族邻里共同组成一个社会认同体，并通过这一稳定的结构构建更大一层的社会结构。有学者认为，这种团体聚合形成的社会力，不仅能够协调群众权益与政治权力之间的平衡，还能发挥一种社会福利的功能，为团体之内的群众谋取社会福利，使穷苦无依、鳏寡孤独的成员有所依靠。[①]

透过对历史的观察，人们会发现，社区精英在国家与地方社会的治理中始终扮演着重要的角色。对此，张仲礼在《中国绅士》中提到，绅士在本地区的各种事务中发挥了十分积极的作用，他们与政府结成联盟，他们在本地承担许多职责，他们担任官员与当地百姓之间的中介，就地方事务为官员出谋划策，同时又在官员面前代表了地方利益。[②] 杜赞奇围绕这一话题也指出，在 1900 年前后，乡村社会中的政治权威体现在由组织和象征符号构成的框架之中，即权力的文化网络。尽管源自各种组织形式的象征及结构资源被编织进文化网络中的正统权威结构，但乡村社会中最直接而且最典型的权威则体现在宗教和宗族组织之中。[③]

1949 年以后，随着新的意识形态合法地位的确立，村庄精英的产生与评价标准发生了根本性的变化。正如学者们所指出的，“在一个不算很短的历史时期内，乡村精英的评价与遴选标准，从昔日注重财富和文化的积累，转变为了贫穷与革命……从传统的社区公共与行政性权力发展为一个政社合一的，囊括了村庄政治、经济、社会和文化事务的全能性权力组织。这一变化来自宏观层面的国家推动，其中，党政权力体制的形成和权力对经济与社会事务的全面控制是促成这一变化的两个最关键因素”[④]。但无论怎样，社

① 许倬云：《大国霸业的兴废》，上海文化出版社，2012。

② 张仲礼：《中国绅士》，李荣昌译，上海社会科学院出版社，1991，第 73 页。

③ 杜赞奇：《文化、权力与国家》，王福明译，江苏人民出版社，1996，第233 页。

④ 吴毅：《村治变迁中的权威与秩序：20 世纪川东双村的表达》，中国社会科学出版社，2002。

区精英的作用都被人们反复提及。

改革开放以后，村民自治的推行由以往自上而下的农村权力产生方式变为自下而上的权力产生方式，其主要表现在：通过现代民主选举程序，由社区内有选举权的选民推选社区领导人。与之相伴随的便是社区精英评价体系的改变，在以经济发展为中心的前提下，经济能力成为能否当选社区领导人的关键因素。但是，随着时间的推移，在村民目睹了由选举产生的领导者种种被人赞同或反对的行为之后，那些个人修养较好、经济能力强、办事公正公平、愿意为社区发展奉献的社区精英，成为村民心目中所期待的领导者。

（二）政治的视角

用非政治的角度分析村民自治的产生及其机理，是很难从深层次阐释村民自治本质的。村民自治作为一种社区力量进入社会民主政治体系，从本质上讲，就是对国家力量的制衡，它在一定程度上也是政治职能的一种体现。基于此，研究者们不断思考，村民自治作为社区人的组织及其力量的集合，在文化属性之外，其政治属性究竟会如何表现？其与内部、外部各方力量是如何相互作用的？它体现了怎样的一种政治过程？它与国家治理的关联又如何？只有在此基础之上，才能真正理解村民自治的本质及其功能。学界普遍认为，在农村的发展中，国家与农村社区并不是二元对立的关系，而是相互渗透、相互依赖的。在西部资源匮乏型社区，社区的发展离不开政府在政策、项目、资金等方面的支持。虽然目前从“输血型”的发展转为“造血型”的发展已是大家的共识，但是，作为资源极度缺乏的西部农村社区，多年来，农村基本公共设施、公共品的提供严重不足。农产品收成受自然界气候影响较大，农产品附加值很低、种植周期长、受市场价格波动影响明显等，这些都为政府加大农村基础设施建设以及农产品生产补贴力度提出了较高的要求。虽然目前国家已经减免了农业税费，但是种植农作物、经济作物所需的化肥、种子、农药等成本逐年提高，水、电、运输等费用不断上涨，这些问题在一些地区仍然导致了人均年收入倒退的现象。

另外，村委会作为正式的权力组织，尽管它是国家权力在村庄的合法代表，但是，它并不完全听任于国家的命令，而是在屡次与国家权力的较量过程中，从本村的实际利益出发，站稳了自己的立场。究其原因，在现有的政治体制中，国家将隶属政府管辖的干部只派到了乡镇一级，而村干部则是从土生土长的农民中选拔出来的，他们的生活必须由自己及村上来解决。虽然他们在某种程度上也隶属于干部系统，但就其基本身份来讲，仍然属于村民社会，更多的是向民众系统倾斜。[①] 正如一位村干部所说的，“我眼下最大的任务就是管理好这个村子，咱不吃皇粮，把村上的事处理好了才是最实在的”[②]。

（三）文化的视角

对村民自治的分析可以是多方面、多维度的，但其中一个很重要的因素不可忽视，那就是传统文化在其中所起的潜移默化，甚至推波助澜的作用。从传统文化的视角来看，村民自治在中国社会的治理实践源远流长、历代不辍，是一种有着深厚历史积淀的“文化现象”。它是中国传统社会治理方式的组成部分，亦是特定历史语境下的乡村文化内涵和精神要素载体。因此，从文化和文化诠释的视角出发，加强对村民自治文化及其文化背景的研究，对探索村民自治的新秩序和新力量具有重要意义。金耀基曾通过关系、人情和面子来理解中国社会结构的社会-文化概念。他认为，在儒家的社会伦理中，个体的“己”作为动态的和反思的实体，处于关系网的中心。除了自然血亲关系（父子、兄弟）之外，各种非自然的关系都被有意识地建立起来，而个体的“己”则成为这个过程

---

① 杨善华：《家族政治与农村基层政治精英的选拔、角色定位和精英更替》，《社会学研究》2000 年第 3 期。

② 高萍：《家族的记忆与认同——一个陕北村落的人类学考察》，博士学位论文，中国人民大学，2012。

的促动者。中国人拉关系的实践，可以说是一项以“自我”为中心建构关系的社会过程。关系的建构一般基于诸如亲族、地域、姓氏之类的“共同特征”，它们是个人借以与不同的个人和群体建立“多元化”认同关系的基石。此外，在中国人建构关系的艺术中，亦即在建立和维持关系的过程中，人情发挥着十分重要的作用。[①]对人情的剖析，使人们能从中国文化的深层结构中去发现社区共同体及其治理的关键要素。

黄树民也透过《林村的故事：1949 年后的中国农村变革》，以更加生动的田野经验回应了文化视角运用的成效。他在书中记录到，“叶书记提到：‘做村里的党支部书记，可不是件容易的事情，经常要面对各方压力，调节各方利益，一不小心就会顾此失彼，一方面，我们还得按照上级的指示，做这个做那个，我们要是不照做，党就当做我们在跟上级的干部唱反调……但在另一方面，在执行党的指示时，难免招致村人不满，尤其是那些惹人厌的运动，像是节育政策，更使人心生怨恨，而运动过后我们还得和他们生活在一起过下半辈子。村民的抗拒使我的工作倍加困难，基于过去的经验，我做事的原则是尽量保障村民的利益，在推行政策的时候，尽量不要走极端。我父亲总是说，持中而行是最安全的。我们这些农村干部每天不论做任何事情都得小心地保持中庸才行。’”[②] 叶书记的回答淋漓尽致地描述了乡村社会中人际交往的智慧。

二　资源匮乏型社区村民自治的运作机制

通常，资源匮乏型社区都面临着基础薄弱问题，物力资本、人力资本、社会资本缺乏，发展举步维艰。要保证社区各项目标与任务的真正实现，必须建立一套协调、灵活、高效的运行机制。下面就资源匮乏型社区村民自治的运作机制作一介绍。

---

① 金耀基：《关系和网络的建构》，《中国社会与文化》，牛津出版社，1992。

② 黄树民：《林村的故事：1949 年后的中国农村变革》，素兰、纳日碧力戈译，三联书店，2002，第 208、209 页。

（一）维护 - 保障

资源匮乏型社区的“维护 - 保障”机制，即指维持与保护村民的生命、财产、权利以及村庄利益等免于遭受他者的破坏。请看下述材料。

1994 年夏季，河水猛涨，无定河源头的一座水库即将垮坝，市里给无定河下游各县都发出了泄洪的命令。西村位于无定河边，该村有一座建于 20 世纪 70 年代的桥，该桥横跨无定河，是西村包括附近十几个村子村民进城的重要通道。因为桥建得太低，县里认为可能会阻塞泄洪，而危及县城，于是，就命令西村炸桥，这一行为遭到了西村人的强烈反对，因为炸了这座桥会给村民们带来交通上的极大不便，而县上又财政困难，想让他们出资给村上建座新桥，几乎是不可能的。于是，西村人就联合了附近的村民，与县上派来的武警隔桥对峙了长达四天之久。当时的书记兼村长作为西村的主要代表与县上进行了谈判，最终达成协议：如果遇到险情，村上立即炸桥，但同时，县上答应协助西村建一座新桥，并且，预付了 1/3 的修建新桥的资金。最终，洪水退去了，桥也保住了。之后，县政府、村集体与村民三方共同集资 30 万元，将该桥加高了。

问题化过程是一种造势的策略，也即抗争者所说的“非要扯出动静，往大里扯，往危言耸听里扯”。在与外界进行利益博弈之时，社区内的农民常常如斯科特所认为的，日常形式的反抗如偷懒、装糊涂、开小差、假装顺从、偷盗、装傻卖呆、诽谤、纵火或怠工等这些被称为“弱者的武器”，隐蔽的、不直接对抗权威是其重要特点。[①] 而同时，面对重大的社区利益问题，村民们也会突破个体抗争的界限，利用群体的优势来进行抗争。在这里，“法不责众”成为行动者规避风险的心理支持。按照应星等人的描述，在具体实践中，农民的抗争目标总是以具体而明确的问题方式提出

---

① 詹姆斯 · C. 斯科特：《农民的道义经济学（东南亚的反叛与生存）》，程立显、刘建等译，译林出版社，2001。

来，这就有一个“问题化”的过程，即农民要使自己的具体问题被纳入政府解决问题的议事日程之中，就必须不断运用各种策略和技术将自己的困境建构为国家真正重视的社会秩序问题。按照村民的心理，只有发生足够重大的“问题”时，其要求才可能为上级重视并得以满足。[①] 在这里，村委会作为有着双重身份的组织，对内要维护村民的利益，对外要完成国家安排的各项任务，在村子与外界发生冲突之时，则又要权衡利弊，作为中间人周旋其中，以此来维护与保障农村社区的正常运行。

（二）整合－控制

“整合”即将零散的要素组合在一起，并最终形成一个有价值、有效率的整体。“控制”即根据组织的计划和事先规定的标准，监督检查各项活动及其结果，并根据偏差或调整行动或调整计划，使计划和实际相吻合，以此来保证目标的实现。

2002 年，在修西安到榆林的铁路过程中，所经过的米脂段需要征用西村 160 多亩地，每亩补偿 3000 元，这样，西村就得到了 40 多万元的补偿。但据村民们讲，这个价钱给得太低了，可是依照国家的征地政策，他们也没有别的办法。后来，在铁路修建的过程中，村民们得知，铁路的修建将会切断村子通往县城的道路，这样，村上就提出了让铁路施工部门为村民修建一个涵洞以便通过的要求，可这遭到了铁路施工部门的反对。后来，村民们有序地联合起来，阻止铁路的施工。迫于压力，铁路施工方答应了村民的要求，并且为村上支付了 55 万元的补偿金。

目前，我国农村社区结构发生了一系列显著的变化，主要表现为：以血缘关系、地缘关系、业缘关系等为基础的传统纽带进一步趋向瓦解，契约关系逐步取而代之；终身制的社会职业结构发生了变化，流行性与开放性成为现代职业的特征；强制性的集体活动急

---

① 应星：《大河移民上访的故事：从“讨个说法”到“摆平理顺”》，三联书店，2001，第 317～320 页。

剧减少，人们之间的往来基本上属于自愿的范畴；即使是村上干部，若无私人关系，平日也没有理由来到农民家中，除非遇到婚丧嫁娶等带有仪式性特征的活动；等等。社会结构的急剧变化带来了一系列我们不得不面对的社会后果，如“熟人”社会陌生化、“陌生人”社会常态化、“集体化”社会日渐萎缩、“个体化”社会不断兴起，以上这些都可能造成社区中功利、冷漠、封闭、失信、纷争等病态状况的发生，而这势必会影响到家庭的和谐、邻里的和谐、社区的和谐，甚至社会的和谐。① 可以说，以上所有这些都对我国农村社区的管理提出了新的考量、新的要求和新的挑战，在此，社区整合与控制机制的作用就体现了出来。对社区总体发展的引导，不仅体现在对社区成员需求的满足，还体现在对社区秩序的建立与维护上。村规民约的修订与执行、社区干部个人素质的高低、社区内的道德约束力、社会舆论的正面导向都将成为缩小社区分裂、实现社区整合的重要因素。

（三）需求－动力

“需求”即需要、要求，多用于人的主观愿望。“动力”则比喻推动工作、事业等前进和发展的力量。斯科特在《农民的道义经济学》一书中，曾勾勒出挣扎于生存线之上的农民的基本生存伦理与行为逻辑。面对各种自然因素和社会因素所带来的生存压力，农民将首先诉诸生存取向而非利益取向，这构成了农民生存理性与资本主义经济理性的最大差异。他指出，支配小农经济行为的主导动机原则是“安全第一”“极力避免风险”以及“在同一共同体中，尊重人人都有维持生计的基本权利和道德观念”。在这种状况下，农民在竭尽全力保障自己生存的同时，也创造和维持了自身的贫困。

2005 年，因修一条子洲县到米脂县的公路，县上以每亩 2.4 万元的价格征收了西村 64 亩地，但村民们一致认为这太少了，于是，他们多次呼吁县上能够提高价格，可都遭到了失败。据说，在

① 于建嵘：《利益博弈与抗争性政治——当代中国社会冲突的政治社会学理解》，《中国农业大学学报》（社会科学版）2009 年第 1 期。

该公路修建开工的前夜，村干部们召集了各个生产小组的组长，认真部署了阻止公路开工的方案。尽管第二天县政府、检察院和法院等都派人到了施工现场，以保证施工的正常进行，然而，西村人还是用摩托车、三轮车等挡住了准备施工的推土机和铲车。后来，县上只好派了十几名县级干部到村里做说服工作。因为西村土地日渐减少，人口增长过快，而县上又一直不同意给过多的家庭批下宅基地，所以，通过村民们这次据理力争，最终，县上给村里500多个家庭批下了宅基地。①

在中国的传统社会中，土地是农民最主要的生活依靠，并且在生活困顿之时，人们往往依靠血亲以及乡邻的接济帮助渡过难关。在村庄的社会关系中，人们通过彼此之间的互助和在“熟人”社会中树立声望，来为自己谋求更大的生存空间。这些在一定程度上维持了农村社会的稳定，同时，也形成了农村社区保守的文化特质。②

目前，我国经济社会得到了快速的发展。农村社区的需求主要分为以下三个层次：一是提高农民收入，摆脱贫困；二是农村社区公共品的提供，如基础设施的建设与社会保障的健全；三是精神生活水平的提高。以上三个层次的需求，正是引发农村社区行动的动因所在。

（四）参与 – 调适

“参与”即指参加事物的计划、讨论与处理。“调试”则指对冲突情境加以适应的状态或过程。自《村组法》实施多年以来，我国的选举程序不仅在理论上，而且在实践中都有了重大的进展。然而，在我国的很多村庄，民主决策、民主监督、民主管理目前还远远不像民主选举那样令人瞩目。比如，是否实行民主决策、

---

① 高萍：《家族的记忆与认同——一个陕北村落的人类学考察》，博士学位论文，中国人民大学，2012。

② 于建嵘：《利益博弈与抗争性政治——当代中国社会冲突的政治社会学理解》，《中国农业大学学报》（社会科学版）2009年第1期。

民主监督、民主管理，主要取决于村“两委”的干部，尤其是村委会主任或村党支部书记。直到近年来，随着媒体的快速传播、村民权利意识的增长、对外交流的日益增多，我国有些农村社区才开始出现“依法维权”的现象。我们可以通过下面一则新闻了解此种情况。

> 本报讯（记者张小刚）尽管西安市未央区北李村罢免村主任因种种原因一波三折，但在汉城街道办的指导下，17日晚，再次举行了罢免大会，村民投票成功罢免了现任村主任。
>
> 17日下午，原先拟定主持罢免大会的村委会委员李全省终于来到会场，并书面提出放弃担任主持人。前来会场指导罢免大会的汉城街道办事处党工委副书记向永喜和其他工作人员经过协商，在征得另一位村委会委员樊金龙的同意后，决定由他担任主持人。在樊金龙的主持下，现场顺利数票、盖章。
>
> 下午4时30分，樊金龙宣布罢免投票大会开始。等候的村民排队领票，有的村民在领了票后，进入会场旁边的私密划票处写票。一直到晚上7时30分，投票才结束。
>
> 投票结束时，天色已黑下来，为了保证大会顺利进行，街道办事处工作人员临时为会场装上两盏照明灯。在灯光下，现场开始唱票、计票，全部过程都在数百名村民的注视下进行。
>
> 经过统计，现场共收到罢免表决票376张，其中359张同意罢免，5张不同意罢免，另有12张废票。按照罢免村主任的条件，同意罢免的表决票超过有选举权村民半数罢免才有效，北李村有选民资格的村民共523名，359名同意罢免，超过半数。主持人樊金龙现场宣布罢免成功，这时已到了晚上9时。
>
> 罢免村委会主任在北李村是第一次，在村民中间引起了强烈反响。村民樊改山用DV机对整个罢免过程进行了录像，准备作为村史资料保存下来。村民李峰说，罢免程序对村干部的

作为会有一定的约束力，村民可以选你上来，也可以把你“选”下去。

此前，北李村150多名选民联名要求罢免现任村主任，按照《村组法》，有超过1/5的选民提请罢免村委会委员，就必须启动罢免程序。据了解，罢免结果还将报送上级民政部门备案。

从以上材料中可以看出，出现罢免这种结果，主要源自村民与村委会主任之间的沟通破裂，双方未能就某事达成一致。这种情况部分是由于村主任大权独揽、没有为村民提供参与决策的平台、涉及社区集体资源及发展的重大事件不与村民协商、作出的决策违背了村民的意愿等。因此，为村民提供参与决策的平台，提供表达个人意见的场所，实施提出、质疑、解答的程序，是目前村民自治中应该重视的环节。

小结：关键议题

（一）社区共同体关系的建立及其策略

美国文化人类学家R. M. 基辛认为，自有了社区，“人类存在于地球上的99.9%的历史是以小型社区生活为特点的，而亲属、朋友及邻里的亲密关系又是小型社区社会生活的主体”①。我国传统的农村社会是一个“熟人”社会，社会秩序的维系也是以农村社会特有的社会网络，如亲族网络、近邻组织、民间组织为基础的。这些社会网络往往承担着一定的社会功能、传递着某种社会关系，每一种社会关系又都是一种社会资源。往往在社区生活之中，一个拥有众多社会关系的村民，在面对生产、生活中遇到的日常性和突

① R. M. 基辛：《文化·社会·个人》，辽宁人民出版社，1988，第561页。

发性事件之时，要比没有这么多社会关系的村民能够更好地应对。

在学术史上，曾有许多学者对我国乡土社会中的社会关系作过研究。如费孝通先生在《乡土中国》一书中，就提出了“差序格局”这一极为重要的概念，用以说明中国传统社会中的社会结构和人际关系特点。他提出，“我们的格局不是一捆一捆扎清楚的柴，而是好像把一块石头丢在水面上所发生的一圈圈推出去的波纹，每个人都是他社会影响所推出去的圈子的中心，被圈子的波纹所推及的就发生联系”①。“差序格局”这个概念揭示出，中国社会的人际关系是以己为中心逐渐向外推移的，它表明了自己和他人关系的亲疏远近。在这里，造成和推动这种波纹的“石头”是以家庭为核心的血缘关系，而“血缘关系的投影”则是地缘关系，中国传统社会的人际关系就是以血缘关系和地缘关系为基础的，这样的一种人际关系结构在人们的生产、生活中承担了生产经营、生育繁衍、维系保护、教育濡化等功能，同时也模塑了人们的心态性格与价值取向。

“差序格局”这一概念的提出，对后人认识和分析中国乡村社会关系无疑具有开创性的意义，此后学者们如陆学艺对行仁庄的研究②、王铭铭对闽台几个村落的研究③等，也指出了血缘网络在农村社区生活中的重要意义。然而，自 20 世纪 80 年代以来，伴随着农村经济体制的改革和乡镇企业的发展，我国相当一部分农村开始了现代化进程。正是在这样一个社会变迁的背景之下，乡土社会的差序格局发生了极大的变化：在一些地区，姻缘关系与拟似亲缘关系渗入了差序格局，导致了差序格局所包括的社会关系范围的扩大。与此同时，“利益”成为差序格局中决定人们关系亲疏的一个重要维度。

---

① 费孝通：《乡土中国：生育制度》，北京大学出版社，1998，第 26 页。

② 陆学艺：《内发的村庄》，社会科学文献出版社，2001，第 193 页。

③ 王铭铭：《村落视野中的文化与权力（闽台三村五论）》，三联书店，1997，第 142 页。

比如，阎云翔在对下岬村村民关系的研究中发现，下岬村的姻亲要比族亲更重要，他提到，“当人们有余地选择跟谁结盟时，姻亲关系而非族亲更佳”[①]；陆学艺的研究发现，姻亲关系在个人与家庭生活中占据重要位置，特别是在翁婿家庭之间以及夫舅之间，这种联系更为密切[②]；张庆国以个案为例，论证了姻亲关系的地位正在不断上升，在农村生产合作中，姻亲合作的比例正在不断增加。[③]

折晓叶在《村庄的再造》一书中指出，乡土社会中的合作模式是建立在“利、权、情”三者交织基础之上的一种相对封闭的“内合作体系”，而工业化进程的加快则扩展了村庄的经济活动，发展出了一种“拟似家族”的连带关系与网络，用来扩大“外合作体系”。“利、权、情”维系的动态合作圈子的建立显示了，原有乡土社会中以差序格局为基础建立起来的公共秩序在农村现代化过程中的适应性与改变。[④]

王思斌于20世纪80年代在河北家族性工副业生产中的实证研究发现：首先，80年代以来，伴随着农民家庭生产功能的恢复与加强，农村中的亲属关系出现了强化与紧密化的特点，但随着农村社会的现代化，农村亲属关系的紧密程度则有了一定程度的减弱；其次，经济利益成为亲属家庭联系的重要纽带，亲属家庭走到一起除了沟通感情以外，更主要的是为了生产上的有效合作与经济上的互利；最后，人们与姻亲有了更加广泛的合作。[⑤]

以上研究表明，在我国广大的农村社区中，人们经常动用的社会关系不仅涵盖了父系继嗣形成的宗族群体，也容纳了由婚配构成

---

① 阎云翔：《礼物的流动》，上海人民出版社，2000，第113页。

② 陆学艺：《内发的村庄》，社会科学文献出版社，2001，第192页。

③ 张庆国：《现阶段中国农村血缘与姻缘博弈现象探析》，《许昌学院学报》2003年第8期。

④ 折晓叶：《村庄的再造》，中国社会科学出版社，1997，第214页。

⑤ 王思斌：《经济体制改革对农村社会关系的影响》，《北京大学学报》（哲学与社会科学版）1987年第3期。

的姻亲群体以及拟似亲缘关系。在这里，需要指出的是，“姻亲”主要指女系亲属家庭，包括母、妻两方面的亲属关系。姻亲进入差序格局包括了两层含义：第一，意味着女系的亲属关系进入了过去只包容男系血缘关系的同心圆中，女系血缘关系也是可以分出亲疏远近的；第二，当姻亲关系进入当代中国农村的“差序格局”时，“互惠”或者利益在决定一方和另一方关系的亲疏中起到了举足轻重的作用，姻亲关系的亲疏受到了血缘关系远近和互惠原则的双重影响。[①] 另外，亲缘关系是信任结构建立的基础，容易使人产生信任和亲密度，同时，也是实际获得资源的重要途径。拟似亲缘关系实质上是一种“感情 + 利益”的关系，它指的是通过认同宗、认干亲、拜把子等形式，将原有的业缘关系（正式）转换为一种类似血缘的关系（非正式），进而希望以此来发挥乡土社会中这种由“亲”而信的担保作用。

不难看出，自 20 世纪 80 年代以来，姻亲关系、拟似亲缘关系等的渗入，无疑丰富和发展了“差序格局”的范围与内涵。然而，在农村社区共同体中，不论是经济实力较强的东南沿海地区，还是经济实力较弱的西部地区，作为“差序格局”基础的血缘关系和地缘关系，仍然在当代中国农民的社会关系中占有重要地位，尤其在西部资源匮乏型社区，村民们与市场发生关联的频率并不高，这样，传统社区中的一些人际关系与治理规则等更容易得到保留。这主要表现在：①尽管一些农民已经进城打工，然而，他们的根仍然深深地扎在乡土社会的血缘与地缘关系之中，流动的农民处于离土不离乡的状态[②]；②在一些农村社区，尽管中青年精英在社区治理中越来越受重视，但是，很多家庭与地方事务包括婚丧嫁娶、民间信仰之类仍然需要民间传统精英的权威来统摄；③在西部农村社

① 杨善华、侯红蕊：《血缘、姻缘、亲情与利益》，《宁夏社会科学》1999 年第 6 期。

② 周运清：《中国农耕经济变革与乡土社会结构转型的推进》，《社会科学研究》1999 年第 6 期。

区，现代法治的健全与完善还需要一个过程，目前，在一些村庄事务的处理中，传统的礼教与现代法制并存，比如，当社区发生人际关系冲突时，村民们往往习惯于以伦常为确定是非的标准等。

（二）传统文化对社区治理实践的启示

任何一个事物的发展都离不开历史文化传统对它的影响，“传统从来就是一种现实的力量，它既记录在历代典籍之中，也活在人们的观念、习俗与行为方式之中，并直接影响着各项制度的实际运作过程，不管这些制度是用什么样的现代名称”①。我国目前实行的“基层群众自治”制度，其通行的政治与伦理也不全是纯国家意志的表达，而是掺杂了历史文化传统的诸多因素。前面已经提到，我国传统农村社区是以血缘、地缘等为纽带联结起来的初级社会，他们的社会关系（亲戚关系、邻里关系、朋友关系等）是自然而然形成的，通常人们为了生产、生活和安全的需要，相互照应、相互协作，形成了互助分享、礼让友爱、包容关怀与同情支持的道德风尚。在这样的社区中，团结、互助、包容、关怀已不是空洞抽象的概念与理论，而是日常生活和劳作中的一种具体而切身的心灵感受；人们不一定具有所谓“人人为我，我为人人”的明确意识，但它确实存在于人们朴实自然的心态之中。目前，深入挖掘与利用这些优秀的传统文化资源，将对社区治理产生重要的意义。

宗族文化。

传统乡村社会主要是依靠宗族组织来完成和实现乡村治理的。首先，宗族倡导的劝善惩恶、兴利除弊、经营族业、维护公益、济贫扶困，将会在社区治理中对村民发挥相互认同、相互帮助与相互保护等作用。其次，强有力的族规家法，将会有效地约束族人内部的争斗及少数人的越轨，这在相当程度上维持了农村生产和生活的基本秩序。目前，在西部资源匮乏型社区的治理中，以宗族组织为依托，充分利用乡村血缘、地缘的优势来解决民间纠纷，或者发挥

---

① 曹锦清：《黄河边的中国·前言》，上海文艺出版社，2000，第2页。

乡村传统公序良俗的规范作用具有重要的意义。最后，宗族不仅是一种意识、一种制度和组织，还是一种经济组织。当前，宗族组织可以作为一种为其宗族成员提供社会关系网络资源的功能组织而得到发展。它可以是村民们用来整合家族利益的组织手段，为其成员提供有利于竞争的社会资本，还可以通过对现代社会中组织资源的吸纳，来增强集体行动的能力和扩大与其他利益主体博弈时的筹码。对于宗族文化，如果能够善加引导，对提高村民的内聚力、强化农民的组织化程度和组织意识、培养农民的集体主义观念等不无裨益。

村规民约。

村规民约是乡民在长期的生活、劳作、交往和处理利益冲突的过程中形成的，它在教化乡里、邻里互助、治安管理、移风易俗、促进乡治、劝善惩恶等方面都有一定的实效。尽管目前国家政权的触角早已进村入户，然而，村规民约作为我国的历史传统，仍然为我们提供了一种宝贵的历史经验。我国农村各方面的状况比较复杂，单靠国家制定的各项法律显然不足以应付广大农村纷繁复杂的社会关系，也难以满足村庄治理的实际需要。因此，除了国家制定的各项法律，村规民约中的优秀文化还可以作为村级治理的民间法依据。和国家具有强制性的法律规范相比，村规民约在执行方面具有一定的优势。因为村规民约是在一个人的社会化过程中被不知不觉灌输形成的，所以在对传统规范的认知及其应用上，可以在很大程度上减少成本甚至是零成本。另外，和国家法律相比，村民更加容易接受传统规范的解决之道，它可以使人信服，因为传统习惯和制度是人们自身所熟知的，并且被认为是理所当然的。在一个社会成员都知道规矩的场域中，当事人是不会冒天下之大不韪而抵制传统的。村规民约正是以这些优势成为乡村社会治理中不可或缺的因素的。

民间信仰。

民间信仰是建立在某种共同情感、道德、信仰或价值观念基础之上的。首先，它通过教义、教规来规范与约束人们的行为，在一定程度上充当了评判人类行为、目标、理想、观念，甚至社会道德本身的标杆，起着凝聚人心、整合与稳定社区的作用。其次，民间信仰要求信徒克己、利他、行善、乐施，并且最终通过惯例、习俗、礼仪等形式固化为文化的形态而存在于社区之中，或者潜移默化为村民的心理习惯和日常行为，或者强制、制约社区成员或组织的行为模式，从而使得社区秩序变得井井有条。再次，民间信仰是“社会良性运转的非正式制度保障，它所发挥的作用与众多的制度保障是同样的”[①]。在国家农村保障体系还不能覆盖到边远农村地区的时候，民间信仰的社会保障功能在一定程度上弥补了政府力量的不足，有效地起到了稳定乡村社会的作用，尤其在西部资源匮乏型社区就更是这样了。最后，民间信仰通过举行一些仪式与活动，如婚丧嫁娶、祭祀祖宗、酬谢神灵、耕种祈雨等，加强了社区成员之间的团结，扩大了社区成员之间的联系，实现了社区成员之间的互相协调与沟通，为解决农村集体行动的困境创造了可能。

优秀、健康、正面的传统文化是社区治理过程中的“强力剂”。从以上对宗族文化、村规民约和信仰文化的简单介绍中可知，许多优良的民间文化可以作为乡村治理的传统本土资源来对待并加以吸收和利用。我们可以从梳理农村传统文化根基开始，努力寻找现代社区治理与农村传统文化的契合点，将传统文化的精华成分与当代生活对接，使其既从乡村的土壤中萌发，又能在一定程度上指导当下的社区生活。需要指出的是，我们在充分吸收民间传统文化资源的精华与发挥民间传统文化资源的作用时，要特别注意其与国家倡导的主流文化的兼容性，使其不要与国家的现行法律与道德观念相违背、相冲突，这样才能真正地对乡村治理发挥积极的推动作用。比如，我们要充分考虑对宗族组织的引导与协调，使宗族组织的内在优势发挥出来，使其实现辅助乡村社区治理的功能与价

---

① 张剑：《关于我国民间信仰问题的理论政策思考》，《中国宗教》2007 年第7 期。

值。另外，村规民约应当与国家的法律及其立法精神相一致，不得有宣传迷信思想、鼓动违法乱纪等内容。[①] 在使用和借助村规民约调解纠纷、稳定农村社区的过程中，也要学会批判地继承其中有关序人伦、循义务及教亲敬长、当仁不让等有益的内容，坚决摒弃其中的糟粕与毒素。

① 刘武俊：《法律如何下乡》，《中国国情国力》2000 年第 9 期。

第五章　西部资源匮乏型社区村民自治的效能：社会资本积累

社区治理不仅要满足人们的物质需求，更要满足人们的情感需求，尤其是在认同感、归属感、安全感、舒适感等方面。农村社区是基于亲缘、地缘关系组成的共同体，社区成员极为重视情感需求满足，相应地，社区治理应体现出这一差异性。社会资本与社区治理属于相互支持与强化的关系。一方面，社区治理的成效促进社会资本的增长，社会资本的增长又会强化社区治理的成效；另一方面，社会资本既是实现良性社区治理所依赖的资源，又是社区治理结果的评价指标。

第一节　社会资本与社区治理

近年来，社会资本作为社会科学研究的重要概念和分析工具，被广泛应用于多个研究领域。相比国外相关研究成果，国内学者多注重社会网络分析和社会关系研究，以及城市社区的实证研究，有关农村社区社会资本的研究较少。在本研究中，笔者运用社会资本理论，以西部资源匮乏型农村社区为例，探讨在物质资本、人力资本和社会资本短缺的条件下，社会资本与社区治理效果的关系。

（一）社会资本及其构成

一般意义上，社会资本是一种可以增进集体行动能力，减少人际互动过程中因投机而产生的交易成本，是嵌入社会关系和社会结构之中的行动资源。[①] 在西方学术界，将社会资本概念运用于社区发展的实证研究，始于20世纪90年代初美国哈佛大学教授帕特南对意大利北部社区的实证研究，他认为，社会资本对促进社区政府管理和社区经济发展具有关键性作用。[②] 帕特南提出，社会资本是普通公民的民间参与网络，以及体现在这种约定中的互惠和信任的规范。在关于意大利不同地区民主制度绩效的对比研究中，帕特南认为在那些制度绩效高的社区，存在着许多社团组织，那里的人民关心公共事务，遵纪守法，相互信任，社会的组织和参与方式是横向的、水平的。相反，在制度绩效差的地区，人民极少参与社会活动，在他们眼里，公共事务就是别人的事务，他们互不信任，社会生活是按照垂直的等级制组织起来的，腐败和违法乱纪是家常便饭。他进一步提出，社会信任长期以来都是伦理道德的核心，它维持了经济发展的动力，确保了政府的绩效。在复杂的现代社会中，社会信任能够从这样两个相互联系的方面产生：互惠规范和公民参与网络。在意大利公共精神发达的地区，公民参与网络增加了人们在任何单独交易中进行欺骗的潜在成本，培育了强大的互惠规范，促进了交往及有关个人品行的信息的流通；公民参与网络也体现了成功合作的传统，并且在这一网络中有充满文化特质的共享平台，以后的合作交往可以依托于此。[③] 在帕特南的论述中，正式或非正式的社会组织、互惠规范和信任是社会资本的核心要素，影响了地区治理的绩效。同时，他也认为，建立社会资本并非易事，社会环

---

① 刘春荣：《国家介入与邻里社会资本的生成》，《社会学研究》2007年第2期。

② 文军、张赛军：《社会资本与社区脱贫——对社会资本独立性功能的分析》，《西北师大学报》（社会科学版）2006年第3期。

③ 帕特南：《使民主运转起来》，王列、赖海榕译，江西人民出版社，2001，第203~204页。

境和历史、制度都会对此产生深远的影响。

在帕特南眼中，社会资本的内容包括“结构性社会资本”和“认知性社会资本”两个方面。结构性社会资本相对客观，以一种可见的形式出现，群体的有意识行动能够对其进行设计和改进，通过依靠规则、程序和先例建立起来的角色与社会网络，来促进共同受益的集体行动。由于它是一种外在的表现，故可以直接观察到，而且容易改变或修正。而认知性社会资本更为主观，主要反映人们的想法和感觉，是在共同的规范、价值观、态度与信仰的基础上，引导人们走向共同受益的集体行动。它内在于个人，常留在人们的头脑中，较难改变。[①] 在社区资本层面能够折射出结构性和认知性的特征，一方面农村社区内部依照传统习俗、民族文化及地方性知识建立起社区成员的互动网络，发挥一种集体互助效应；另一方面社区成员的主观想法和个体感受会凝聚成一类地方性知识——价值意识共同体，这些因素会激发和驱使每个成员个体采取行动。

与帕特南的研究角度不同，边燕杰从个人层面，通过观察中国城市生活，提出了个人社会资本的操作化定义。他认为，个人社会资本包括四个方面。一是网络规模大。比起小网，大网的关系多，信息和人情桥梁也较多，占有社会资本优势。二是网络顶端高。每个人拥有的网络中的他人都有一定的权力、地位、财富、声望，按任何标准排列起来都会形成一个塔形的结构。网顶高，就是网内拥有权力大、地位高、财富多、声望显赫的关系人，比起网顶低的网络，蕴含的资本量大。三是网络差异大。网内人从事不同的职业，处于不同的职位，资源相异，影响所及互补。比起差异小的网络，网差大，所潜藏的社会资本质量就大。四是网络构成合理，与资源丰厚的社会阶层有关系纽带。这个定义强调了社会资本即社会网络资源的观点（网顶、网差），也包含了网络关系（网络规模）和网

---

① 赵延东、罗家德：《如何测量社会资本：一个经验研究综述》，《国外社会科学》2005 年第 2 期。

络结构（网络构成）的观点。关于社会资本变异性的影响因素，边燕杰提出了阶级阶层地位解释和职业交往解释。阶级阶层地位将影响人们的社会交往方式和范围，从而影响其社会网络大小、网顶高低、网差大小、网络构成，即影响人们的社会资本质量。职业的科层关联度和市场关联度，是影响人们社会网络规模、网顶高低、网差大小和网络构成的机制。换言之，职业的科层关联度和市场关联度越高，在职者的社会资本就越强。[①] 他的相关调研，支持了他的相关假设。回到个人的社会资本层面，从网络规模来看，社区是一个相对稳定的社会空间，个人的社会资本数量比较稳定，无论是对社区精英还是社区成员皆是如此；从网络顶端来看，社区精英总是处在网络顶端的位置，占据更多的经济社会资源，拥有超过常人的权力和财富，与社会上层和下层都有联系，属于社区网络的关键节点；就网络差异来说，社区网络内精英和成员从事职业的异质性较低，两类群体处于不同的职业位置，所含的社会资本质量有所差别，而且社区精英的网络更具延伸性和拓展性，向外的社会网络更为复杂和多样；在网络构成方面，社区精英与社区成员的网络类型更趋多元化。

笔者通过对社区组织发展现状及对社区治理影响的调研发现，目前农村社区组织功能发挥差异较大，村民与村干部之间的信任关系也大为不同，主要的影响因素在于村干部社会资本（社会网络、网顶、网差、网络构成）与个人道德品质，包括村干部办事公平、公正、讲信用等。本文认为，在外部条件、制度供给相似的条件下，村干部尤其是村主任、村党支部书记个人的社会资本和道德素质，深刻影响了社区的信任关系和交往网络，同时也影响了社区治理。当村干部社会资本大，个人道德品质高时，社区的治理效果好，反之，治理效果差。治理的效果反映在物质方面（社区公共

---

① 边燕杰：《城市居民社会资本的来源及作用：网络观点与调查发现》，《中国社会科学》2004 年第 3 期。

实施建设项目、村民收入等)、社会方面(村民对社区事务的参与、对村干部安排任务的接受程度等)、认同方面(对村“两委”工作的满意度等)。为提高社区的社会资本和治理成效,在民主选举中,选民更注重竞选者的社会资本和道德品质。

(二)社会资本及其积累

社区治理中的社会资本积累包括集体性的社会资本的积累、个体的社会资本的积累,以及个人的社会资本对集体社会资本的影响。

集体性社会资本的积累是长期互动合作的结果。就像常规资本一样,那些拥有社会资本的人往往会积累更多的社会资本,“拥有者得到的越多”。大多数的社会资本形式,如信任,也就是阿尔弗雷德·赫希曼所说的“道德资源”,如果使用它,会增加而不是减少自身的供给;如果不使用它,它就会消失殆尽。其他的社会资本,如社会规范和网络,也是如此,使用增加了供给,搁置不用则会减少供给。正是由于这些原因,我们可以设想用良性和恶性循环,来标示社会资本的产生和毁灭。社会资本,如信任、规范和网络,一般说来都是公共用品,“社会资本并非是任何从中获益者的私人财产,这是个人寄身期间的社会结构的一个特征”。社会资本与其他形式的资本不同,必须常常以其他社会活动的副产品形式出现。信任是社会资本必不可少的组成部分。[①] 社会资本体现在多个领域:农村社区在很大程度上继承了传统社会的内在特征,人与人之间互动交往显得较为密切,社区成员相互信任的程度也较高,以此作为前提,社区治理的成本会明显降低。

个人与个人之间、个人与团体之间、团体与团体之间,常常需要合作。但是,在这些情形下,明确的“协议条款”和“监督”

---

① 帕特南:《使民主运转起来》,王列、赖海榕译,江西人民出版社,2001,第305、306、199页。

通常代价高昂或是难以做到，而第三方执行又不切实际。在一个共同体中，信任水平越高，合作的可能性越大，而且合作本身会带来信任。合作所需要的信任并不是盲目的，信任意味着对独立行动者的行为有所预测。在小规模的紧密相连和共同体中，这种预测可以建立在伯纳德·威廉斯所说的“厚信任”之上，也就是因对当事人熟悉而产生的信任。[①] 在农村社区的日常生活场域中，社区精英和成员都会不断经历面对面地“打招呼”，闲暇时间“串门”“拉家常”等互动场景，人与人之间的联系更显深厚，“熟悉”与“陌生”的生存状态由此显现，信任的厚薄实际内外有别。

在农村社区共同体中，人与土地捆绑在一起，流动性很低。同时，由于农业自身的特点，受地理、天气等环境因素的影响较大，在耕种、收获等农忙季节需要大量人力，自古形成了亲戚、朋友、邻里之间互相换工，借农用工具、牲口等合作形式，相应地还有依附于这些关系之上的彼此间馈赠礼物、生老病死、婚丧嫁娶、修建公共设施等方面相互帮忙的现象，由此产生的彼此间的关系长久且密切，每个人对村内其他人的性格、品质及能力等都很了解。这种了解，可以基于自身与他人的交往而得出结论，也可以基于他人的转述。虽然近年来由于行政村合并、扩大，村内外出打工人员较多，过于注重经济利益而导致人情疏远等，人与人之间的熟悉程度大幅降低，但是总体上讲具有帕特南所描述的信任、互惠的规则及自然生成的交往网络。这是源于传统民间的、自发形成的社会资本。在关于农村治理的研究中，常认为宗族是阻碍农村治理的因素，但是这种宗族、血缘关系也被看作传统社会中社会资本的一种形式，形成群体内的“厚信任”。但是，由于它过于注重小团体的利益，边界明显且不易进出，因而未能有效地形成参与网络来支持行政村的整体合作。

---

① 帕特南：《使民主运转起来》，王列、赖海榕译，江西人民出版社，2001，第305、306、200页。

帕特南认为，亲属关系在解决集体行动困境中具有特殊的作用。在某些方面，血缘纽带可与横向的公民参与相媲美，但是家庭更为普遍，在商业革命的初期始终具有重要作用。具有讽刺意味的是，恰如格拉诺威特所说，在维系共同体的团结和支持集体行动方面，“强”人际关系（如亲朋好友）要比“弱”人际关系（如熟人和二级组织的共同成员）重要性小。[①] 农村社区的社会资本的积累，可以利用共同体中传统的互助、血缘宗族之间的合作联结，推而观之，在内部建立合作组织。在与外界的交流中，帕特南提到，在现代的复杂社会里，社会信任能够从互惠规范和公民参与网络中产生。而规范是被灌输出来的，是由模式、社会化（包括公民教育）和惩罚来维系的。[②]

个体性社会资本的积累，其基础是人际关系，即个人在一定的关系之中，以及个人在关系中取得资源的能力。在社会资本动员模式中，林南明确指出这是一个分两步做的过程。第一步，社会行动者首先加入到资源丰富的社会网络之中，获得潜在社会资本的优势。第二步，这些行动者通过有意识的行为去动员这些资源，从而实现其预期目标。潜在的社会资本不一定被动员。边燕杰所提到的关系社会资本，有相对的三个要素：强关系纽带的特殊性、功能复用性、频发义务性。三个要素的特征包括：特殊纽带，指高度个性化、富有亲情，或拟亲情色彩的强关系纽带，特殊纽带靠情感维系，通过重复的人情交换得以发展；复用纽带，指同一条关系渠道为相关双方提供多种不同的功能；义务纽带，义务就是关系双方承担相互关照、协助、互惠的责任，在中国，互惠义务特别深、工具性特别强，并且是频发的。[③] 依据以上的

① 帕特南：《使民主运转起来》，王列、赖海榕译，江西人民出版社，2001，第205页。

② 帕特南：《使民主运转起来》，王列、赖海榕译，江西人民出版社，2001，第201页。

③ 边燕杰：《论关系文化与关系社会资本》，《人文杂志》2013年第1期。

定义，在农村社区，个体性社会资本的积累，依靠个体的人际关系，通过投入各种资源，如情感、物质等，在日常和重要时刻不断重复地建立、维护和发展，这种人际关系圈，包括通过血缘、地缘、业缘等，逐渐形成以自我为中心的呈“差序格局”状的社会资本。

个体性的社会资本对个人的发展来讲是一种潜在的资源，在农村社会中，依据个人社会资本的质量及运用情况，形成了农村社会的精英阶层，如何利用农村精英的社会资本为社区的发展提供动力，个人品质是其中的关键因素。社区作为一种共同体，其领导人必须对他们的同胞公民负责。绝对权力和毫无权力都必然导致堕落，因为二者都是不负责任的情感。农村社区精英走向“前台”之前，必须依靠个体性社会资本，加强人际互动和信任度，对社区成员来说，社区精英的社会资本减少了农村社区发展的阻力，增加了社区治理的成效。

（三）社会资本在社区治理中的意义

国家在农村施行村民自治，期望通过制度变革，改变农村的政治、经济、社会结构，建立稳定和谐的社会秩序。制度变革确实引起了农村在权力认同、经济意识、价值观等方面的变化，但学者、村民对村民自治的效果褒贬不一。在有的农村社区，我们确实看到了社区领导人在村民自治中的积极作用，而在有的社区，村民怨声载道。在运行良好的社区，帕特南认为社会资本理论中的信任、互惠和合作网络所产生的效果，很好地解决了集体行动中“搭便车”和不合作等问题。

历史上，至少存在着两种不同方向的社会均衡，所有面临集体行动问题的社会，往往都会朝着其中一种方向发展，而且，均衡一旦实现，往往会自我增强。社会资本，如信任、规范和合作网络，通常具有自我增强性和可累积性。良性循环会产生社会均衡，不断形成高水准的合作、信任、互惠、公民参与和集体福利。与此相反，缺乏这些品质的非公共精神共同体，也是自我增强的。在恶性循环的、令人窒息的有害环境里，背叛、采集、逃避、利用、混乱和停滞，在互相强化着。互惠、信任和依附、剥削，都能将社会联结在一起，虽然它们在制度绩效上相差甚远。一旦身处两者中的任何一种，理性的行动者就会受到激励去按规则来行事。[①] 因此，社会资本的积累，可以推动农村社区的良性均衡发展，克服集体行动的困境，提高项目资金的使用效率，激发农民的参与性，促进自发合作等，更重要的是，能够形成良性循环，产生更高水平的互惠规则和合作网络。

第二节　社区社会资本及其作用

根据帕特南的理论，制度绩效高的地区，存在许多社团组织，那里的人们关心公共事务，社会组织和参与方式是横向的、水平的；制度绩效低的地区，人们极少参与社会活动，在他们眼里，公共事务就是别人的事务。[②] 对此，课题组对农村社区组织进行了调研。

（一）农村社区组织

农村社区组织包括政府要求建立的组织，以及村民根据需要自发成立的组织。组织的功能不仅仅体现在能将原子化的个人联系起来，更重要的是通过组织合作，建立值得信任的合作关系。

1. 农村社区组织的类型

近年来，随着村民自治及新农村建设的推进，各种形式的农村社区组织也得到了较快的发展，并逐渐步入繁荣阶段；同时，农村社区组织的自主性也较以前大为增强，特别是村民委员会、专业经

① 帕特南：《使民主运转起来》，王列、赖海榕译，江西人民出版社，2001，第4页。

② 帕特南：《使民主运转起来》，王列、赖海榕译，江西人民出版社，2001，第5页。

济合作社等各种功能的社会组织，已经成为农村社区治理的主要力量。与以前相比，农村社区社会资本的数量和质量都有了明显提高。农村社区组织主要指由农民自发组织，或是在政府的推动和支持下组成的组织，参与主体主要是农民，目标在于更好地实现农民的政治、经济、文化或社会权利。按其性质，农村社区组织，可分为三大类，即政治组织、经济组织、社会组织。农村社区政治组织按《村组法》及政府有关规定成立，主要由村委会、监委会、团支部、妇代会、治保会、计生协会、调解会等组成；经济组织主要由专业经济合作社、中介组织等组成；社会组织主要指除政治组织、经济组织之外的其他农村服务性、公益性、互助性组织。

（1）政治组织。

农村社区目前存在的政治组织，主要以党支部、村委会为主，以团组织、计生协会、妇女协会等为辅，在政府的推动及支持下工作。按照《村组法》规定，村民委员会办理本村的公共事务和公益事业、调解民间纠纷、协助维护社会治安。村民委员会向村民会议、村民代表会议负责并报告工作。村民会议、村民代表会议由村民委员会召集。

在此次调研的农村社区中，笔者发现这类组织基本上机构健全，运转正常，并以党支部为核心，以社区内政治组织为主体开展社区工作，承担着县乡（镇）政府安排的多项工作以及处理农村社区内部或大或小的种种事务，这类组织是农村社区顺利运行的核心力量。但是也有个别社区在选举时，由于各种原因，未能选出村委会主任，因此，村内主要事务由党支部主管，本应由村委会主管的事务就由党支部代为管理。这类社区基本上成为当地的问题村、难点村。村委会等组织的资金来源及村干部的报酬主要来自国家财政转移支付，一般情况下按村民人数多少分为不同等级，每年在 1 万 ~2 万元之间。基层政府主要通过以村委会为主的社区组织，来贯彻国家的法律法规和各项农村政策。在村委会等组织的实际工作中，还包括临时性任务及常规工作。前者如人口普查工作，村委会需要召集村干部，配合有关部门，做好社区内的宣传及调查统计工作；后者如计划生育协会，需要定期向上级相关部门汇报本村育龄妇女计划生育情况，宣传计划生育政策，协助相关部门做好计生工作，还有每年按乡镇政府要求的人口比例收取医疗保险、养老保险费用等此类工作。村委会等组织的工作基本上可以分为三大部分，一部分是完成乡镇政府安排的各项任务；一部分是争取项目，改善村容村貌，建设社区公共设施，发展社区经济等；一部分是社区内事务，如解决村民矛盾、解决纠纷等，大部分的工作主要集中在前两部分。

（2）经济组织。

农村社区经济组织有多种类型，正式的有专业合作组织、专业协会等，这类组织是农民在家庭经营的基础上，依照自愿、互利原则组成的，专业协会需要通过社团登记，专业合作社需要通过工商登记。另外，还有以公司形式在工商部门注册成立、参与市场竞争的，还有以党支部、村委会为主承担对外联系的非正式经济组织。

据陕西省农业厅资料显示，2008 年 6 月，全省启动了农民专业合作社示范县建设工程，开始推进农业专业合作社的发展，2009 年，农业厅共投入 3000 多万元，扶持合作社的发展，并在登记办证、项目安排、资金扶持、税收政策、金融保险、用地用电、人才培养七个方面制定了优惠扶持政策。截至 2009 年年底，在陕西省工商部门登记的农民专业合作社 6237 家，成员总数 48.7 万户，带动非成员农户 95.5 万户，分别较 2008 年增长 76%、257.4% 和 80.9%，加入农民专业合作社的农户比一般农户增收 30% 左右。农业合作社呈现出产业分布多样化、兴办主体多元化、合作领域广泛化的特点，在全省起了示范带头作用。

在多数种植经济作物的农村社区，前期政府引导宣传，进入种植销售阶段后，农户基本上处于分散状态，各自联系客商或找渠道销售。在获取信息和抵御市场风险方面，大多数的家庭式生产难免处于弱势地位。市场经济的风险性，促进了农村民间经济组织的发展，前面提到的农业合作社和专业协会的发展，尚处于萌芽阶段，在广大农村社区还未形成规模。

农民自发的合作也开始呈现出市场化、货币化的倾向，如在农忙时节，互相提供简单劳动力，双方之间可以达成换工协议，属于农村传统互助的一种形式。但是，如果一方需要技术服务，就需要支付给对方一定数额的货币。如果社区种植大面积的经济作物，在农忙时节，会出现劳动力短缺的情况，这时，村民就需要到劳动力市场购买劳动力。信用、契约等现代市场要素，随着农村经济的发展逐渐开始显示出强大的力量。

（3）社会组织。

农村社区社会组织近几年也逐渐发展起来，有的是在村委会组织之下，有的是村民自发组织、村委会配合活动。社会组织的发展更明显地体现出民间化的特征，为满足社区服务、公益功能而成立，如老年协会、舞蹈队、秦腔团、红白理事协会，还有庙会组织等。这些组织通常不需要登记注册。近些年，部分农村社区庙会组织发展得很快，在当地具有较强的凝聚力、感召力。广泛的社会资源和资金筹措能力，都为庙会组织的发展奠定了良好基础。如自20世纪80年代以来，陕北米脂西村的庙会活动逐渐得以复兴，这不仅与国家对民众意识形态领域控制的放松有关，还与深深扎根于民众内心中的民间鬼神信仰有关。如今，在西村庙会成了村委会与家族之外的又一权力中心。①

2. 社区组织的功能

（1）配合基层政府工作。

政府通过村委会对农村社区实施行政管理。村委会及党支部承担自上而下安排的各种行政事务，既包括日常性的工作，也有临时性的任务。在社区运行中，“两委”与基层政府相互依赖，基层政

---

① 高萍：《家族的记忆与认同——一个陕北村落的人类学考察》，博士学位论文，中国人民大学，2012。

府通过“两委”完成上级安排的工作，对农村社区进行管理，“两委”通过与基层政府的良好合作，取得项目及资金。

(2) 为社区获取资源。

农村社区公共品主要包括基础设施建设，如道路、水利工程、能源、电力、生态环境，以及教育、医疗、社会保障等。农村公共品供给的资金主要来源于政府财政，政府有义务和责任提供这些基本服务，还有一部分来自村民集资及投工投劳。农村公共产品资源匮乏、农村基础设施薄弱，严重影响农民生活、生产。贫困地区政府资金困难，而农村社区对公共品的需求很大，因此，跑项目、争取资金成为村主任的首要工作，这也是农民评价村干部是否能干的主要指标，争取资金后，还需要通过一事一议的形式将需要配套的人力、物力、财力上会讨论，决定各家的投入。

(3) 维护社区和谐。

在社区内除村委会及党支部外，还有各种其他类型的组织，不同组织有各自的利益需求。而协调各组织之间的冲突、维护相互的合作，也是社区组织的主要功能。在农村社区，各种组织功能相互重叠，人员组成交叉，相互依存度较高。尤其是近年来兴起的经济组织和庙会组织，提高了农民的组织化程度，实现了社区整合。

(4) 满足社区的差异性需求。

制度变革推动了农村社区社会结构的转变，农民中形成了不同的利益群体。一些民间团体自发地组织起来，反映农民不同层次的需求，这些组织既有新型的经济合作组织，也有恢复传统而建立的民间信仰组织，还有根据兴趣爱好成立的各种团体，如自乐班等。这些组织有自己的机构、人员、规则、集资渠道等，满足了不同的需求。

现在的农村组织，有的是按党政机关相关部门的要求成立的，也有村民根据需要自发组织起来的。对多个村的调查显示，村里民间组织相对较多，但各村参与民间组织的村民数量并不是很多。以各村参与民间组织数量的中位数衡量，有 3 个村子每人参与民间组织数量的中位数是2个，有11个村子的该项数值是1，有6个村子该项数值是0。相对而言，红白理事会、计生协会、妇女组织、调解会、治保会和文艺组织参与的人较多。大家感觉调解会、老年协会、红白理事会、治保会、文艺组织，以及专业经济合作社作用较大。绝大部分人认为，现有组织已经能够满足大家的要求。人们参与的民间组织多数没有书面协议，组织活动的费用主要来自村委会资助，也有村内外捐款或者向会员收取的。在民间组织缺乏的村子，当问及这些组织缺少的原因时，村民认为“没有经费，当然没法组织活动”“各人顾各人，没人出面组织”是主要原因。15个村的村民都有过半数的人愿意成为这些组织的组织者，17个村的村民过半数的人都愿意成为这些组织的参与者。

3. 社区组织在社区治理中的作用

在西部资源匮乏型社区，村民自发形成的组织仍处于萌芽状态，需求较旺盛，但是供给不足，其中有资源匮乏的原因，更与多年来政府关于社会组织发展的政策有关。政府主导型社会组织的发展具有鲜明特点，即政治组织覆盖面最广，与村民生活、生产关联度最紧密及社会关注度最高等。

（1）政治组织：社区治理及社区组织的核心。

在农村社区的组织中，政治组织处于核心地位，对社区的治理产生了举足轻重的影响。其重要性首先来自国家对基层管理的需要。政府对以村委会为主的农村社区政治组织一直采取积极支持的态度，提供相应的法律和制度保障以及资金支持。其原因主要是自联产承包责任制推行以后，“政社合一”的公社体制已不再适合农村社会的管理。1987年8月，中共中央和国务院发布了《关于进一步建立健全村务公开制度，深化农村村民自治工作的通知》，1987年11月通过了《村组法（试行）》，村民自治得到法律确认，并从1988年6月1日在全国试行，1998年正式施行。主管部门民政部就村民自治的具体执行发出多个通知。其中，关于农村政治组织，有关村委会的组织机构、职能等是其中的主要内容，村委会成为国家继人民公社后对广大农村实施管理的主要机构。在村民自治的发展过程中，国家的主导作用依然很强。许惠文认为，快速的经济发展和非国家计划的增长，让国家找到了新的使命："地方国家权力再度出发了，以更为强劲的态势，对刚刚从国家的直接控制解放出来的社会空间，施以规制性的和强迫性的管理"。

村委会既有独立性的一面，又和党政机构有着千丝万缕的联系。独立性体现在村民自治所提出的民主选举、民主决策、民主管理和民主监督上，国家在法律层面对此予以保障。在实施层面，民主选举在广大农村社区已经成为普遍认同的社区领导人产生方式，村干部在村民中也具有合法地位。访谈中，有一位村党支部书记说："村主任是村民投票选出来的，不是上头任命的，他们说话村民就认。"同时，村委会是社区组织与基层党政组织互动的桥梁，村委会与国家基层组织的密切联系、合作"意味着社会和国家双方能够通过合作而获益：一方面，社会中分散的利益按照功能分化的原则组织起来，有序地参与到政策形成的过程中去；另一方面，从这种制度化的参与机制之中，国家权力获得了稳定的支持来源（合法性）和控制权"①。国家对农村社区的治理，主要通过村委会与党支部。国家通过法律确认、资金支持等方式以及传统文化的影响，在农村社区中具有权威地位，对社区治理起到重要作用。

（2）政治组织与其他社区组织的关系。

社区各类组织在党支部、村委会的指导下开展工作。自20世纪80年代国家推行村民自治体制以来，农村社区的工作基本上是在"两委"的主持下开展的，国家对农村的政策、工作安排通过基层政权组织下达到"两委"，由"两委"负责具体实施，可以说，社区政治组织的运行一开始得到来自体制内的认可和支持。每三年一届的村委会选举工作基本上也是在基层政府的推动下顺利进

① 张静：《法团主义》，中国社会科学出版社，1998，第47页。

行的。现在，农村社区发展所需要的资金需要通过“两委”以申请项目的形式获得。“两委”连接着政府与农村社区，占有公共资源。社区的各种组织在党支部、村民委员会这一平台上开展各种活动，获得资金、场地、人员等方面的支持，协调各方关系，实现相互依存和共同发展。

农村社区的三类组织中，其他两类组织——经济组织和社会组织的发展都依靠政治组织的支持。在法律层面，根据民政部、公安部关于村民委员会印章制发使用和管理的规定，村民办理参军、婚姻状况证明、外出务工证明等手续，以及涉及贷款、承包、对外签订合同等重大问题，都需加盖村委会印章。参加经济专业合作社也需要村委会同意，社会组织的成立发展也需要“两委”的认可。在实践层面，在资源匮乏型社区，不仅存在物质资源的匮乏，还有人力资源和社会资源的匮乏。组织发展所需要的资源都属于匮乏状态，而“两委”在社区既有法律地位，也有国家赋予和自身拥有的资源优势，可以提供相应的帮助，因此，也就确立了其主导地位。在周至县半个城村，社区庙会组织的负责人就说：

> 我所做的，都要经过党支部和村委会干部的同意，要干什么，都要和他们说。村里办不办会，我都会和他们说，他们说不办，我就不办，村干部对我们的这项工作是大力支持的，捐钱时带头捐，需要人手就安排人，我们相处得很好，关键是把村里的事办好。

HC 市 SD 村村主任说，村里的秦腔班没有地方、没有钱搞活动，村“两委”就决定在村委会腾出一间房，作为活动室，还给了一些钱，买了一些乐器、服装，组织在村里召开秦腔晚会，参加的人很多，比村里开大会来的人还多、还热闹。

农村社区治理中，不论在制度设计方面，还是在实际运作方面，都凸显了村委会的重要性，村委会不仅处理村民内部的社会问题，还处理自上而下的各种行政事务。有村委会主任表示，自己的工作主要就是处理政府交办的事，有人觉得一大半的工作都是政府安排的，有人认为起码是一半对一半，村里的工作很简单。村委会工作方式主要是以纵向行政任务为主，横向协商为辅。目前的农村管理体制强化了村委会在社区行政管理中的职能，形成政府在广大农村的管理网络。近年来，农村民间组织的自主性也逐渐增强，诸如专业合作社、协会等这类重要的组织，开始成为农村社区管理的主体和影响村民生活的重要因素。

(3) 政治组织效能与社区治理。

在农村社区组织中，处于核心地位的政治组织如果和村民之间建立起信任互惠的规范，那么此社区村民对村委会的满意度较高，村民在困难时也会找村干部帮忙。但是要建立治理良好的社区组织，不可能一蹴而就。在课题组所调查的洋县L社区，社区干部提到他们经过十年的努力，才形成了今天的良好局面。工作的重点就是对村民需求的关注，以及及时予以回应，对政府的要求及时答复。这类社区在当地农村社区中的突出表现，一般会引起当地基层党政机关的关注，会得到更多的项目、资金方面的支持，以及被授予各种荣誉称号，这更有利于社区组织今后工作的开展。与之相反，有的社区却呈现出另一种状况，即社区组织领导没有社区整体发展规划、较为自私、比较注重小集团的利益，社区组织与村民之间缺乏一种很强的凝聚力等，整个社区给人以萧条的感觉。有的社区因内部矛盾较多、人心涣散，已成为当地的难点村，在选举时，矛盾突出；有的社区经过两次选举仍不能选出村委会主任。

课题组通过在问卷中设计村民在有困难时找谁帮忙的问题，来测量村民对社区政治组织的信任状况。

当问及村民，遇到下面问题希望找谁帮助时，村民回答的情况是：对于“家庭或家族纠纷”，大家要么愿意找“亲戚”，要么就找“村干部”；对于“街坊邻里纠纷”，则各村的村民几乎都最愿意找村干部解决，其次是亲戚；“借钱借物”则主要找亲戚；“婚丧嫁娶”主要找街坊邻里或亲戚；“治病就医”主要找亲戚；农忙时缺劳力主要找亲戚、街坊邻里或其他人。可见在农村，亲戚的关系依然发挥着重要作用，但在协调人与人之间的关系时，村干部的作用也不容忽视。村委会所提供的帮助以“开展生产经营”“调解家庭或家族纠纷”“调解邻里纠纷”“获得救济款物”“治病就医”“审批宅基地或兴建房屋”为主。

（二）社区精英

在农村社区的发展中，社区精英作用突出。村主任、党支部书记人选的改变，影响着当地政治组织的管理成效、社会资本的累积、社区风气的改变，以及社区凝聚力的增强。社区组织为社区中的精英发展提供了舞台，社区中精英的成长、成熟也为社区组织的发展提供了资源。

1. 社区精英的类型与特征

我们根据社区组织的分类，将社区精英分为三类：政治精英，主要包括政治组织的领导者，以党支部书记、村委会主任以及村委会干部、村小组长等为主；经济精英，包括集体经济组织、个体经济组织的负责人；社会精英，包括村中各种体育、娱乐、庙会等组织的负责人。

张仲礼在《中国绅士》中指出，绅士在政府官员面前代表了本地的利益。他们承担了诸如公益活动、排解纠纷、兴修公共工程，有时还有组织团练和征税等许多事务。他们担负文化上的领袖作用，包括弘扬儒学社会所有的价值观念以及这些观念的物质表现，诸如维护寺院、学校和贡院等。绅士的这些职责与其私人土地的占有及所在地点无关，而与行政区划有关。所有的绅士皆在本县承担职责，但有一些绅士在更大的行政区域，如本州府或本省担负职责。①

---

① 张仲礼：《中国绅士》，李荣昌译，上海社会科学院出版社，1991，第 54 页。

帕累托认为，精英是由具有特殊才能、在某个方面或某项活动中表现出杰出能力的人所组成的整体。在国内关于乡村精英的研究中，项辉认为，“乡村精英在某些方面拥有比一般成员更多的优势资源，并利用资源取得了成功，为社区作出了贡献，从而使他们具有了某种权威，能够对其他成员乃至社区结构产生影响”①。仝志辉认为：“那些比其他成员能调动更多社会资源、获得更多权威性价值分配，如安全、尊重、影响力的人，可以称为精英。”② 田原史起认为，“在农村较有影响力、威信较高、可超乎私人利益，为公共利益、共同目标发挥带动能力的个人或是在必要时能发挥这种潜在力的‘个人’称作农村精英”③。

从这些关于乡村精英的定义中，我们可以看到，乡村精英在乡村拥有一定的资源，包括经济、政治或者声望等，对社区的发展具有一定的影响力，能够影响社区内的他人。在市场经济条件下，社区精英也凸显出其经济特征，在经济上具有明显的优势，这方面的优势在资源匮乏型社区仅仅依靠粮食种植是根本达不到的，精英们多参与经济效益较高的活动；在社会交往方面，显示出个人的关系网络具有内外兼具的特征，尤其是其网络的外向性，在封闭的农村环境中，决定了个人的发展前景，潜在地也决定了社区发展的状况；在个人价值理念方面，能够突破个人私利性，有为社区公共事业服务的意愿；在社区的影响力方面，具有一定的经济能力，更愿意为本村公共利益出钱、出力，这类精英拥有较大的威望。社区精英所建立的社会网络并不是封闭的，所拥有的社会资本更具拓展性，这与精英在社区治理中的身份和地位密切相关，一方面离不开社区成员的支持，另一方面需要借助外来资源维系这层社会关系，

---

① 项辉、周俊麟：《乡村精英格局的历史演变及现状（中共浙江省委党校学报）》2001 年第 5 期。

② 仝志辉：《农民选举参与中的精英动员》，《社会学研究》2002 年第 1 期。

③ 田原史起：《日本视野中的中国农村精英：关系、团结、三农政治》，山东人民出版社，2012，第 9 页。

社区精英的社会资本复杂性由此可见一斑。

2. 社区精英对社区自治的影响

之所以农村社区中的精英主要分为三类，即政治精英、经济精英、社会精英，主要是为了从功能上加以区分，在实际中，并没有如此清晰的分别，往往在一个人的身上集中体现出这三种特征。目前，在社区中发挥主要作用的是党支部、村委会干部，在本章中把他们定义为政治精英，他们在农村社区中有较高的威信，有广泛的政治和行政资源，有着一定的社会责任感，对社区的整体发展起着举足轻重的作用。尤其在村委会主任的选举上，可以看出村民对政治精英的信任。在农村社区治理的具体过程中，必须依靠社区精英的力量，调动社区成员的积极性及其所嵌入的各种经济社会资源，实现社区自治和正常运转。

（1）社区的整合——促进或阻碍。

社会组织中所强调的有关信任、互惠等规范，在农村社区，落实在具体层面，体现在政治组织即村“两委”干部的能力方面，这里所说的能力更强调了个人品质。HC 市 W 社区，化工厂建在社区附近，导致了土地无法种植粮食以及经济作物，饮用水也受到污染，村民生活受到很大的影响。村委会没有解决好赔偿以及继续发展等问题，村民意见较大，在第六届村民委员会选举中未能选出村委会，W 社区成为当地的难点村。在第七届村民委员会选举时，市及乡镇组织做工作，才选出了新一届村委会。由于是典型的难点村，市县乡镇都给予了重视，新的“两委”班子精诚合作，利用各种社会关系申请项目，和化工厂谈判等发展经济，该村由难点村逐渐转变为普通村，再继续向示范村发展。在访问村民时，村民也对新班子的工作表示了肯定，社区面貌也发生了大的改变。社区发展的转折点发生在村委会主任的人选上，现任村主任当时并没有参加竞选，不在候选人之列，但是村民最终选择了他。在和这位村主任的访谈中发现，村主任办事认真、责任心强、处理事情公平公正，个人经济能力、处理农村复杂关系以及与乡镇政府搞好关系的能力较强。同时，也存在个别社区，因为各种原因未能选出村主任，社区公共事务陷入瘫痪，村内污水横流，垃圾成堆，村民怨声载道。

(2) 社区经济的发展——推动或阻碍。

社区经济精英即农村的经济能人，现任村主任基本就属于经济能人，他们在改革开放之后就开始显示出突出的致富能力，或在当地发展多种经营或在外地闯荡，熟悉市场情况及竞争规则后返乡干事业。近年来，他们在基层政府的引导下，组建成立专业合作社或协会，从组织结构的建立到农产品新品种的引进、种植和培育，在技术指导和推介销售等环节都发挥着核心带头作用，引导农民从事经济作物的种植、销售工作。如Y县L村主要体现在党支部、村委会“两委”干部为发展社区经济，推广种植经济作物。在推广初期，村民多处于观望状态，村干部率先种植，取得了较好的经济效益后，农民开始种植。在销售季节，村干部利用多种渠道到市场联系客商，到田间地头与农民直接交易，经过几年的合作，客商与农民形成了较为固定的关系，在销售季节，客商会主动到社区交易。社区种植经济作物逐渐形成了规模，村民的收入增加，对村干部的信任感也增强了。相反，有的社区，当地政府推行经济作物种植时，村干部将任务安排给村民，但由于自己对市场情况不了解，或仅仅完成上面布置的种植面积要求，对作物生长和市场销售没有关注，使得农民或因为不懂种植，废弃农作物，或遭遇增产不增收甚至亏损的状况。

(3) 社区的凝聚力——增强或削弱。

农村社区是一个小共同体，地理区域有限，自然形成的居住区域中，多为血亲或“熟人”关系，个人或群体之间交往直接，相互之间了解、熟悉，在这种“熟人”共同体中，信任互惠规范多依靠伦理维系。近年来，由于市场经济的发展，理性主义盛行，金钱至上，对原有的社会规范产生了一定的冲击，伦理的维系作用减弱，法律规范的强制作用并未真正树立，出现个人之间、个人与集体之间的联系减少、感情疏远、信任减弱、凝聚力下降现象。有的村干部开始通过组织老年协会、自乐班或幼儿园等，增强凝聚力，社区也出现了社会精英。社会精英主要指社会组织的领导人，主持公益类、服务类等组织的工作，利用自身资源建立如自乐班、红白理事会、老年协会、舞蹈队等，属于社会保障、文化娱乐、体育类等组织。他们投身此类活动更多的是出于自己的兴趣、爱好、自身价值的实现等，精神层面的满足对于他们来说更为重要，如前面所说 B 村的舞蹈班和庙会组织，他们的组织者都是退休返乡人员，组织这类活动不仅丰富了村民的生活，还体现出自我价值的实现。村干部通过建立社会组织或与社会组织的领导者建立强联系，实现对社区认同感、凝聚力的增强。

3. 社区精英对社区自治的影响

农村社区组织发展与社区精英的领导密切相关。在此背景下，农村社区治理呈现两极分化的趋势，即好的更好，差的更差，相应地，整个社区的治理情况也呈现出这种不平衡状态。良性治理型社区拥有运转良好的组织，有强而有力的领导层、健全的组织、良好的信任关系、适合的制度、公正的执行、顺畅的沟通表达渠道、乐于奉献的成员等，在社区内部形成了良好的人际关系、运行机制，成员之间已建立信任关系，容易就某项提议形成决议并顺利执行。在治理效果较差的社区，村民对村干部不信任、群体之间裂痕明显，甚至有人说，“没有选举时，大家关系都很好，现在选来选去，人心都散了，关系也不行了，村里的大小事都没人管”。

整体运行良好的社区会呈现出以下特点。

（1）社区群体注意倚重法律的刚性力量。

根据不同利益需求建立的社区组织，将分散的个人组织起来，社区组织逐步向机构健全、自治性强的方向发展，实行民主选举和管理，通过组织参与集体行动，与有关部门进行协商、参与公共事务、影响公共权力。社区政治组织在《村组法》的指导下开展工作，经济组织参与市场竞争、遵守市场规则，社会组织体现出利用血缘、地缘，形成信任机制，开展工作的特点。

对某县民政局干部的访谈显示，在前几届的民主选举中，有的村民对选举结果不满会任意指责，毫无法律依据，胡搅蛮缠，但是在近两届的选举中，村民会依法办事，有不满的，不是胡说，而是拿着《村组法》的条例来讲。有的村民对《村组法》的条款了解得很清楚，胜过了很多县乡干部。这也对相关行政及法律部门提出了依法行使权力的要求。

（2）建立信任关系实现柔性治理。

在治理较好的农村社区，社区组织与村民通过多年的合作建立了一种相互信任的关系，群众相信组织领导干实事，对社区组织的提议积极参与，社区组织领导认为群众觉悟高、认识到位，双方沟通顺畅、合作愉快。信任关系首先体现在村委会成员的选举上。村委会成员尤其是村委会主任，在一人一票选举制度下，能连续几届高票当选，且在群众中有较好的口碑。其次，信任关系体现在制定各项制度时，各利益相关方能通过协商，达成共识，形成决议。村委会能在制定与本社区利益相关的各项规定时，采取一事一议的方式，召开村民大会或村民代表大会，各方都能有机会表达自己的意见，也可以就某事选出自己的代表与组织协商，最终社区组织在汇集各方意见的基础上，形成决议。最后，信任关系体现在社区组织成员执行制度时以身作则，一视同仁，从而取得信任。

（3）制度推动社区资本效能。

好的制度就是合适的制度，而合适的制度是生活在其中的人最清楚、最需要的制度。因此，在制定制度的时候，如果群众能有平等参与的机会、便利的途径、公平的环境，村民在其中可以畅所欲言，充分表达自己的意见，那么这种通过民主协商的方式产生的制度，就能得到群众的理解、认可和拥护，这也是制度顺利执行的前提。同时，制度的生命力在于制度执行的公正性。某县 L 村村干部说，如果制定出来的制度，社区组织领导层首先不执行，或者执行时对自己人是一个政策，对别人是另一个政策，那么，这样的制度会很快流于形式，村民不仅对这样的制度不认可，对社区组织领导层的人品也会不信任，村干部开展下一步工作就很难。

（4）互惠关系维系社区凝聚力与整合。

家庭联产承包责任制推行后，农户从集体生产恢复到各家各户生产，家庭与村集体之间的关系由紧密转向疏远，而在减免农业税费后，两者之间的关系更加疏离，社区共同体本有的凝聚力、认同感在市场经济的冲击下，已逐渐消解，政治组织对农村社区的治理也面临着农民态度冷淡、参与度不足等问题，亟须唤起公众对社区公共事务的关心，使公众积极参与社区的建设。实现社区的整合是社区组织的主要功能，社区组织尤其是政治组织，需要村民配合完成各种工作任务，村民需要社区组织提供公共服务、情感依托，以及在生产、生活中遇到困难时提供帮助等，社区组织与村民之间的信任与互惠是架起两者合作的桥梁，双方的付出可以得到相应的回报，能够有效增加社会资本。

4. 制度创新为社区精英的出现开辟路径

社区政治精英离不开社区治理场域的支持和维系，制度化的活动更是为其创造了直接的孕育环境，比如民主选举。实施《村组法》影响到整个农村社区的生活生态，如社区成员、社区治理，尤其对政治生活带来重大影响，《村组法》通过设定行动者的社会角色、现实身份、直接权力和实施战略等使社区成员的生活生态发生变化。

在村民自治中，民主选举无疑是最引人注目的，因为选举被视为民主的基石。因此，民主选举也就成了各方关注的焦点。随着村主任人选的变化，社区组织人员的组成结构发生改变，从而使社区治理状况也发生相应的转变。选举的关键问题是谁当选，毕竟当选者的素质将影响整个社区的发展，这也是社区人的切身体验。在刚开始实行选举的几年中，出现过个人素质低、能力较差的人当选村主任的情况，结果出现侵吞公家财产、只关心小集团利益、任人唯亲等问题，村民深受其苦。几届选举过后，村民对自己手中的选票投向谁也开始很慎重了。而想当村主任的人，开始拉选票、许诺言。

课题调研结果显示，经过几届选举之后，对于村主任人选，村民从最初较为随意的态度变得理性又谨慎，并已从20多年的民主选举实践中学会为自己的选择承担责任。选举并不会解决所有问题，它仅是为建立一种决策机制和流程奠定坚实基础，创造有利条件。“简单地说，选举并不制定政策；选举只决定由谁来制定政策。选举不能解决争端，它只决定由谁来解决争端。”[①] 尤其在现阶段，相关的监督、制约等机制、措施并不太完善和健全，而选出合适的村主任，对整个农村社区的发展起着举足轻重的作用，无疑选举绩效更会成为所有人的聚焦点。甚至在某种程度上，村民将在随后的三年中承受所有后果。因此，选举时，选民并不完全看重家族利益或金钱，他们会将选票投给他们认为最合适的人。就算以前出现过这样的情况，如将选票投给自己家族的人，但如果当选的村主任的表现不能令村民满意，那么在下一届的选举中，能否当选就很难说。尤其当两个家族、利益集团争执不下，都表现不佳时，最终村民会选择第三方。

不同历史时期选举的衡量标准有所不同，“德才兼备，以德为先”成为新的竞选标准。经历了人民公社的农村社区，在改革开放后，阶级/阶层地位并没有像城市社区一样出现大幅落差。但是，随着市场经济的推进，农村部分人开始从事非农职业，进行与农业有关或无关的商业活动，形成了不同的职业差别，引发了个人社会资本差异。如边燕杰所说，职业的科层关联度和市场关联度是影响人们社会网络规模、网顶高低、网差大小和网络构成的机制。可见，职业的科层关联度和市场关联度越高，在职者的社会资本就越强。在农村社区，出现了一批从事非农职业的“能人”。

在村委会主任的多场选举中，已逐渐呈现出一种从“能人

---

① 乔万尼·萨托利：《民主新论》，冯克利、阎克文译，上海人民出版社，2009，第123页。

型”村主任到“德才兼备，以德为先型”村主任的发展趋势。社区精英在农村发展中发挥着很重要的作用，同时，村民对村干部应具备的条件也有自己的看法。课题组调查显示，村民选择村干部时，最看重“人品好坏与办事的公平性”（选择比例 84.1%），其次是“处理农村事情能力强弱”（66.6%），接下来关注“经济能力强弱”（29.3%）。可见，村民选择干部时会首先会考虑他的人品与办事能力，其次才是个人致富的能力与经济基础，这是很有特点、与众不同的。

从经验看，个人社会资本较高的人更易当选为村干部。社区物质资源、人力资源以及社会资本的匮乏，引起了个人社会资本向集体社会资本的转换。随着时间的推移、各类事件的磨炼，村民对竞选者的要求从经济能力强、社会关系资源丰富等方面，进一步提升到综合素质层面，同时要求个人素质高，重点体现在办事公平公正、讲信用等社会价值感更强的因素。

（三）社区情感文化

在以家庭为中心的中国传统社会中，情感是维系人们日常交往关系的核心要素，在扩大化的社会交往中，也是一种拟似家族取向，即以家庭伦理关系互相称谓，如结拜兄弟等。在尊重个体自我差异的基础上，小至人与人之间、群体与群体之间，大至国家之间的关系，互动后果如对立、竞争、冲突也日益明显，人们如何相处，远非法律所能解决。法律只是提出了合法与非法的标准，并不能解决理性与情感的问题纠葛，而情感要素究竟如何发生作用直接关系到中国社会的运转逻辑。可以从传统文化中寻找支持资源。

1. 社区情感文化内涵

农村社区仍未完全褪去“熟人”社会的特征，乡土情结依旧浓郁，虽然如此，在经济社会转型时期，传统社会关系日渐削弱，社会构成的基本单元——“原子化”的个体趋势也变得明显，但社区成员之间的互动交往，仍离不开情感作为纽带发生联系。[①] 可见，“思想与价值层次的变迁甚难”，中国传统的精神价值方面依然存在，始终处于“日用而不知”的情况之下。[②]

中国社会是伦理本位社会，既不属于个人主义，也不是团体主义。伦理关系的基础在家庭，家庭在中国人的日常生活里的地位特别重要，可以说“关系千万重”。一般来说，人都有夫妇、父子，都有家庭，这并非中国人所独有。但与国外相比，因为缺乏团体生活，团体与个人的关系相对松散，由此家庭关系的重要性就显露出来了。

家庭可以说是伦理关系的起始点，但又不仅局限于家庭。由于家庭伦理的存在，人与人处在相互关系之中。人与生俱来就有家庭关系，就有与他相关联的人（如父母、兄弟等），人生将始终在与人相互关系之中，不能离开社会而生活。既然在相关中而生活，彼此就发生情谊。因情而有义。伦理关系即是情谊关系，也即表示相互间的一种义务关系。这种义务关系是软性的、自由的。在这种生活中发达了情理，而纪律不足。人类在情感中皆以对方为主（在欲望中则以自己为主），故伦理关系彼此互以对方为重；一个人似不为自己所存在，乃仿佛互为他人而存在着。在社会方面，家庭与宗族在中国人身上占极重要的位置，乃至亲戚、乡党亦为所重。习俗又以家庭骨肉之谊准推于其他，如师徒、东伙、邻右、社会上一切朋友、同仁，或比于父子之关系，或比于兄弟之关系，情义亦为重。社会秩序所为维持，在西洋殆必恃乎法律，在我则倚重于礼俗。近代法律之本在权利，中国礼俗之本则情与义也。经济方面，夫妇、父子共财，乃至祖孙兄弟等也共财。兄弟乃至宗族间有分财之义，亲戚、朋友间有通财之义。以伦理关系言之，自家人兄弟以讫亲戚、朋友，在经济上皆彼此顾恤，互相负责；有不然者，群指目以为不义。政治方面，

---

① 阎云翔：《中国社会的个体化》，陆洋等译，上海译文出版社，2012，第23页。

② 余英时：《从价值系统看中国文化的现代意义》，《中国思想传统的现代诠释》，江苏人民出版社，1992，第45页。

不但整个政治组织放在一个伦理关系中，抑且其政治目的也全在维持大家伦理的相安——如何让人人彼此伦理的关系各做到好处。①

如费孝通所说，中国传统社会的基本结构被形容为“差序格局”，强调以“已”为中心，像石子一般投入水中，和别人所联系成的社会关系，不像团体中的分子一般大家立在一个平面上，而是像水的波纹一般，一圈圈推出去，愈推愈远，也愈推愈薄。在“差序格局”中，社会关系是从一个人向另外一个人转移，逐渐向外拓展，这一变化实质上是反映个人关系渐增及其复杂化的过程，借此建立起属于自身的社会网络，因此，传统社会所有的社会道德也只在个人关系中产生意义和体现价值。②

在费孝通看来，“差序格局”在某种程度上等同于儒家“伦”的概念，“我们儒家最考究的就是人伦，伦是什么呢？我的解释就是从自己推出去和自己发生社会关系的那一群人里所发生的一轮轮波纹的差序……这个人和人往来所构成的网络中的纲纪，就是一个差序，也就是伦”③。在这种社会中，那些放之四海而皆准的东西并不起作用，相反却更多体现了对象性，即自身与每个社会个体的相互关系到底是哪一种类型——或远或近，这些关系决定最后事情的结果。④

1949 年中华人民共和国的成立，标志着中国社会关系的一次深刻变化。实际上，中国传统社会中的“差序格局”并不仅仅是一种社会关系的格局，也是一种伦理道德的模式，有着极为深刻的社会内涵。这里所说的社会内涵指的是，“差序格局”实际上也是一种对社会中的稀缺资源进行配置的模式或格局。只要我们分析一下就可以看出，在中国传统社会中，血缘的关系和地缘的关系之所

---

① 梁漱溟：《乡村建设理论》，上海人民出版社，2011，第 26～28 页。

② 费孝通：《乡土中国》，上海世纪出版集团，2007，第 26 页。

③ 费孝通：《乡土中国》，上海世纪出版集团，2007，第 26 页。

④ 费孝通：《乡土中国》，上海世纪出版集团，2007，第 235 页。

以能占有这样一个重要的地位，根本的原因在于，社会中的那些最为重要的资源正是按照这两个基础，特别是血缘的基础来进行分配的。财产是依照血缘关系来继承的，生产和消费是以家庭来进行的，合作的形式是以血缘为基础的家族和以地缘为基础的邻里，交换基本上是以地缘为基础实现的。正是在这种基础上形成了血缘关系和地缘关系的权威性，形成了个人对血缘关系和地缘关系的依赖与效忠。①

而 1949 年之后，稀缺资源配置制度发生了根本性变化，用社会主义的再分配经济体制取代了过去以血缘和地缘为基础的配置制度。在社会主义的再分配体制中，国家垄断了社会中几乎所有重要的稀缺资源。国家机构对稀缺资源的垄断和再分配，直接造成了两个方面的结果：能够支持传统的“差序格局”的资源被剥夺了。当家庭的财产仅仅剩下最低限度的生活用品的时候，家长的权威就削弱了；当血缘关系和地缘关系不再能够向人们提供利益的时候，特别是人们生存和发展的机会主要不是来自这里的时候，其重要性无疑就会迅速下降。可以说，所拥有的资源被剥夺，对于传统的血缘和地缘关系来说，起到了一种釜底抽薪的作用。②

改革开放以来，我国的社会关系模式又在发生一次深刻的变革，从一种以表达为取向的普遍主义关系向以功利为取向的特殊主义关系演变。这是一种特定时期的一种独特的变种，很难说这是向传统的人际关系的回归。而目前的一些研究，往往将近些年来社会关系的变化看作向传统的人际关系的复归，这在很大程度上是一种误解，因为在传统的人际关系中，并不存在如此之强的功利主义取向。对于自“文化大革命”后期开始出现的这种人际关系类型，也许我们可以用日常生活中最常用的“关系”一词

---

① 孙立平：《“关系”、社会关系和社会结构》，《社会学研究》1996 年第 5 期。

② 孙立平：《“关系”、社会关系和社会结构》，《社会学研究》1996 年第 5 期。

来称呼。[①]

关系是中国文化和制度中极为重要的组成成分。中国文化条件下的关系为行动者之间特殊主义的、带有感情色彩的、具有人情交换功能的社会纽带。在这一定义之下，血亲纽带和姻亲纽带是原初的关系，而非亲缘纽带由于互动双方人情与义务的增加可以升级为稳定的亲密关系。[②] 关系需要投入相当的时间与资源来建立、维系、发展或重建。一些在中国文化中极为重要的时刻和场合，比如传统的节日、婚礼、生日宴会、社交餐饮等，都被看作建构、维系关系的重要契机。关系最为重要的属性之一就是人情交换。而且，中国人所说的“人情”在内容上也远远比传递有效信息更加丰富，它是一种实质性的帮助。[③]

从以上关于关系的定义及属性等的说明可以发现，在关系中发挥重要作用的是情感因素，人们努力通过种种途径建立关系、维护关系，满足自己的不同需求，同时也为别人提供帮助，以维护关系。情感在关系中，可以分为工具型情感与表达型情感。工具型情感体现在关系中，以追求个人利益为取向。“在这种工具性的个人关系中，既可能是掺杂个人之间的感情因素的，也可能是纯粹的互相利用的关系”[④]，既有日常的利益需求，也有长远的利益规划，如沃尔德称之为“目标培养”式的关系。在这种关系中，一些人有目标地培植与另外一些可以为自己带来好处的人的关系，但这种关系只有在很长的时间后才能起作用，而并不期望马上或在很短的时间内就获得回报。[⑤] 工具性的个人关系，更多地建立在非亲缘关系之上，与自己的地位、职业、能力、意愿等相关，需要投入较多的精力与资源维系这种关系，以满足自己在社会生活中的各种物质

---

① 孙立平：《“关系”、社会关系和社会结构》，《社会学研究》1996 年第 5 期。
② 边燕杰：《论关系文化与关系社会资本》，《人文杂志》2013 年第 1 期。
③ 边燕杰：《论关系文化与关系社会资本》，《人文杂志》2013 年第 1 期。
④ 孙立平：《“关系”、社会关系和社会结构》，《社会学研究》1996 年第 5 期。
⑤ 孙立平：《“关系”、社会关系和社会结构》，《社会学研究》1996 年第 5 期。

与利益的需求。表达型情感，与特殊主义的表达型关系相同，属于较为传统的人际关系类型。在现代化理论中以及在帕森斯的模式变项中对传统社会关系的描述，指的基本上就是这样一种关系。在这种关系之中，人与人之间的关系基本上是特殊主义的。支配着这种关系的是一种特殊主义的伦理。在这种关系中，每一个人都是另一个人的特殊对象。而在同时，这种关系又往往不是以功利性的目标为目的的，而是可以将其看作一种表达型关系。[①] 这种关系多体现在亲缘纽带之中，或者志趣相投的人之中，表达型关系体现了人们对精神方面的需求。传统社会对这种伦理关系提出了规范，如父子有亲、长幼有序、夫妻有别、君臣有义、朋友有信，通过设定每一对特殊关系的规范，维护社会的秩序。工具型情感与表达型情感的实际边界，并不如上面所提到的那样清晰可辨，实际上是模糊、不可分的，二者也是互相渗透的。表达型情感中，更可能是一种强关系，相互认同性高，如果个人社会资本高，那么在对方需要的时候，也可以提供更多的实质性的帮助。而在工具型关系中，双方基于利益的交换，要求的是对等性，个人能为对方提供多少帮助，对方能为自己回馈多少。个人在工具型情感的交往中，也可能由于熟悉、认同发展成表达型情感，表达型情感的工具型利用更加加深彼此的关系。在关系的维系中，情感的不同类型因时、因地、因情境等不同发挥着作用。

2. 情感的价值

农耕文明时代的生活和生产方式维系着传统伦理关系的传承与延续。同时，体制及意识形态的变革，也会对传统伦理关系有着重要影响。从表面看，毛泽东时代的中国是一个高度集体主义的社会，然而，在更深的层面上，个人摆脱了传统文化中的父权制和儒家道德价值观念的束缚，使得个体能够从初级社会关系（家庭亲缘关系）和次级社会关系（社区网络）淡出，重新引导个体确立

---

① 孙立平：《“关系”、社会关系和社会结构》，《社会学研究》1996 年第 5 期。

在社会框架内的互动位置。[①] 改革开放后，普通人拥有了更多的社会流动的机会，中国的个体化进程确实给个体公民带来了更多的流动、选择和自由，但国家没有给予相应的制度保障与支持。个体有时为了寻求一个可靠的社会支持网络，再次返回至个人－家庭关系网络中寻找保障，等于又回到了起始点。[②] 在风险增大的现代社会中，尤其在社会转型期，社会信任未建立，人们更加依赖个人信任。当个体从属于各种社会团体时，他们依靠一种个人信任，只尊重那些在自己的社会网络中的人，范围从家庭、亲属和社区，到更广泛但仍清晰可辨的朋友圈子。个人信任来源于长期同一群人的互动中，因此它建立在低流动性和范围狭窄的社会互动的基础之上……缺乏社会信任，反过来会导致只有在私人网络中的那些个体之间才存在信任，才会按照特殊的道德准则行事。[③] 以个人为中心，建立个人信任的互惠社会关系网，相互之间提供帮助，这种特殊主义的、具有浓厚情感色彩的传统社会关系维系方式，仍然是现代社会下人们满足各种自我需求的主要途径。尤其在社会转型的背景下，面临变革，心理上的焦虑、不安全感增加，需要情感上的交流，消除现代社会的孤独感；工作、生活中的变化无处不在，而户籍制度的禁锢、社会保障不健全、资源配置及流动的不合理等因素制约着人们的发展，当人们面对各种困难时，人们开始重新回到自己的社会关系圈寻求帮助。现代社会与传统社会相比，情感的需求量更大，不仅满足了人的心理需求，还具有经济功能、社会保障功能等。正如费孝通所说，“在西洋社会里争的是权力，而在我们却是攀关系、讲交情”[④]。在现代社会里，这种状况可以说有增无减，并没有随着市场经济的发展而涌现西方式的社会资本特

① 阎云翔：《中国社会的个体化》，陆洋等译，上海译文出版社，2012，第355～356页。

② 阎云翔：《中国社会的个体化》，陆洋等译，上海译文出版社，2012，第343页。

③ 阎云翔：《中国社会的个体化》，陆洋等译，上海译文出版社，2012，第340、341页。

④ 费孝通：《乡土中国》，上海世纪出版集团，2007，第26页。

征，即关系纽带的弱连带性、承载功能的单一性、偶发义务性。[①]相反，传统的关系文化、习俗在新的社会环境中，又显示出其功能性的一面。

3. 情感在社区村民自治中的作用

税费改革及民主选举对农民与村干部的关系产生了很大的影响。税费改革通过取消税费和加强政府间转移支付，来实现基层政府财政的公共管理和公共服务职能，力图将国家－农民的“汲取型”关系转变为一种“服务型”关系。虽然，转变基层政府职能、实现国家和农民的“服务型”关系并没有完成[②]，但是，服务型政府的口号在乡村间流传。同时，税费改革以后，国家改变了对农民的补贴方式，对农民的补贴采取直补形式，包括粮食补贴、农机购置补贴、农业生产资料综合直补和新型农村合作医疗补助、义务教育“两免一补”、农村低保以及试行的农村养老保险等，采用“一卡通”或“一折通”的方式直接发放到农民手中，不再经过乡村干部。村干部代表国家行使的强制性行政权力，失去了合法性的背景，随着村干部掌握的资源日渐减少，农民对村干部的依赖性也明显减弱。尤其在资源匮乏型社区，除了必不可少的一些项目，如宅基地的划拨、外出上学盖章等，能使用的村干部的资源很少。在这样的背景下，要动员村民完成各种上级下达的任务，强制性力量的作用更容易激起农民的反抗。因此，情感的培养成为村主任及党支部书记寻求支持的主要途径。

情感在资源匮乏型社区村民自治中的作用，更多地体现了工具型与表达型的混合。在农村这样的小共同体中，不论是“熟人”社会或是半“熟人”社会，“生于斯，长于斯”，亲戚好友、左邻右舍，往来比较密切。在村干部的眼中，二者通过日常交往、节日、婚礼、生日、社交餐饮等方式相互融合。如陈锋提出的情感连

---

① 边燕杰：《论关系文化与关系社会资本》，《人文杂志》2013 年第 1 期。

② 周飞舟：《从汲取型政权到“悬浮型”政权——税费改革对国家与农民关系之影响》，《社会学研究》2006 年第 3 期。

带，即指乡村干部在基层工作中，动用各种私人关系，将亲情、友情、人情、面子等日常生活原则引入正式权力的行使过程当中，以实现基层组织的治理目标。①

乡村社会首先是一张纵横交织的人情网，基层组织的权力不可能完全脱离其外独立运作，必须要讲感情、讲人情、讲面子，人情成了干群之间的一种关联纽带。许多地方的基层组织中的权力行使者也没有逃避这种情感关系纽带，而是主动地去建构关系，实现个人关系的公共伸展，将硬权力软化为具有浓厚的人情味的社会关系资源。这意味着一方面公共关系依靠个人交往而扩展，另一方面工作关系的配合程度依赖个人关系的程度而变化。② 这种情感连带的治理方式，在一定程度上实现了干群双方的互惠和交换，其中可能夹杂着不同类型的资源和利益的交换，但其性质绝非是纯粹的工具性关系。尤其是在中部和东北这些历史较短的地缘性的村落中，人情更成为一种“内部化机制”，将外人纳入“自己人的认同”，人情之间交换结算的实质内容并非仅仅是货币，更是面子。③ 在乡土“熟人”社会中，情感在许多时候比利益更能在治理中发挥作用，若处理得不好，反而会引发干群关系矛盾的激化，形成“气”的对峙。这种“气”在乡土传统中是一个具有较大弹性的范畴，它往往构成中国人在人情社会中摆脱生活困境、追求社会尊严和实现道德人格的社会行动的根本促动力。④ 情感对社区治理可谓意义深远。从社区治理细节来看，情感可以投射到人与人之间关系的问题处理层面。在中国传统文化语境中，人与人交往是植根于“熟人”社会之中的。“熟人”面对面的交流与互动，决定着日常生活诸多事项的最终结果和走向，“台前”和“幕后”是否同一的状态，其

---

① 陈峰：《连带式制衡：基层组织权力的运作机制》，《社会》2012 年第 1 期。

② 张静：《基层政权：乡村制度诸问题》，上海人民出版社，2007。

③ 宋丽娜：《熟人社会的性质》，《中国农业大学学报》（社会科学版）2009 年第 2 期。

④ 应星：《“气”与抗争政治》，社会科学文献出版社，2011。

实并不完全由书面的、可见的刚性制度和程序来起作用。相反，更多时候，情感的深浅——个体社会资本的软性力量可能产生的效果要更好一些。

第三节　资源匮乏型社区村民自治中的社会资本生产

物质匮乏时期，人们想象着丰富的物质生活能带来的快乐与幸福，但事实上，这些并未随着物质水平的提高如期而至。纵向比较，可以发现眼前的生活条件比以往提高很多，但人们的困惑、不满和焦虑并未消减，反而有所增加。这一反差引起了人们的反思：科技进步、物质发展、个人主义的观念及其制度化在社会发展的进程中到底起着怎样的作用？面对存在的问题，人们怎样才能避免自身的失败？不断增长的欲望所带来的最重要的结果是我们本人也成了这样的欲望的奴隶，对物质的无限度追求引起了人们之间的对立、竞争，我们更应该关注的是人们之间的平等、和谐、互助关系。

（一）社区资源的利用

在社区治理过程中，如何利用社区资源体现了社区领导者的管理智慧。在资源匮乏型社区，村民更需要加强团结、凝聚社区共识，通过社区能力建设，形成互助合作关系，达到社区动力的培育目标，逐步提高个人生活质量以及社区公共设施、服务水平。

1. 社区团结

近年来，农村社会的制度变迁，如家庭承包制、村民自治、市场经济等，把农民从集体化、土地上解放出来，农民的自主性增强，对社区的依附性减弱。孙立平、贺雪峰等学者提出了农民的“原子化”，表明个人间社会联系的薄弱、以宗族为代表的传统人际关系的弱化，是以个人而不是以行动群体的形式来追逐自己的利益等。阎云翔认为，绝大多数个体即使在地域、阶级、性别和年龄方面存在差异，但在私人生活领域都会从家庭、亲属关系、社区、工作单位以及（在某种程度上）国家的集体主义约束中获得更多的权利、选择和自由。[①] 农村社区“原子化”、个体化状态与之前的集体化时期形成了鲜明对比，个体更加重视小家庭自身的利益。社会关系和人情在中国社会个体的文化意识中更具有重要性。个体不得不学会完成各种道德义务并不断加强与亲友的感情联络，达到一种互惠的稳定状态，它既能实现关系的维持并得以继续下去，又能重新为个体植入适合的社会身份和外部声誉。[②] 在为个人发展考虑更多的乡村社会中，个体性社会资本的产生、积累具有强大的动力。相应地，社区纽带的重新建立成为社区的突出问题。

社区团结的实现首先来自村民对社区的认同感。乡村社会是基于血缘、地缘关系组成的共同体，在长期的共同生活中人们通过不断的合作交往，已建立一种较为稳定的关系，但社区之间也存在明显的差异。有的农村社区农民之间建立的是信任合作关系，彼此之间有一种凝聚力，社区发展充满活力；而有的社区则如同一盘散沙，但人人期望有人挺身而出改变这一切，自己从中受益。政府的各项惠农政策在有的社区效果显著，在有的社区则很微弱；有的社区组织之间、组织与群众之间关系和睦，有的社区则关系紧张，问题层出不穷。显然，一种良性循环对于社会的稳定、经济的发展、政府的绩效有着正向的推动作用。

其次，农村可以通过集体性活动，实现社区团结。在农村社区中，道路与农田水利设施建设、垃圾处理等公共设施的提供，农闲时节集会、文化娱乐活动的开展，以及村民面临的共同物质需求、情感需求、风险规避等问题的解决，成为社区团结的议题，这既是联结个人的纽带，也是集体性社会资本建立的契机。如田原史起所

① 阎云翔：《中国社会的个体化》，陆洋等译，上海译文出版社，2012，第28页。
② 阎云翔：《中国社会的个体化》，陆洋等译，上海译文出版社，2012，第23页。

认为的，中国农村社会传统状态是一种“松散”的关系形态，个体间的联系表面上看是疏离的，关系的流动性较强，但当遇到问题时，能够“聚沙成塔”，各类关系资源被调动起来，个体的社会资本效应散发出去，从而实现一种良性的社会关系。[①] 在农村社区，“熟人”社会中存在着重复博弈，“搭便车”也为人所不齿。庙会等活动的恢复，体现了民间在精神方面的需求，在运行过程中，通过非正式精英（非党支部支书、村委会主任等被国家承认的精英）的威望，建立活动场所、组织机构、活动规则，筹集经费，内外联络，这些也成为推进社区团结的重要因素。

2. 社区能力建设

社区能力建设强调用以社区为本的理念看待社区发展，从社区居民的所思、所想和所能出发，由他们来实施社区发展计划。它将社区能力提升与社区自主改变联系在一起，通过社区人的参与，在行动过程中学习，获取发展的知识并形成新的态度。按照这一发展理念和方法，农村社区发展需要围绕社区自助能力的培育推动社区的组织化，以社区组织建设及其实践推进社区的可持续发展。

在村民自治中，过去多强调将制度强制性地“植入”农村社会，以期达到对农村社会的政治整合，却很少注意农村社区原有的文化体系、农民的文化自觉、创新能力、制度建设与传统文化、村民意愿的对接与融合。如果相关的制度创新不与农村传统文化相融合，单靠国家力量从外面强制地“嵌入”农村社会，往往难以在农村社会这块土地中植根、发育、开花、结果，从而流于形式，呈现上有政策下有对策的表征。因此，政府通过制度的形式实现对农村社会的整合，既要注重与农村传统文化相结合，又要注意利用农村既有的“文化网络”增强国家整合的合法性。

---

① 田原史起：《日本视野中的中国农村精英：关系、团结、三农政治》，山东人民出版社，2012，第 43 页。

在能力建设中，以村民、村干部、基层政府为主体而展开的协商是建设的重点。农村社区治理不仅需要运用基层政府的政治权威，自上而下发号施令、制定和实施政策，还要通过上下互动、合作协商、确立认同等方式实施对农村公共事务的管理。改革开放后，农村多元利益群体的自主性增强，通过自治性的管理来实现利益需求的愿望，是推动农村社区公民参与社区事务的根本动力。面对新的形式，需要通过制度创新，理性设计“协商民主”的细节，使其明确、公正，有法律保证，从而形成有效的利益协调机制、诉求表达机制、矛盾调处机制、权益保障机制。在理论学习、政策引导和民主实践的过程中，不断培育和提高村民自治的意识。在政策的制定、执行、评估与监控方面，提高农民对公共事务、公共政策的参与程度，加强基层政府行政人员与村民的沟通与互动，提高政府公共政策执行的民主化和科学化程度，提高村民对基层政府行政人员的认知度和信任感。

3. 社区动力的培育

社区能力建设提升了社区成员融入社区的整体意识，增强了行为的主动性，影响了社区建设及其公共服务供给能力。而社区向前发展的推动力往往在于社区人的角色定位和功能展示，因此，社区动力的大小，取决于社区领导者的德与才。托克维尔认为，“在民主政府中，变坏的官员对人民的思想意识发生的影响必将更为可怕……在偶尔掌权的人物的腐化行为中有一种粗野庸俗的东西在把腐化行为传染给大众……另外，值得害怕的倒不是大人物的缺德，而是缺德使人成了大人物……结果，在卑鄙和权势之间，在下贱和成功之间，在丢脸和实惠之间，便出现了可悲的概念混乱”①。在实地调研中，我们也看到了社区领导者的更替对社区整体面貌转变的影响，社区成员对于社区领导者品性方面有更高的期待。田原史起提出，中国农村基层治理在很大程度上依赖“共”（社区）

---

① 托克维尔：《论美国的民主》，董果良译，商务印务馆，2004，第 338 页。

的主动作用，但其中欠缺“公”（国家）的主动性参与。它是农村精英站在“共”的立场，调动了个人关系资本的结果。[①] 具有一定权威性、影响力的社区精英，为发展农村社区的公共事业，运用自己的社会资本，将政府、农民、社区三者联系起来，社区领导者个人的社会资本以及品性对社区发展、凝聚力具有举足轻重的作用。

（二）社区关系的整合

以个人为取向的自由主义和消费主义的现代社会，强调个人权利和个人感受，对集体主义、传统伦理关系提出了挑战。在经历了孤立、迷茫、不安之后，“合作性共同体将使理性的个人能够超越集体行动的悖论”[②]。从个人关系迈向社区关系表现出关系的一种整体性取向，社区关系整合能够达到社区良性治理的效果，而这一目标的实现需要借助互动情境、人际互动形态与社会资本积累的符号象征。社区互动情境为实现社区关系的整合积极创造了流动场域，社区人际互动的形态表达出社区人的关系构建过程，符号在社会资本积累中有重要意义——社区关系生产出社区资本并制造了一系列表征性的标识。

1. 社区互动的情境

在人们越来越追求个体利益的时候，实现社区层面的互动，形成信任、互惠规范和参与网络，增加社区集体性社会资本，是必须面对的现实问题。按照帕森斯的推论，人格涉及个体的需求倾向，这些需求倾向是合群需要和精神需要。人既需要拥有个体的自由，也需要集体的帮助。

传统社会中，社会秩序的建立源于自然情感，而又超越自然情感。超越的方式之一是制度化、规范化、礼仪化。一方面通过神化

---

① 田原史起：《日本视野中的中国农村精英：关系、团结、三农政治》，山东人民出版社，2012，第 43 页。

② 帕特南：《使民主运转起来》，王列、赖海荣译，江西人民出版社，2001，第 195 页。

或符号化血缘关系，孝亲敬祖，慎终追远，强化小型社区成员的相互认同；另一方面则是通过诸如“男女授受不亲”之类的制度措施来尽可能消除潜在僭越性和随之而来的颠覆性。为此而发生的即为“礼”。[①]“礼”虽然有秩序的一面，但其基础在个人，而且特别考虑个人的特殊情况。“礼”或人伦秩序并不否定法律和制度的普遍性和客观性，但不以此为止境。法律和制度的对象是抽象的、通性的“个体”，因而只能保障起码的公平或“立足点”的“平等”。“礼”或人伦关系则要求进一步照顾每个具体的个体。这一形态的个人主义，使中国人不能适应严格纪律的控制，也不习惯于集体的生活。这种精神落实下来必然有好有坏。从好处说是中国人爱好自由，其流弊便是“散漫”，是“一盘散沙”。自由散漫几乎可以概括全部中国人的社会性格，不但文人、士大夫如此，农民也是如此。(精神当然也有社会的基础，以中国农民而言，绝大多数是小农。他们过的是“自扫门前雪”的生活，彼此通力合作的机会极少。) 一个具有自由散漫性格的文化绝不可能是属于集体主义形态的。[②]

在这样的文化背景与日益增长的个人主义下，农村社区互动的动力，来自社区正式精英与非正式精英对社区共同事务的投入。社区正式精英主要利用个人社会资本，通过各种关系，对外申请国家支农项目、筹集资金，对内筹资筹劳，修建社区公共设施，提供公共服务，将社区内的个体团结起来。但是，这也是一个较为艰辛的过程，在维系个人关系网时，需要投入大量的资源，如时间、精力及财物等。比如在为社区办事时的费用由谁支付？村干部认为自己为村里办事，到乡镇的车费、请客吃饭送礼的费用，还有电话费等，应由村里出，但是这些费用并不能公开，而且数目到

① 朱苏力：《儒家文化、费孝通与文化自觉》，http://www.aisixiang.com/data/33322.html。

② 余英时：《从价值系统看中国文化的现代意义》，《中国思想传统的现代诠释》，江苏人民出版社，1992，第30页。

底是多少，无人能证明，尤其是事情没有办成的时候，村民们会有猜忌与不满。所以在农村村民们讲，“没钱当不了村干部”。需要社区正式精英投入的不仅仅是财力，更是为社区公共品投入的意愿。同样，社区非正式精英为本社区的发展也需要投入相当大的精力，他们已经突破个体的私利性，通过办各种公益事业实现自我价值。

2. 社区人际互动的形态

帕森斯认为，社会行动者在与其他行动者的互动过程中，必然会面临五个方面的选择，表现为五对范畴，这被帕森斯称为“模式变量”——普遍性与特殊性、扩散性与专一性、情感性与中立性、先赋性与自获性、私利性与公益性。社会人带有上述这些范畴特征，社区人同样如此。而社区人与人之间的交往形态就是传统文化内涵外化的现实表现，其人际互动的过程折射出个体社会资本的结构、规模及流变。

改革后农村出现个体化、“原子化”的现象，其根源在于人们从农村集体化的体制下解放出来后，恢复到以前“自扫门前雪”的生活状态，在市场经济、商业化的冲击下，人们追求经济利益的欲望被激发出来，并具有了正当性，人们可以去追求物质的享受而不再有心理负担。在追求个人利益最大化的同时，传统文化价值不断弱化。人际互动不再具有集体化时代的强制性，更多体现了自愿性，同时价值约束性更少。在关系维系中，行动者因人而异地改变自己的行动标准，对不同的人标准是相异的，但同时这种特殊性也随着社会客观条件的改变而发生着变化。自然情感中，父辈与子女的关系也悄然发生转变，“夫妻关系取代了以前的父子关系而成为家庭结构的中心轴”，长辈在日渐衰老的时光里，给予子女充分的权威和自主权利，以减缓代际冲突，延迟分家的时间。[①] 在以情感为主的相互关系中，建立的是一种人情互惠机

---

① 阎云翔：《中国社会的个体化》，陆洋等译，上海译文出版社，2012，第12页。

制，期待未来获得一定的回报，而获得回报的多少与自己的投入相关，是一种符合当地习俗的相互期待。在亲属关系中，个体在维系与亲戚和密友的情感联络上倾注许多，越来越重视同辈亲属或同龄群体；这又与网络关系的重要性不断增加互为因果……姻亲和朋友的重要性不断加强，正如礼物交换网的构成所反映的那样，个体的重要性日益凸显，因为新的关系网都是个体通过选择而不是继承建立的。感情联络在人际关系中越来越被凸显出来，以个体名义而不是以家庭名义交换的礼物数量在迅速增加。人们仍然利用亲属关系纽带建立他们自己的关系网，形成经济、社会以及包括村落选举在内的政治活动联盟。只有当亲属关系能够为个体村民的利益发挥作用时，它才被复兴并受到尊重。① 农村精英的关系网与普通人相比，其主要特点在于他们拥有较多的除亲属之外的关系，这些关系源于他们个人经济业务的客户、朋友，以及成为村干部之后与县乡干部建立起来的关系。他们主要通过感情联络，在平日及特殊的日子如生日、节日、社交宴会、婚丧嫁娶等活动中以拜访、送礼、问候等形式来维护关系。而他们的这种社会资本，为他们突破私利性，实现社区的公益性提供资源，同时，这也是他们成为社区精英的条件，如果他们不能为社区公共利益作出贡献，那么村民对他们的评价会较低。

3. 符号在社会资本积累中的意义

在资源匮乏型社区，治理主要依靠农村社区精英。改革开放后，社区精英表现出明显高于一般农民的经济能力、冒险精神，在摆脱体制的束缚后，他们能够通过个人努力，抓住机会走出农村，在市场经济条件下开展多种经营，迅速提高个人经济实力。在强调经济优先发展的社会转型期，经济能力成为农村精英的突出特点。但是社区发展不能仅仅依靠社区精英的经济能力，现在农村出现多

① 阎云翔：《中国社会的个体化》，陆洋等译，上海译文出版社，2012，第 14、15 页。

起村干部贪污集体资产的事件表明，经济能力强并不能保证他们愿意带领全村致富、为社区公共事业服务或者不贪污集体资产。所以，随着村民自治发展，尤其是村民选举的全面实践，在农村选举中，人品成为首选因素，与经济能力、公益性意愿（愿意为公共服务付出）共同成为资源匮乏型农村精英的突出特征。对社区精英的报偿更多的是声誉。帕森斯认为，每个社会行动、角色及成就都可以用声誉来评价，换言之，声誉也可被“分配”，其象征准则也被引进来。同一对象既可用作象征奖赏，也可用作资源奖赏。[①]个人声誉既是手段，又是目的，社区精英借助较高的声誉能够有所成就并维持其地位，社区精英尤其是国家承认的正式精英，本身是一种声誉，但同时也会演变成一种特殊的奖赏。这种象征性报偿在农村社区的“熟人”社会里，获得广泛认同。如阎云翔认为，王先生在有了赚钱的生意后，一直保持低调，不得不履行各种道德义务并加强与亲友的感情联络。稳定的互惠是维系这种关系的关键，它会反过来界定王先生在当地道德世界中的个体身份和声誉。通过这样做，他不仅建立了巨大的客户网，还赢得了好人的名声，即真正在乎感情和良好关系而且懂得人情的人。[②] 如果不择手段赚钱，不再认真维持这种源于血缘、地缘的互惠关系，在当地的名声不好，则有的人不得不移居城里，远离原有的社会关系。有的人虽住在社区内，但关门闭户，与当地的社会关系疏远。

在调研中，笔者了解到有五位村主任当时并未参加选举，而被村民投票选中。他们在具体工作中，面临着来自基层政府行政管理的压力、社区内资源匮乏的压力、与村民合作中产生摩擦的压力以及个人资源投入集体过多以致影响自身发展的压力等。要成功实现村民自治，政府不仅要对社区精英进行激励，形成社区凝聚力，也要注重制度建设、农村资源投入和人才培养等，更要

---

① 杰弗里·亚历山大：《社会学二十讲——二战以来的理论发展》，贾春增、董天明等译，华夏出版社，2000，第41页。

② 阎云翔：《中国社会的个体化》，陆洋等译，上海译文出版社，2012，第23页。

为农村精英将个人社会资本转化为社区社会资本，实现社区的良性运行创造良好的外部条件。

（三）社区生态系统的再构建

社区生态系统受多方面因素的影响，如社区环境、文化习俗、地理环境、历史传统、国家政策、社区精英等。它们对治理成效的产生有直接影响或间接影响，也有正面影响或负面影响。我们需要推动有益社区治理的社区生态系统的再构建。社区生态系统表面上看是一种客观的生态环境组成状态，而人们往往忽略它的另一种形式——社区生态系统主观状态，即人为建构之下的社区环境。社区资本的规模和结构会影响社区环境的整体状况，二者的关系事实上要更为复杂，社区生态系统能够为社区资本注入动力。

1. 社区生态系统及其功能

社会系统理论把人类成长的社会环境，如家庭、机构、组织、社区等看作一种社会生态系统，注重描述人的生态系统如何同人相互作用并影响到人的行为，强调生态环境（人的生存系统）对于分析和理解人类行为的重要性，从而揭示家庭、社会系统对个人成长的重要影响。社会生态系统理论包括三大结构要素：人类群体、人类生存所依赖的自然环境和社会环境。在实践中，分析问题的出发点不是有问题的个人，而主要把个人与环境的构成状况作为介入的焦点，将服务对象置于其形成、发展的整个系统中，以优势视角去整合各种社会资源，构建新型的自治模式。在村民自治的实施中，对影响社区发展的各种微观、中观、宏观系统应予以高度重视，因其都有可能成为改善社区状况或制约社区发展的因素。如上所说，社区的群体与自然－社会环境及其互动包含了两重关系，一是社区群体（精英和成员）之间的互动交往，二是社区内的不同群体与“环境”的交流过程，前者和后者会塑造成一类全新的关系状态。这一框架的出现表明，社区资本既存在物质层面的内容，又有人力资本和社会资本的价值体现，换言之，各种资本形态都通过社区生态系统得以融合和再构。

2. 社区利益与社区情感

农业税费改革以来，农村社区的收入主要来自财政安排的专项转移支付。村委会主任的报酬大多数为每月二三百元。钱虽不多，事却不少。如在 Y 镇，农村社区每年的转移支付分为三个部分，一部分是办公经费，多用在订阅报刊；一部分是村干部的基本工资；一部分是效益工资，效益工资有 18 项考核目标，考核合格方能拿上全额工资。可以说，村委会主任是干的事多，操的心多，拿的钱少。其他经济组织、社会组织基本上没有什么报酬。在这样的条件下，集体性社会资本的产生需要具有强烈公益性的社区精英的投入。

在随机抽取的农村社区中，80% 以上的社区没有集体收入，农民平均年收入在 3000 元左右，但如果除去打工收入，人年均收入在 1500 元左右，再除去投入的化肥、机械、农药成本等，平均年收入不足 1000 元。在集体收入为零、人均年收入很低、物价上涨的现实情况下，公共设施短缺现象较普遍，社区组织的发展也受到了制约。目前，农村公共品的投入，主要是财政拨款与村民集资，由于农村社区数量多、基础设施不足，财政投入虽然在逐年增加，但是还存在有的村委会至今没有办公场所的情况。近两届村委会主任的竞选承诺多集中在修路、修桥、修人畜饮水工程以及发展当地经济等方面，在农民年收入很低的情况下，要集资修建基础设施、改变社区面貌，不是短时期内能实现的。在资源匮乏型社区，这样的现实条件对社区精英的能力要求更高，需要有更强的经济能力、个体性社会资本、服务意愿等。

通过社区组织发展改善社区治理是社区良性运行的有效路径。目前，随着市场经济的推进及个人需求的增长，社区组织发展需求逐渐旺盛，但在资源匮乏型社区，物质资源、人力资源和社会资源的贫乏制约着社会组织的发展。社会组织的发展需要人才，村民将社区发展的希望寄托于社区精英，希望他们将个人资源转化为集体资源，提高社区整体的合作水平，增加社区公共品的供给，改善个人生活生产条件等。但是，社区年轻人大多外出寻求发展机会，愿意留在贫困社区的人数不多，农村社区老龄化、留守家庭和空巢现象普遍。如果没有基层政府做工作以及被村民选为村干部，现在社区中的村干部大多不会考虑在本村发展。社区的团结、发展需要强有力的领导人才，需要有责任心、有能力并乐于奉献的人才。目前主要有两种途径，一种是推荐有一定经济实力的人担任村干部，一种是选拔年轻人进入党支部及村委会。这两种途径都是通过提升声誉，以及提供潜在的社会资本为社区精英所认同。

3. 国家、市场和社会资源的建构

通过对税费改革过程中政府间财政关系的考察，周飞舟发现基层政府从过去一直依靠从农村收取税费维持运转正在变为依靠上级的转移支付。在这个转变过程中，基层政府的行为模式也在发生改变，总的趋势是由过去的“要钱”“要粮”变为“跑钱”和“借债”。在这种形势下，基层政权从过去的汲取型变为与农民关系更为松散的“悬浮型”。中国幅员广阔、人口众多，4 万个乡镇政府是国家和农民直接发生关系的节点。这些基层政府的行为一方面受到上级政府的监管，另一方面则扎根于乡村社会，是提供公共服务、维持社会稳定、影响农村社会结构的基层治理的关键。减轻和取消农民负担，不等于取消乡镇政府。依靠治理规模在几十万人甚至上百万人口的县级政府，来满足不断增长的公共服务需求的设想，不但不现实，而且会使得整个国家政权“悬浮”于乡村社会之上。[①] 政府安排的农村工作，依然需要乡镇干部去实现，多数乡镇干部都是“生于斯，长于斯”的本地人，熟知各种社会关系、社会规范，是政府与农民联系的纽带。乡镇政府应该从体制及财政支持方面给予更多的支持，发挥乡镇干部的纽带作用，促进国家政策在农村的实施，同时反馈政策实施的效果，建立联通上下的网

---

① 周飞舟：《从汲取型政权到“悬浮型”政权——税费改革对国家与农民关系之影响》，《社会学研究》2006 年第 3 期。

络。

现在提倡服务型政府，通过各种媒体的传播，为农民广泛熟知，但是由于目前的行政体制仍然沿袭自上而下命令式、任务式的工作安排，夹在中间层的县乡两级基层政府，由于体制、财政资源的紧张等原因，常常成为意见的焦点。在笔者的调研中，有乡镇干部就说："现在农民常说，国家好得很，就是下面的干部太坏。"农村社会与国家相互渗透，农民期望国家给予农村更多的支持。在面临农村社区公共品缺失时，他们希望国家提供资金，能够解决困难；在面临不公平待遇时，他们希望通过上访等形式让更高一级政府解决问题。尤其是在减免农业税，新农合、农村养老等社会保障普及后，农民对中央政府的信任进一步增强。在这里我们没有涉及征地拆迁等话题，矛盾的焦点往往集中在基层政府及地方政府。而对中央政府的印象多来自《新闻联播》等传统媒体，正面的信息增强了他们的信心。国家通过意识形态、象征符号及资金等获得了其在农村社会的权威性。

小结：关键议题

（一）村民自治的作用要素——社会资本

帕特南提出，"世界各国经验表明，对于民主制度的绩效来说，至关重要的要素是普通公民在公民社会中充满活力的群众性基层组织……社会资本是民主进步的一种重要的决定性因素……民主的改革必须从基层开始，切实鼓励普通公民之间的民主约定"①。王春光认为，改革开放后的经济社会变化使乡村精英的产生有了更多的渠道和机制，概括起来有这样一些：第一，教育的发展对

① 帕特南：《使民主运转起来》，王列、赖海荣译，江西人民出版社，2001，第2页。

精英人物的产生具有非常重要的作用和意义。对中青年村民来说，仅凭人品德行或辈分尚不足以成为精英，接受更好的教育成了乡村精英的直接和间接的资本。所谓间接资本，是指一些年轻人通过接受大中专学习，进入党政部门，提高他们的社会地位。第二，村干部换届使更多有能力的村民成为乡村精英。第三，经济市场化，使村民在市场竞争中得到锤炼，使能者脱颖而出。第四，与经济市场化密切相关的外出流动，使更多的精英人物脱颖而出。①

社区精英在社区自治中起着重要的示范作用，社区精英的个体性社会资本不仅决定了他们个体的发展，在他们成为社区领导人时，对社区集体性社会资本的积累也有决定性作用。两者的联系取决于社区精英的公益性意愿，即他们是否愿意为社区公共事务投入相当的人力、物力及财力等。社区发展因取决于社区精英个人，而不确定性增加；民主选举更换了社区领导者，由此导致了社区公共品建设的中断，没有连续性，这也是造成选举冲突的因素。前任村主任的投资没有收回，在继任无望的情况下，资金纠纷成了不稳定的因素。传统乡土社会具有合作的文化价值及互助实践，为集体性社会资本的积累提供了经验。在现实中，对农村各种合法组织给予政策、资金及象征意义上的支持，是推动社会资本发挥民主自治作用的主要途径。

（二）村民自治的关键动力——情感

任中平认为，村民自治作为我国农村基层民主的一种基本形式，尽管政府的主导作用非常重要，但经济的原因始终是基础性的制约因素。因此，村民自治要高质量地运行，必须要有足够的经济保证。在中国，广大农民刚刚摆脱温饱，还在为自身和家庭的生存而奋斗，与大多数农民最贴近的只能是较低层次的物质利益。因而，群众的民主需求，归根结底还是与他们的经济利益紧密结合。自 20 世纪 90 年代以来，由于大量农民进城务工，因而村

---

① 王春光：《村民自治的社会基础和文化网络》，《浙江学刊》2004 年第 1 期。

民自治与务工农民的利益相关性逐渐淡化。近几年取消农业税之后，村干部不像以往那样收取税费，干群关系也比以前缓和了，村集体也没有什么资源值得关注，村委会也不能帮助村民解决什么实际问题，于是许多村民对村民自治也就越来越感到没有多大意思，村民的政治参与也就越来越缺乏动力。再好的制度设计，倘若离开了一定的经济基础的支撑，也难以真正有效运行，这就决定了村民自治目前在许多地方尤其是经济落后的广大西部农村，仍只能处于空转状态。[①]

在资源匮乏型社区，村民自治的核心力量——村委会主任、党支部书记等，从职务中获得的物质性资源很少，相对而言，投入较多。对他们来说，担任职务更多的是情感因素，体现为村民对自己的认可，得到的是象征性的声誉。村民希望通过他们的努力、他们的关系、社会资本，解决村民个人的困难，完成社区公共品的建设及维护工作。社区精英受传统“学而优则仕”的影响，在获得经济方面的成功之后，在可能的条件下，通过成为体制认可的农村精英而获得个体性社会资本的积累。在他们对内、对外的工作中，除了依靠制度化的工作流程和问题处理程序之外，还主要依靠情感的作用，引入各种私人关系，将亲情、友情、人情、面子等日常生活资源运用到社区治理中。

（三）村民自治的推进实施：与国家、市场的关联

村民自治的实施，是国家与农村社区关系的重新构建。由于宪法和法律的制度安排，村民自治条件下国家的组织边界止于乡镇政权，村民委员会作为农村自治的组织形式在性质上与政府组织有着本质的区别。村民委员会授权主体由乡镇政府转向村级社区的选民，意味着以“命令－服从”为特征的传统国家与农村社会的关系模式开始瓦解，国家在农村的行动方式开始法治化、契约化和政策化。由于现代社会国家与社会相互渗透的加强，村民委员会实际

---

① 任中平：《村民自治究竟应当向何处去?》，《理论与改革》2011 年第 3 期。

上又扮演了农村社会自组织的角色，成为联系国家与农村社会的桥梁，而且是农村社会与国家谈判的“代理人”，降低了农村社会与国家的交易成本。国家与农村社会关系的组织化、实体化和法律化，以及中国共产党在农村的基层组织对村民自治的领导作用，既保证了农村社会的“自我管理、自我教育、自我服务”，又保证了国家对农村社会的动员与整合。[①]

在集体资产匮乏、家庭承包的条件下，社区村委会、党支部等组织对农户经济采取不干涉的态度，除非上级政府强制推行某项经济作物种植。由于三年一届的民主选举，社区领导者更替较为频繁，因此，社区领导者对发展集体经济并不热心，不愿承担经济风险。

① 金太军、王运生：《村民自治对国家与农村社会关系的制度化重构》，《文史哲》2002 年第 2 期。

第六章　维护资源匮乏型社区村民自治的运转平衡：未来的发展

以经济发展为中心的改革开放，取得了举世瞩目的成就，增强了国家的综合实力，提高改善了人们的生活水平。但是，地区、城乡间收入差距及教育资源分配不均等呈扩大化趋势，导致低收入地区劳动力不断向高收入地区流动，且流动规模增大、流动速度加快，农村空巢化现象明显。在这样的背景下，村民自治更需要社区组织、政府和村民在信任、互惠基础上的相互合作，透过优化制度设计，增强社区共同体价值的认同感，在以情感建设和制度建设为取向的社区要件的互动中，维护社区的良性运行。

第一节　村民自治运行中的失衡现象

村民自治作为村民对农村社区自我管理的方式，运行于社会转型背景之下，既受到政治、经济、社会、文化等制度性变革的影响，也面临个人主义、物质主义、消费主义等社会思潮的冲击。这样，村民自治在实施过程中必然遭遇到各种问题的挑战，既有社会发展所面临的共性问题，也存在资源匮乏型社区自身的本土性问题。

（一）资源与权力的滥用

社区运转是否平稳、正常，不仅取决于农村社区本身的治理状况，还取决于施加于其上的各种政策性、体制性的力量，以及历史传统、社会结构等，它们相互作用，形成共力，作用于社区运行之中。

1. 泛人情化

在物质资源相对匮乏的社区，人情成为重要的资源。人情是乡土社会人们之间相互交往的一种重要形式。“太上贵德，其次务施报”，传统的礼节中给人送礼就是送情，是真心祝福的表达，并不会因为要求回报而反倒失落了“礼”的本质。人情往来总是把目标放在人际关系的维持上，有了这种特殊的“人情债”，关系自然也就特殊了。

随着农村社区现代化的发展与村落社会结构的变迁，人情往来随之出现了新的表达形式。传统村落相对单一的伦理型和情感型人情表达，在很多地方开始演变为功利性的动机，即人们之间的人情往来不再只是出于单纯的礼俗信仰，而逐渐向一种有目的、有原则的，旨在维护某种交换行为和特殊关系的方向转换。① 在市场经济、物质主义和个人主义的影响下，人情意义发生了功利主义色彩的转化。同时，受现代农村社会风险增加、农户收入普遍较低、农民收入增长途径较少、家庭人口减少、社会保障不健全，以及社会阶层固化等因素的影响，更出现了泛人情化的现象。如在农村低保人员的确定中，因现在较以前相比名额较多，因此，在分配名额的时候，村委会主任就会在资源分配中，除按照惯例对特别困难的家庭给予支持外，往往会以自己的“关键人物”或人情亲疏来决定低保人员名单。这对村主任来讲，是对“自己人”的一种补偿，以回报平日他们对自己工作的支持。在村委会选举中，也存在泛人情化的问题。在候选人亲自登门拉选票，或送烟酒、请吃喝、给现

---

① 陈沛照：《人类学视域中的唐村人情往来》，《广西民族研究》2012 年第 3 期。

金等之后，选民也往往会答应为他们投票。其中的原因也多是既然他们来讲情，也算是给了自己面子，乡里乡亲，自然也要给他们面子，况且还拿了人家的东西。于是，选票也自然是投给了他们。当面对多方都拉选票的情况，为了不得罪各方，有的选民就选择了弃权。

2. 权力货币化

在资源匮乏型社区，权力的获取不一定是因为权力的占有度，但是，在获取权力后，权力的使用同样出现了“膨胀”的取向。布劳指出，爱默森为研究“权力－依赖”关系及其后果曾提出过一个纲要，它可以具体地说明产生权力本身不平衡的条件。那些需要别人提供服务的人有以下几种替代选择。第一，他们可以为他提供某种他极其想要的服务，足以诱使他提供他的服务作为回报，当然这只有当他们具有这样做所需要的资源时才行，这将导致相互性的交换。第二，他们可以从别处获得所必需的服务，假定存在替代的提供者，这也将导致相互性的交换。第三，他们可以强迫他提供服务，假定他们能够这样做的话，在这种情况下，他们将确立对他的支配地位。第四，他们可能学会顺从于没有这种服务，也可能找到一些东西来替代它，这将要求他们改变决定他们需要的价值准则。第五，如果他们不能或不愿意选择这些方案中的任何一个，那么他们就没有其他选择，只有服从他的愿望，因为他能持续地提供那些视他们的服从情况而定的必要服务。[①]

布劳据此提出，这个纲要可以用来指明社会独立性的条件、权力的必要条件、权力冲突问题以及它们的结构含义。前四个选择方案的可获得性刻画了社会独立性的条件，它可以使人们避免依赖于某一既定来源服务的第五个条件。第一，战略性资源增进了独立性。具体来说，一个人如果拥有所有必要的资源，这些资

---

① 理查德·M. 爱默森：《“权力－依赖”关系》，《美国社会学评论》，第 31 ~ 41 页，转引自彼得·M. 布劳《社会生活中的交换与权力》，李国武译，商务印书馆，2012，第 192 页。

源可作为使其他人提供给他所需要的服务和利益的有效诱因，那么他就免于依赖任何人；第二，可以获得所必需之服务的替代性来源；第三，运用强制力量迫使别人给予必要的利益或服务的能力；克制对各种服务、利益的需要构成了独立性的第四个条件，一个人的要求和需要越少，为满足它们而产生的对别人的依赖也越少。

这个四重图式也有助于描绘获得和维持权力所使用的策略，它们是对独立性条件的补充。为了用他的资源获得对其他人的权力，一个人必须要防止其他人选择前四个方案中的任何一个。这就要求他对他们能提供给他作为交换的利益保持冷淡；通过切断接近这些服务的替代提供者的通道，确保其他人总是依赖必须由某人提供的服务；防止其他人为实现他们的需求而诉诸强制力量的能力是维持权力的第三个必要条件；权力依赖于人们对当权者不得不提供利益的需要。①

根据布劳关于权力的维持与保持社会独立性的条件，我们可以看到，在资源匮乏型农村社区，村干部的权力有所弱化，而村民的独立性正在增强。村干部所拥有的资源除《村组法》中所规定的权力外，在现实的情境中主要有审批宅基地、人员外出证明、补助人员的确定、贷款证明等。与集体化时代对村民生产、生活资源的全面垄断相比，现在村干部们所拥有的资源不足以使村民对其产生依附性。在包产到户之后，农民的生产、生活具有了独立性。村民获得了土地使用权、农产品买卖的自主权。“一个人如果拥有所有必要的资源，这些资源可作为使其他人提供给他所需要的服务和利益的有效诱因，那么他就免于依赖任何人。尽管财富不是防止依赖性的完美保护物，但是拥有一般化的报酬，比如金钱，在这一点上明显具有重大意义。”② “从村

① 彼得·M. 布劳：《社会生活中的交换与权力》，李国武译，商务印书馆，2012，第 193 ~ 198 页。

② 彼得·M. 布劳：《社会生活中的交换与权力》，李国武译，商务印书馆，2012，第 193 页。

民自行决定在自己土地上种什么以及如何利用剩余产品的第一天起，干部权力之真正基础便开始崩溃了。”①

对村干部的权力监督约束，“有两个因素多少可以防止和制约其腐化。第一是中央政府的政治运动。以前有些运动是针对农村党员干部而开展的，下一个运动什么时候回来，没有人能预料。如果不想成为斗争大会的目标，最好的办法就是不要压迫村民。第二个因素是，并非所有的农村干部都会受到提拔，移出农村。如果你的下半辈子都要在乡下度过，在和村民打交道的时候就应该特别注意，即使村民现在不报复，他们以后也会对你的孩子下手”②。

民主选举在全国范围内实施，村干部必须通过选举才能获得相应的职位。为此，权力来源的途径不再是从上而下，而是从下而上，为维持权力，必须要了解村民的心理、意愿等，以获得更多村民的选票。关于选举中的贿选、宗派问题，也是村民自治中各界关注的重点。

在 2008 年的村委会选举中，陕西 HC 市 LM 镇 LM 村，因出现“天价”村官引发各界关注。2008 年 12 月 9 日，王某通过选举成为 LM 村的村主任，这个 HC 市著名企业家，以回报乡里的名义参与了选举，并且赢得了选举。虽然大家都不否认每人两万元的人头费在其中的催化作用，但是支持王某的人还是坚持：村主任就要选能人，他能把企业做得那么好，当然也可以把我们的村子治理好。③

竞选村委会主任时，王某承诺：在上任后，前两年每年为每位村民分五千元，第三年一万元，“五年后的 LM 新村将户户住单元房，家家有小汽车，人均收入两万元”。“为了让村民更快致富，如果我当选，垫资分配三年的两万元，让大家拿钱挣钱。”当选次日，2008 年

---

① 阎云翔：《中国社会的个体化》，陆洋等译，上海译文出版社，2012，第 63 页。

② 黄树民：《林村的故事：1949 年后的中国农村变革》，素兰、纳日碧力戈译，三联书店，2002，第 215 页。

③ 《村官选举：利益还是责任》，http://www.sxdaily.com.cn/data/bsgzzj/20090123_9769568_6.htm。

12 月 16 日，王某提前兑现竞选承诺，村民按人头领到了存单。①

据村委会一工作人员说，王某是想带动全村人致富。他之前的一份竞选稿也表露了自己“挺身而出竞选村委会主任”的缘由：我有自己的事业，完全没必要揽这份出力不讨好的差事。我为什么要竞选呢？因为我的事业发展，承蒙父老乡亲的支持，我一直无以回报……个人富裕不算富，只有全村人都走上小康才算富……人要懂得感恩，要充分体现自己的价值……②

LM 村的村民对王某的当选及发钱一事，表示支持。村民称王某“人很正直”，“人家办了很多企业，有能力和实力给村民办事，让大家富起来”。

两万元对 LM 村村民的意义究竟有多大？一个村民形象地说：“我邻家有五个娃，负担重得很，娶媳妇都是问我借的钱，这一次，就可以把账还完了。人心里踏实多了。”

还有一些村民将两位竞选人进行比较，来表达自己对王某的支持。“老村长把村上一块四五十亩的地圈起来弄鱼池，向外承包，到底收入如何，大家都不知道。王某一当选就给村民兑现诺言，人家就不在乎钱。”“王某有的是钱，就不会在村上胡倒腾，是专门带咱来致富的。”③

LM 村一些村民表示，村官就是要选有魄力、有能力、能干肯干的实干家。当然，也有村民质疑，王某是某企业集团董事长，自身企业经营事务缠身，他会有精力顾及村务建设吗？一个好村官的评价标准，不能只看会分给村民多少钱。④

---

① 《陕西“天价村官”存身贿选冰火间》，http：//www. legaldaily. com. cn/bm/content/2009 －01/06/content_ 1014033. htm。

② 《韩城一当选村官分村民每人 2 万引起轰动褒贬不一》，http：//news. hsw. cn/2008 －12/13/content_ 10466492. htm。

③ 《1400 万兑现承诺　韩城龙门村“天价”村官成焦点》，http：//news. hsw. cn/2008 －12/15/content_ 10470174. htm。

④ 《韩城企业家当选村官垫资续：初查未发现选举舞弊》，http：//news. hsw. cn/2008 －12/15/content_ 10469771. htm。

关于王某这两年的工作，村民评价毁誉参半。有人认为，不管怎么说，王某给每个村民发了两万元，比起前任“执政”六年，共发一万两千元，应该算是进步。也有人说，王某办新企业的诺言没有兑现，原来三个企业或停或包，王某也有一定责任。①

3. 公共资源的垄断化

随着农村社会流动性的增强，西部贫困地区的大量劳动力可以相对自由地流向东部发达地区，寻找更多的机会。村民获得资源的途径增多，不再仅仅依靠区域内的村庄提供必要的生产、生活资料。因此，相当一部分村民对村庄的依赖性减少。

农民工长期远离农村而居住在城市打工，参与村庄公共管理的时间有限，客观上造成了村庄公共管理职能的下降，农民工的双重身份给村民自治带来了挑战。农民流动背景下的民主管理，首先要面对“无人理事”的困境。一方面，农民外出打工能够获得较多的收益；另一方面，由于农村工作十分辛苦，而村委会干部的报酬和福利待遇比较低，许多村委会干部在比较利益的驱动下，也加入了农民外流的大潮中。有的村委会成员带职外出打工，使村民自治陷入“无人理事”的境地。其次是农民工的迅速发展使村庄公共管理职能的履行困难增多。村民外出务工经商意味着他们不仅脱离了村庄的地理边界，同时也越出了村庄公共权力的行政边界。当前，农民流动既不需要村组织的批准，也不需要通过什么严格的手续。在这种情况下，村委会对外流村民的情况基本不了解。因此，在管理上难免力不从心，处于“无能”和“无为”的尴尬境地。②

宝鸡金台区陈仓镇 JX 村根据《村组法》的规定，通过有关程序，罢免了现任村委会干部。JX 村是金台区陈仓镇的一个城中村，担任本届村委会的 5 名村委会委员是 2011 年 12 月当选的新班子。

---

① 《韩城企业家 1332 万竞村官　2 年后村民告其只顾自己》，http://weinan.hsw.cn/system/2010/12/15/050722355.shtml。

② 何晓红：《村民自治背景下农民工政治参与的缺失与强化》，《政治学研究》2009 年第 1 期。

因 2012 年启动的城中村改造项目要求村民全体搬迁，其中出台的房屋征收和补偿协议引发大多数村民的不满，加之村民对部分村委会成员的工作方式颇有意见，村民们决定联名罢免现任村主任和副主任，为自己的切身利益重选“父母官”。据罢免村官执行主席、村委会会计毛某介绍，JX 村共有村民 1320 人，其中具有选举权的村民 1055 人，村民按照《中华人民共和国村民委员会自治法》向上级单位提起了罢免村委员的申请。之后，召集村民进行票决，履行罢免村主任和副主任的投票环节。依照会议程序，村民投票选出监票员等工作人员，然后毛某宣读了村民罢免现任村主任和副主任的理由，两名被提出罢免的村委会成员依次提出申辩意见，表示尊重村民的选择。在场的 730 名有选举权的村民凭借选民证领取罢免票，分别对被要求罢免的村主任和副主任进行无记名投票。票决结果显示，村主任以 598 票、副主任以 630 票被村民票决罢免。罢免结果公示后，村民依法对补选的村委会成员再次进行票选。[①]

整体上看，近年来，物质主义盛行、个人主义凸显，在民主选举中，村主任主要以提高收入、改善公共设施等作为竞选纲领。而村民在选举初期，多选择有经济实力的人作为候选人，期望他们能带领大家致富，提高收入，改善生活，提供机会，他们也被誉为当地能人。“对一个人能提供的利益的依赖并不使其他人服从于他的权力，给予他的仅仅是对于他们的潜在权力。这种权力的实现要求他实际提供利益或他自己承诺这样做。”[②]

（二）社区参与度低

改革开放之后，国家实行“撤社建乡”“乡政村治”，农民逐步从人民公社的集体性束缚中解放出来。农村土地包产到户之后，个体农民拥有了生产经营自主权和对劳动产品、劳动力自由支配的

---

① 《宝鸡两村官征收房屋引不满　千余村民票决将其罢免》，http：//news.hsw.cn/system/2013/03/29/051635732.shtml。

② 彼得·M. 布劳：《社会生活中的交换与权力》，李国武译，商务印书馆，2012，第 199 页。

权利，农民的生产资料和生活资料有了最基本的保障，减少了对国家和集体的依附；市场经济浪潮席卷乡村社会，市场逻辑和商品主义法则不断强化着农民的个体意识，农民的价值观日益理性化、世俗化，自由、权利意识取代了集体主义；劳动力的自由流动与转移和身份证制度的实行，使得原本束缚在土地上的农民脱离家庭、亲属，可以自由往返于城乡之间，灵活选择职业，开始了“自我决定”的生命历程。[①] 这都导致了村民社区参与度的降低，主要表现在以下几个方面。

1. 家庭承包制的实施，公共、集体感流失

自人民公社解体、家庭联产承包责任制实施以来，农民的生产、生活重新以家庭为中心，自主安排。在市场经济条件下，农作物的种植与销售均由农民自己做主，并承担后果，风险性增强，同时农民的独立性也得到了增强，不再依附于集体组织，集体组织对农民的控制力明显弱化。尤其在免征农业税费后，农民与集体组织的必要联系更少。在这种情况下，参与村内事务，如选举、管理等，基本上不能依靠强制力，主要靠农民的自愿参与。因此，与农民利益关系密切或者符合农民意愿的事务等才能引起农民的重视。而对于上级分派的各种任务，如果农民认为只是增加了负担，并没有看到实效，那么他们参与的愿望就低。

2. 经济落后，人员大量外流，选举“空壳化”

由于西部地区自然环境较为恶劣，市场经济不发达，技术落后，因而农作物产量不高，依靠小农经济的农民收入普遍偏低，在部分贫困山区，人均年收入仅 600 元左右。因此，人员外出打工现象普遍。国家统计局陕西调查总队发布《2012 年陕西农民工调查报告》，对全省 2220 个农村家庭户进行了监测调查推算，结果显示，2012 年，全省农民工总量达到 662.9 万人，比上年增加 26.3 万人，增长 4.1%。

---

① 阎云翔：《中国社会的个体化》，陆洋等译，上海译文出版社，2012。

外出务工人员在村委会选举期间，经常会由于选举时间与工作时间冲突，不能回村投票，而采用委托投票形式或者放弃投票。而常年在外的经历，使他们对本村的日常生活逐渐疏远，他们的关注点更多集中于目前工作、生活的场所，甚至不关心选举及其结果。

3. 留守人员多，参与能力低

由于外出务工人员增多，农村出现大量的留守人员。农村留守人口呈现以下五大特征：年龄分布畸形，老龄化程度高；家庭务农者以妇女和大龄男青年为主；留守人员受教育程度普遍较低；收入结构变化、打工收入超过务农收入；空心村居住分散，孩子上学不便，治安环境不佳等。

在对 1710 位留守人员的调查中，年龄在 30 岁以下的仅占 5.8%，30～40 岁的占 19.2%，40～50 岁的占 27.9%，60 岁及以上人口比重高达 19.4%，平均年龄为 49.77 岁，留守人口年龄整体偏大，养老负担重。

家庭人口中有 2/5 的年轻劳动力外出务工，其中举家外出者占一成多，家庭外出者以子女、儿媳或丈夫为主，近七成集中在15～35 岁。务农劳动力中，妇女占六成，男性 40 岁以上者占近三成。

留守农民中初中文化程度者最多，占 49.9%，小学文化程度者占 30%，大专及以上文化程度者占比例最小，仅为 1.1%。其中，男性平均受教育年限为 8.14 年，女性平均受教育年限为 6.96 年。女性不识字者和小学教育程度者的比例高达 47.79%，男性受教育程度总体高于女性。留守农民整体受教育水平不高。留守人员多为老年人、妇女、儿童等，在以往的社会经验中，他们参与社区事务的次数比青壮年男性要明显减少。

4. 集体资源匮乏，参与因素不足

在调研组随机抽取的 20 个村子中，19 个村提供了 2009 年的集体收入统计，数据显示，有 9 个村集体收入为 0，占全体的 47.3%，在 9 个村中，其中有 2 个村无负债，其余 7 个村，分别负债 10 万元、30 万～40 万元、2 万元、88 万元、28 万元、10 万元和 30 万元。在有收入的 10 个村中，2009 年集体收入分别为 3 万元、3 ~4 万元、0.4 万元、4.6 万元、0.4 万元、0.3 万元、0.5 万元、5 万元，以及 20 万元、380 万元。其中，仅 3 个村无负债，占 30%，其余各村负债分别为 3 万元、10 万元、11 万元、30 万元、30 多万元、50 万元、60 万元不等。有集体收入 20 万元、380 万元的两个村的集体收入为 2009 年征地款，在一般年份里，并没有集体收入。收入上万元的村，集体收入为土地出租费用，这些村在平原地区，地理位置较好，靠近城镇。在 20 个村中，有 5 个村至今无村委会办公场所，占到总体的 25%。因集体收入匮乏，所以围绕集体收入收支的相应关注度低、争论较少。

5. 公共物品匮乏，需要个人投入

在上述提到的有关村庄集体负债中，多为修建公共设施而负债，对于所欠债务，有村委会主任或党支部书记拿出自己的钱垫资，也有村委会主任以自己的名义借款，还有拖欠工程队的欠款等。目前，这些负债基本都要依靠申请各级政府的各种支农项目，获得项目款才能偿还。利用项目还债存在几个问题。其一，项目所能支持的村有限，并不能全覆盖，因此，只有部分村能够申请成功。这需要村干部有较高的社会资本、较强的社会关系网络。其二，项目前期往往需要垫资。根据村主任的经验，先期已实施的公共设施建设更容易申请到项目资助，因此经济实力较强的村主任会垫资提前实施工程，在工程粗具规模的时候，再多方申请。其三，项目款数目不等，有时需要综合几个项目以偿还某一个公共建设款项。在公共建设依赖政府项目支持的前提下，社区自治增强了对政府的依附性，这也是导致选举冲突的重要因素之一。

（三）社区内的工具性关系替代情感性关系

在社区关系研究中，较有代表性的是黄光国的观点，他将人际关系分类为三种：情感性、工具性及混合性。他提出人们会依对方所归属的类别，而以不同的法则与之交往。其中，情感关系是一种长久稳定的社会关系，主要是家庭成员、亲友、所属团体等初级群体成员，交往以“需求”为主，目的是满足双方之关爱、温情、安全感、归属感等情感方面的需要。工具关系，是指一种不稳定的关系，主要涉及职业间的人际关系。这类关系的目的是从互动对方获得某些资源，关系的维持是获取各自所需的手段，感情因素置于较低的位置。混合性关系中，双方的交往最需运用“人情”“面子”。在这类关系中，交往双方彼此认识而且具有一定程度的情感关系，但其情感关系又不像初级群体那样，主要包括亲戚、同乡等不同角色关系。这一研究为认识市场经济大潮冲击下，农村社区人际关系的变化、交往类型的转变提供了理论的分析参照。的确，在转型期的中国农村，人际情感性的交流状态在一定意义上正被工具性关系所替代，这种转变也带来社区村民自治中传统效能的降低，对村民自治的参与者提出了新的考验。

针对这样的状况，丁元竹也提出了自己的看法。他认为，在历史的发展过程中，实际上存在着价值意义上的社区与工具意义上的社区。价值意义上的社区主要指以滕尼斯的共同体理念为核心的、理想生活中的生活共同体。它以人的本性为特质，在其中人的社会性得以体现，社会生活得到满足。人们在社会生活中展现出自己的社会性，展现人的群体特征和社群属性。工业革命和城市化对人的社会性和公共生活带来了巨大摧残。重新找回社区的本质应成为人类面对的新的追求。工具意义上的社区，被理解为政府、非政府组织和企业介入社区发展过程，通过制定有关法律和法规，进行社区建设投资，建立和完善社区体制与机制，提高社区的群体凝聚力。工具意义上的社区，主要是通过一系列的建设活动来修复由于工业革命、城市化带来的一系列对于人类本性的损害，从而实现人的全面发展……在现代社会中，社区一方面是人类社会共同体的基本形式，另一方面，它又是解决社会问题的社区方案。[①] 在社区自治的过程中，

① 丁元竹：《滕尼斯的梦想与现实》，《读书》2013 年第 2 期。

以社区的工具性替代情感性的建设，仍然是主要的问题。一方面，政府对村委会、党支部工作的数字化考核，经济发展指标、村民收入指标、计划生育指标等硬性的考核指标，加剧了人们的紧张、压抑感；另一方面，摊派的各种任务强加于村民，强制性破外了社区中的平等、合作、奉献、关爱等精神，造成了对立和隔离。

除此之外，我们还应看到村民自治中仍然存在一些组织管理上的问题，这些问题严重地阻碍了村民自治的进一步发展。

1. 乡镇政府、村委党组织与村民委员会的矛盾突出

尽管《村组法》对乡镇政府与村民委员会的关系作了明确规定，乡镇政府不得干预属于村民自治范围内的事项，村民委员会协助乡镇政府开展工作。但在实际运行过程中，两者之间依然被附加着一种难以切割的行政领导关系。乡镇政府与村委会之间反映的是国家与农民的关系，在国家政权与农民之间，国家仍处于主导地位。

村委党组织和村民委员会的关系就更加错综复杂。《村组法》对此的规定是：中国共产党在农村的基层组织，按照中国共产党章程进行工作，发挥领导核心作用；依照宪法和法律，支持和保障村民开展自治活动、直接行使民主权利。但仍有村党支书认为，坚持党在农村的领导就是坚持党支部的领导，党支部书记就是村里的“一把手”，村委会主任应该听党支部书记的。这种矛盾严重阻碍了村民自治的发展。

2. 自治权的异化问题

根据《村组法》的精神，村民自治是“村民”的自治，而非“村民委员会”的自治，自治权应该由全体村民共同行使，为全村人民服务。行使的主体应该是村民。而在实践中，行使自治权的主体却往往转变为村民委员会，权力又往往集中在村委会主任一人手里。因此，村民自治实际上异化为村委会主任的自治。这与“民主选举、民主决策、民主管理和民主监督”相违背，村民依法享有的权利很难得到保障。

3. 村民自治组织能力差，缺乏凝聚力

改革开放后实行家庭联产承包责任制，在一定程度上发挥了农民的积极性和自治性，但在发展个体经济时忽视了集体经济的创造。其实，集体经济是实现村民自治的物质保证，有了集体经济作为后盾，村民的自治才能正常运转，才能扩大村民的政治参与，才能使利益得到合理的分配，从而为村民提供良好的公共服务。

4. 村民文化水平不高，政治素养偏低

中国农村人口的文化素质普遍偏低，已经严重制约了村民自治的发展。目前，占全国1/4的文盲半文盲主要集中在农村，而在改革开放后大部分具有一定文化水平的农村劳动力则流向了城市和其他发达地区务工经商。这种状况使得一部分农村社区的村民自治难以发挥正常功能，甚至形同虚设。

第二节　村民自治中需要关注的议题

村民自治是制度的建构过程，也是共同体价值的形成过程。根据面临的环境和条件的变化，共同体价值应体现平等的理念、共享的原则、参与协商的途径、全面发展的目标等。优化村民自治的制度设计，应在总结各地经验的基础上，制定比较完善的制度，支持社区价值的实现。

（一）实践创新的原则

对村民自治，已有不少的理论与实践探索，其中有几点值得充分关注。客观上说，以往的村民自治在一定程度上是外来结构的硬性嫁接，而不是有机的嵌入。这使得一部分村民自治“水土不服”，甚至引发了不同文化的冲突，资源匮乏型社区实施的村民自治可以为其提供更为有益的借鉴。

1. 社区的参与性

社区参与的基础是平等、共享。为此，强化社区的参与性是社区发展的重要议题。“参与”主要体现如下宗旨：①通过社区农民的决策性参与，使社区农民公平地拥有发展的选择权、参与决策权和受益权；②在以社区农民为主体的多方参与下，发现、确认社区发展的机遇；③通过合理有效的发展机制的建立，实现资源公平合理的配置和管理，最终实现社区的可持续发展。参与强调了农民对社区发展的民主管理、民主决策和民主监督，体现了农民的主体地位，发挥了农民的能动性。由社区农民发挥主体性，在保证社区人心声充分发挥的基础上，实现政府与社区组织和社区公众的共建、共管，这是农村社区自治的直接体现。参与社区的权利是由社区的共同需要而产生的，是全体村民共同意志的集中表现。其基本目的在于维持、调整或发展整个社区生活的基本秩序。促进社区支持网络建设，为其成员提供能力增长的机会和渠道，以能力建设增强其社区参与的能力和信心。

2. 文化的延续性

文化与人的生活密切相关，文化是满足人们需要的产物。随着社会的进步、经济的发展、交通的便利、信息技术的普及等社会外部环境的变化，外来文化对农村本土文化的影响越来越大，引发了对尊重和弘扬本土文化持续发展的关注。面对外来文化的冲击，推动农村本土文化与外来文化间的交流、与外来文化建设性的对话，以及保持本土文化的生命力、增强本土文化的自信心和凝聚力，显然需要社区人有文化自觉与发展的理念。文化自觉是指生活在一定文化中的人对其文化的“自知之明”，明白它的来历、形成过程、它的意义和受其他文化的影响及发展的方向。“自知之明”是为了加强对文化发展的自主能力，取得适应新环境文化选择的自主地位。文化自觉首先是文化认同，既认同本土文化，也对不同文化持有尊重及理解的态度；其次是文化反思，反思本土文化和外来文化中的合理性与不合理性，对本土文化作出适当的评价；最后是文化创新和发展，这是一个动态发展的过程，强调本土文化在与不同文化的沟通交流中如何创新与发展。为了在实践中体现这样一个文化理念，农村社区组织需要使用一些社区发展的参与式工具，动员社区人认识自己的文化资源，并与社区人一同开发这些资源，在获得经济利益的同时，保护和传播社区文化，增强社区人对社区文化的自信和自觉，并培育新的、与社会发展相适应的社区文化。

3. 发展的持续性

在社区经济发展中，部分人认为，发展就是资源开发，希望通过各类自然资源的开采，以支撑社区经济社会的发展。这些人以各种方式变相侵蚀正常的社区发展规划，在生态脆弱地带大规模进行资源开采，造成环境生态被破坏严重。西部地区脆弱的生态资源一旦破坏就很难恢复，造成的灾难性后果更难以弥补。同时，不顾当地自然条件过度开发，对自然环境的破坏日趋严重，引发了较多的自然灾害，引起人们的反思，提醒人们在西部的发展中，人与自然的和谐相处是关注的重点，否则，因开发引起的生态环境恶化导致的自然灾害，不仅会将已取得的成绩摧毁，还会使人的生存更加艰难。在这方面，需要尊重本土知识，社区人需要积累和运用自身的人与自然和谐相处的理念和经验，促进社区良性发展。

（二）制度建设

制度滞后是制度变迁过程的一个重要性质，也是制度本身固有的性质之一。由于当前还在发挥作用的制度滞后于当期的制度需求，因而始终存在着一种推动制度进一步适应现实制度需求的压力，这种压力是制度变迁机制中固有的。因此，动态演化是制度本身固有的性质。[①] 改革开放以来，社会处于急剧转型期，原有的政治、经济、文化、社会条件都发生了较大的改变。对制度的需求也发生了相应的变化。因此，制度建设是前提。制度设计的原则应该包括这样一些方面：制度的界限得到清晰的界定；有关各方参与规

① 周冰、靳涛：《制度滞后与变革时机》，《财经科学》2005 年第 3 期。

则的制定；违规者要受到分级惩罚；拥有低成本的解决冲突的手段。①

1. 加强监督机制

加强外部监督，建立以民主和法治为基础的外部监督机制。将监督管理工作纳入法制化的轨道运行，是确保权力依法行使的一个有效途径。这样，一旦出现党支部和村委会干部滥用权力的行为，就可依靠法制手段加以中止、纠正和制裁，使监督工作落在实处，实现多数人监督少数人的格局。村中设置专项监督机构，增强内部监督的独立性。保持独立性是依法履行监督职责的前提，应当使外部监督与内部监督互相配合，互相促进，形成机制，以增强监督的整体合力，克服目前监督中存在的内外脱节、职能交叉、责任虚化、压力不足等问题。充分发挥村民代表大会监督、群众监督、新闻舆论等监督的作用。尽快建立覆盖面广、渠道畅通、反馈及时、信息共享的监督信息渠道，在条件好的村子，可建立信息网络和信息库，将干部信息在公共场所及时公布，使上级部门和群众对其进行监督评价。及时发现并改正党支部和村委会干部在工作过程中的缺点和不足。

2. 完善培训制度

从我们调查的情况看，在当前的社会、政治、经济条件下，社区精英对农村社区的治理起着举足轻重的作用。精英的出现既是群众的选择，也是社区治理的需要，他们的个人魅力在社区这种“熟人”社会中的作用显而易见。精英的成长需要土壤，地方政府可以加强对他们的培训工作，主要是通过有关国家法律法规、政府政策和管理能力、道德伦理等方面的教育培训，进一步提高他们各方面的能力。可加大职业技术教育，现在农村社区外

① 罗伯特·D. 帕特南：《使民主运转起来》，王列、赖海容译，江西人民出版社，2001，第194页。

出打工人员也因文化程度低，没有专业技能只能从事简单劳动，如当保安或在工厂做工，年龄大了再回来，生活也没有得到很大改善。在这方面，地方政府可以多提供对农民的免费专业技术培训，根据农民需要，培训内容多样化，也可以根据各村特点，进行农业专业技术培训、创业培训，促进农村从外部投入型向内部发展型转变。

教育培训工作必须坚持以人为主体，提高基层农村干部的素质和能力，实现基层农村干部的全面发展。党支部、村委会干部及村民代表的教育培训应做好以下几方面的工作。要切实加强国家法律法规和党的路线方针政策的教育培训，大力开展党和国家在社会、经济、政治、文化等方面重大部署和要求的培训，注重当地经济社会发展的需要，引导和帮助党支部、村委会干部及村民代表提高思想政治素质，加强道德品质修养。加强法律知识的培训，树立通过“科学化、程序化、规范化”的制度管理农村社区公共事务，依据法律、制度工作的意识。根据各类干部履行岗位职责的要求，有针对性地进行岗位必备知识和能力的培训、与农村工作密切相关的新知识培训，始终坚持把整体素质和能力的提升作为培训的重要任务。在教育培训形式上，要把理论培训与实践培训相结合，提高培训的综合效果。不断扩大培训覆盖面，进一步改善党支部、村委会干部及村民代表的知识结构，扩大知识面，增加知识储备，提高知识文化水平，增强民主意识，提高发展农村社区民主的能力。

3. 转变管理方式

对社区组织在政策、资金、项目、信贷和人才培养等方面给予支持，提供更加宽松的发展环境，增强其自主性。对于某些惠农政策、项目，应因地制宜，根据社区情况逐步推进，而不要制定指标，给村级组织压任务，要求其必须完成。群众的认识需要过程，如果强行推行，社区组织在执行时困难较多，村民常常会反感，反而不利于惠农政策的推行。

4. 加大公共设施投入

农业的附加值很低，农村在现代工业社会发展中处于弱势地位，需要政府给予财政上的大力支持。农村种地收入一年1000多元，除去化肥、灌溉、种子等成本，收入不足千元。近年来，国家推行了一系列政策，提高农民收入，如现在种粮每亩补贴5～50元。但总体来讲，补贴偏低，不能解决农民收入低的根本问题。经济上的贫困、人才短缺、基础设施和公共服务发展滞后，制约了整个农村社区组织的发展。村委会、党支部干部的主要精力用于跑项目、要资金，以改善社区的基础设施建设。民主选举中村干部的竞选承诺，也主要集中在修路、修桥、人畜饮水工程等基础设施的建设上。因此，应加大对农民的财政补贴以及对农村社区公共设施建设的投入，促进农业的繁荣、农村社区的发展。

5. 增强社区自治功能

社区组织是人民群众表达意见、参与公共生活的重要载体，发挥社区组织的积极作用，将对农村自治进程产生根本性影响。随着经济社会的发展，农村开始出现各种农民基于不同利益而形成的社区组织，如经济合作组织、社区民间组织等，应鼓励这些社区组织在法律框架内发展、活动。例如，在村民委员会这一群众自治制度平台上开展各种自治活动，实行民主选举、民主决策、民主管理和民主监督，由此构成村民自治运行的组织基础。对外通过组织参与集体行动，与有关部门进行协商，参与公共事务，及时缓解社会矛盾，在这一过程中使村民自治权得以体现。

6. 加强党的领导，协调“两委”关系

中国共产党是中国社会主义事业的领导核心，要切实保障党在村一级农村基层政权的核心地位，关键是要充分发挥党支部的作用，从而增强党在农村中的执政基础。首先，党支部书记的人选，应是那些既能赢得党员选票又能赢得村民选票，还能正确引导民意的党员，以此巩固共产党的执政基础。其次，对村级党组织的作用进行准确定位，创造村级党组织发挥应有作用的条件。村党支部应利用优势，建立起基层政府和村民自治组织的桥梁。村党支部应能积极推广政府的政策计划，办理各种培训，及时收集村民的意见及建议，向政府反映农民的愿望，提出决策建议等，关心农民的生活、生产，解决农民的困难，协调村民之间的关系，以此赢得群众的真心拥护。

农村村民自治应在党组织的领导下有步骤、有秩序逐渐地进行，同时应明确基层党组织必须是引导和支持人民当家做主，而不是代替人民当家做主。首先，在基层农村，村党支部要善于领导，特别是要转变观念，由“为民做主”向“由民做主”转变。充分调动村民的主动性、创造性，积极管理农村事务，努力使党的领导贯穿于民主选举、民主决策、民主管理、民主监督的全过程。其次，建立健全相关制度，从制度上合理划分村党支部“领导核心”的权力范围和村委会自治的权力范围。目前，国家法律制度在关于村党支部与村委会的职权范围上的规定不规范、不详细，由此引起两者权力之争。因此，要规范村“两委”之间的关系，最根本的还是要通过制度创新，建立分权合作的制度化机制，在两者之间形成良性互动的合作关系。应结合农村实际情况，修改、细化《村组法》《中国共产党农村基层组织工作条例》及其他相关法律制度。明确两者的权力界限，明确各自职责等，建立合理的工作协调机制。同时，应根据当地实际，在坚持相关法律制度的基础上，制定本村的村规民约、《村民自治章程》等规章制度，把村“两委”的职权范围和议事规则固定下来，以制度管人，依制度办事。对违反规定的也要制定相应的仲裁程序和处理规定。

（三）完善《村组法》

村民自治是国家层面自上而下推动的以制度变革为重点的农村社会转型，农村社会在一系列制度的推行下，从集体化时代的

“一大二公”、国家控制绝大多数资源到包产到户、村民自治，经历了巨大的变化。但是，在制度推行的过程中，存在不适应、滞后等问题，尤其是有关指导村民自治的主要法律《村组法》中有的条文不利于村民自治的实施。农村自治组织在处理大量日常性事务时，应以有关法律和规范为行事依据。应进一步健全农村自治程序性及实体性法律制度，用法律来协调各方关系和明确各方权利，推行依法治理，利用各种形式保障公民的知情权、参与权、表达权、监督权。通过逐步建立“科学化、程序化、规范化”的制度管理农村社区公共事务、公益事业，从制度方面解决问题，靠建立合理的制度实现村民自治，靠健全的制度保障村民自治，用法律、制度来制约村干部的权力，从而推动村民自治的发展。

为保持与《村组法》条目一致，本文按照条目的顺序列出修改建议，并说明修改理由。

1.《村组法》第二条增加报告的分类

修改建议：增加“报告分年度报告和临时报告”。将“村民委员会向村民会议、村民代表会议负责并报告工作”修改为“村民委员会向村民会议、村民代表会议负责并报告工作。报告分年度报告和临时报告”。

修改理由：报告工作，一般需要期限。报告可分定期的和不定期的。这样规定，可以防止村民委员会长期不报告工作或遇到重大事项不报告工作。

2.《村组法》第四条关于基层党组织与村民委员会的关系、与村民的领导核心作用的关系需要进一步具体化

修改建议：将“领导和支持村民委员会行使职权；依照宪法和法律，支持和保障村民开展自治活动、直接行使民主权利”修改为“支持村民委员会依法行使职权；支持和保障村民开展自治活动，直接行使民主权利”。

修改理由：

（1）村民委员会是由群众选举产生，并接受群众监督的群众性自治组织。基层党组织的领导核心作用主要表现在具体的决策、支持和监督活动中，发挥推动发展、服务群众、凝聚人心和促进和谐的作用。

（2）党的基层组织必须依靠群众路线，密切保持与群众的联系，获得群众的认可和支持，从根本上维护群众的利益。这是从群众威望的意义上真正坚持党的领导的关键点。基层党组织的领导作用主要建立在依靠群众和获得群众信任的基础上。

（3）村民委员会主任的权力难以获得有效监督，委员会成员难以发挥制约作用，这是村民自治实践中的突出问题。基层党组织的领导主要体现在依靠群众的力量，维护群众利益，监督村民委员会的职责。与村民委员会的工作衔接和协调是基层党组织的具体工作方式。

（4）“发挥领导核心作用”的规定，已经明确基层党委对农村的整体领导作用，包括对村民委员会和村民。在领导方式方面需要从扩大和健全党内民主，带动人民民主以及依法决策、治理和监督的思路去创造和拓展。再次强调领导和支持村民委员会似乎有重复之嫌。

3. 第五条规定基层人民政府与村民委员会的关系，需要强调基层政府指导、支持和帮助方面的明确限制

修改建议：将“乡、民族乡、镇人民政府对村民委员会的工作给予指导、支持和帮助”修改为“乡、民族乡、镇人民政府在职权和政策范围内对村民委员会的工作给予指导、支持和帮助”。

修改理由：基层政府的指导、支持和帮助行为也需要一定的规范。这有利于解决基层政府对待村民委员会工作时态度散漫，甚至存在歧视的问题，也有利于基层政府依法进行行政建设。有的地方政府在农村投资项目或政府优惠贷款中长期集中投向确定的示范村，非示范村很难获得这些资源。有的村民委员会为了获得政府资源，不得不向政府部门或者负责人送礼和拉关系。政府新农村建设项目的运作方式有两种：一是谁争取到政府项目，谁就说了算，谁争取的就归谁控制；二是村民委员会申请，县乡政府负责组织实施，申请环节和执行环节相分离。这就难免出现漏洞和不规范现象。

4. 第六条第二款村民委员会成员构成的性别平等和民族平等

修改建议：将“村民委员会成员中，应当有妇女成员，多民族村民居住的村应当有人数较少的民族的成员”修改为“村民委员会成员构成坚持性别平等、民族平等原则”。

修改理由：村民委员会成员是村民选举产生的，这就难以在原则上保障村民委员会成员中一定有女性或者一定有少数民族成员。《村组法》规定的目的是倡导男女平等和民族平等。这些原则具有示范性，但没有约束性。

5. 第七条第一款增加村民委员会事务的性质区别

修改建议：将“村民委员会事务的性质和种类由法律和村民公约规定”修改为“村民委员会根据需要设人民调解、治安保卫、公共卫生、计划生育等委员会。村民委员会成员可以兼任下属委员会的成员。人口少的村的村民委员会可以不设下属委员会，由村民委员会成员分工负责人民调解、治安保卫、公共卫生、计划生育等工作。村民委员会事务的性质和种类由法律和村民公约规定”。

修改理由：村民委员会的事务性质需要划分清楚，哪些是自治事务，哪些是法律规定和政府委派的公共事务。计划生育和治安保卫是公共事务，而人民调解和公共卫生一般来说是自治事务。村民委员会事务的性质和种类应由法律或村民公约规定。

6. 第八条规范的性质

修改建议：删除“应当”词语。

修改理由：“应当”是应然性规范词语，不是实然性规范词语。可以删除本条一、二、四款“应当”词语。

7. 第十一条第二款无届数限制的规定似乎不妥

修改建议：将“村民委员会每届任期三年，届满应当及时举行换届选举。村民委员会成员可以连选连任”修改为“村民委员会每届任期三年，届满应当及时举行换届选举。村民委员会成员连任不超过三届”。

修改理由：没有任期届数限制，难以解决部分村民委员会成员群众威信低，却通过各种手段培植组织势力、壮大农村家族势力、把持村民委员会的问题。连选任期与非连选任期不矛盾。连选任期限制不排斥间隔后再行当选，而且设置了冷却期。

8. 第十二条第二款明确选举委员会的性质

修改建议：将“村民选举委员会由主任和委员组成，由村民会议、村民代表会议或者各村民小组会议推选产生”修改为“村民选举委员会是组织村民选举、处理选举纠纷临时机构，由主任和委员组成，由村民会议、村民代表会议或者各村民小组会议推选产生”。

修改理由：需要明确村民选举委员会的性质和职责，及时解决选举纠纷。村民选举委员会是专门组织村民选举的组织，它是在选举前通过推选临时组建和在选举活动完成后就自行终止的组织。

9. 第十三条第二款第二项和第三项的修改

修改建议：将“（三）户籍不在本村，在本村居住一年以上，本人申请参加选举，并且经村民会议或者村民代表会议同意参加选举的公民”修改为“（三）户籍不在本村，在本村居住一年以上，本人申请参加选举，按照村民公约或者村民选举委员会的决定可以参加选举的公民”。

修改理由：

(1) 户籍不在本村但居住在本村的人口视为常住人口，按理应当有权参加选举，除本人申请条件之外，再让村民大会和村民代表会议同意似乎条件苛刻了一些。如果村民公约对这种情况进行了规定或者授权村民选举委员会作出决定，这样会提高选举效率和减少选举成本。

（2）有无本村户籍不是是否拥有选举权的唯一标准。本人与村的现实社会生活的密切联系，可能是选举权和被选举权的真正来源。所以，对本村外出打工和经商人群、在本村居住的非本村户籍的人群的选举权和被选举权就有调整的可能。

10. 第十四条关于选民名单异议处理的时间和程序方面的问题

修改建议：将“对登记参加选举的村民名单有异议的，应当自名单公布之日起五日内向村民选举委员会申诉，村民选举委员会应当自收到申诉之日起三日内作出处理决定，并公布处理结果”修改为“对登记参加选举的村民名单有异议的，自名单公布之日起五日内向村民选举委员会提出书面申诉，村民选举委员会自收到申诉之日起三日内作出书面处理决定，并公布处理结果。对处理决定不服或者逾期未作出处理的，申诉人可以向人民法院提起诉讼”。

修改理由：书面申诉、签发回执单和书面决定的形式有利于固定异议和处理的证据。规定“对处理决定不服或者逾期未作处理的”情形下的起诉权，有利于督促选举委员会公正、及时处理异议纠纷。

11. 草案第十五条第二款顺序的修改

修改建议：将“选举实行无记名投票、公开计票的方法，选举结果应当当场公布。选举时，应当设立秘密写票处”修改为“选举必须设立秘密写票处，实行无记名投票、公开计票的方法。选举结果应当当场公布”。

修改理由：无记名投票和设置秘密写票场所是相互联系的两个方面。从逻辑上看，秘密写票场所是保证选民无记名投票的前置性条件。因此，将秘密写票场所作为首要规定单列出来。

12. 第十六条有关罢免动议门槛过高和村务监督机构的罢免权

修改意见：将“本村五分之一以上有选举权的村民或者三分之一以上的村民代表联名，可以提出罢免村民委员会成员的要求”修改为“本村十分之一以上有选举权的村民或者五分之一以上的村民代表联名和村务监督机构，可以提出罢免村民委员会成员的要求”。

修改理由：

（1）罢免动议门槛过高，需要降低门槛。选举环节是登记选民和参加选举选民的“双过半”，没有包括未登记参加选举的选民部分。比如，一个村有500个有选举权的村民，登记选民300人，一位候选人以151票当选。按照我们的调查，外出务工的村民基本上不愿意或不能回家参加选举。如果需要提出罢免议案，就需要100人投票提出罢免动议案。这显然与当选时的得票不匹配，比例失当。同样按照上述例子，本村登记选民300人，投票人151人，投票76人同意就可罢免。这样就会出现罢免表决票低于提出罢免动议议案的票数。这显然是头重脚轻的事情。村民组织化程度本来就不高，提出罢免议案的门槛不宜过高，把罢免动议和真正罢免投票区别开来。

（2）实际当中，有的村民委员会主任甚至成员，没有代表村民的利益，而是损害村民的利益，却没有村民提出罢免要求，或者提出这种要求的村民达不到规定的要求。村民选举委员会是临时性机构，出现罢免事由后再推选组织新的选举委员会不现实。选举委员会是组织选举的机构，不是提出罢免动议的机构。从主持选举和提出动议相分离的意义和罢免的监督性质看，赋予村务监督机构罢免动议权，或许可以解决罢免提议主体缺失或者不到位的问题。

13. 第十七条非法手段当选的法律效力和法律救济方式

修改建议：将“村民有权向乡、民族乡、镇的人民代表大会和人民政府或者县级人民代表大会常务委员会和人民政府及其有关主管部门举报，由乡级或者县级人民政府负责调查并依法处理”修改为“村民选举委员会和村民有权向乡、民族乡、镇的人民代表大会和人民政府或者县级人民代表大会常务委员会和人民政府及其有关主管部门举报，由乡级或者县级人民政府负责调查并依法处理。受理举报的机关在接到通知30日内不作出认定，作出认定后在30日内不作处理的，或者对认定结果不服的，村民选举委员会和村民有权向人民法院提起诉讼”。

修改理由：

（1）对破坏选举的行为，村民选举委员会应当责无旁贷地制止。人大常委会和政府机关不予认定，或者认定后有关机关不处理怎么办？考虑到这些问题，有必要赋予村民选举委员会或村民起诉的司法自救权。

（2）为了督促相关机关及时正确履行职责，防止久拖不决，需要对认定和处理行为设定期限。按照行政监察法的规定，监察申诉、监察复查、监察复审期限为30日。行政复议法规定，有权处理的复议期限为30日，转处理的复议期限为60日。建议将认定期限和处理期限均规定为30日。

（3）对“不认定”和“乱认定”，都应有救济方式。

14. 第二十条关于工作移交的内容规定需要具体化

修改建议：增加“工作移交内容包括：村民委员会财产、会计财务资料、档案资料和公章等”。

修改理由：工作移交的内容需要特定化和具体化。在村务自治实践中，曾经发生过原村民委员会不给新村民委员会移交公章和财务的情形。新选的村民委员会没有办法处理，政府和司法机关也没有办法处理。

15. 第二十一条赋予村务监督机构的召集权

修改建议：第二款后增加“必要时，村务监督机构也可以召集村民会议”。

修改理由：

（1）村民会议的召集权一般可由村民委员会行使。但在村民委员会不履行召集义务，村民和村民代表无法达到必须召集村民会议规定的比例的情形下，村民会议就极有可能难以召开。

（2）村民会议讨论重大事项，与村民委员会可能存在利益冲突。比如在征地、拆迁、农村土地承包和租赁等方面，村民委员会擅自决定，同时又不愿意召集村民会议，甚至阻拦村民会议的召开，可能会损害村民的根本利益。普通村民力量分散，组织性弱，难以行使召集权。村民代表也可能不积极行使代表权。涉农上访事件往往与此有关。所以，给予村务监督机构村民会议召集权，甚有必要。

16. 第二十二条降低召开村民会议的村民或者村代表的比例

修改建议：将“召开村民会议，应当有本村十八周岁以上村民的过半数，或者本村三分之二以上的户代表参加”修改为“召开村民会议，应当有居住在本村的有选举权的村民的过半数，或者居住在本村的二分之一以上的户代表参加”。

修改理由：

（1）农村选举有效和当选有效的票决比例都没有这么高，要求召开村民会议有这样高的比例不适当。如此高的比例会导致村民会议无法召开，或难以召开。因此，需要降低参加比例。

（2）考虑到农村人口流动比例高的特点，没有必要将农村外出务工的选民作为召开村民会议的必要条件。只要将开会前在本村居住的有选举权的村民作为计算基数就可以了。

（3）户是农村的基本组织单位，也就是农村家庭。家庭的利益和家庭成员的利益是基本一致的。因此，没有必要要求户代表比例超过有选举权村民的比例。

17. 第二十四条重大事项的提议和决定权

修改建议：

（1）将“涉及村民利益的下列事项，经村民会议讨论决定方可办理”修改为“涉及村民利益的下列事项，经村民委员会、村民代表会议、村务监督机构、其他组织或村民联合提议，村民会议作出决议，方可办理”。

（2）将“村民会议可以授权村民代表会议讨论决定前款规定的事项”修改为“村民会议以决议方式按次授权村民代表会议讨论以上事项，但涉及土地征收、征用、承包和使用事项不得授权”。

(3) 将“法律对讨论决定村集体经济组织财产和成员权益的事项另有规定的，依照其规定”修改为“村民会议，或经授权的村民代表会议，讨论决定事项涉及集体经济组织财产和成员权益的，依照有关法律的规定办理。村务监督机构和村民认为村民会议或村民代表会议违反法律规定，损害集体或村民利益的，有权向乡、县级政府反映、申诉，有关部门不作处理或对处理不服的，可以向人民法院提起诉讼”。

修改理由：

(1) 村民会议讨论和作出决定前需要准备决议方案。规定缺乏提议主体。将村民委员会、村民代表会议、村务监督机构、村其他组织和村民联合均作为提议主体，有利于决策的科学性、民主性和合理性。

(2) 列举事项大部分是村级重大事项。涉及的土地、集体经济收入和分配、收费和摊派以及成员补贴，都是重大敏感问题。特别在土地征收、征用、承包和使用方面，村民委员会擅自决定，可能会损害村民根本利益。为了防止村民委员会利用村民代表会议形式损害村民的根本性利益，规定涉及土地权利事项不得授权是必要的。

(3) 考虑到农村集体利益和村民利益可能在村民委员会、村民代表大会或村民会议的名义下，违反有关程序规定，违背有关决策公平原则，有必要在设置政府处理前置程序之后，赋予村务监督机构和村民司法补救权。

18. 第二十五条村民代表的比例和责任问题

修改建议：将“村民代表应当向其推选户或者村民小组负责，接受村民监督”修改为“村民代表归纳和表达推选户或者推选村民小组的意见和建议，负责和报告工作，接受日常监督”。

修改理由：村民代表需要代表推选户或推选小组的利益和意见，实际上代表村民的利益和意志。村民代表，应当经常性地与所代表的村民沟通意见，了解村民的意见。这有利于履行村民代表的职责，也有利于防止村民代表以个人意志代替所代表的推选户和推选小组的意见。

19. 草案第二十六条第一款赋予村务监督机构的村民代表会议召集权

修改建议：将“村民代表会议由村民委员会召集”修改为“村民代表会议由村民委员会召集，必要时，村务监督机构也可以召集”。

修改理由：实际当中，村民委员会在重大事项上往往不召集村民会议或者村民代表会议。召集权是非常重要的组织权力，需要多方保障。增加村务监督机构为召集主体，有助于发挥村民会议和村民代表会议的作用。

20. 草案第二十七条关于规定村民自治章程和村规民约定的法律性质

修改建议：将“村民会议可以制定和修改村民自治章程、村规民约，并报乡、民族乡、镇的人民政府备案”修改为“村民自治章程和村规民约是反映村民自治性质、规范自治事务范围和规定村务办理程序的制度性文件，在法律和政策许可下具有约定性效力。村民会议可以制定和修改村民自治章程、村规民约，并报乡、民族乡、镇的人民政府备案”。

修改理由：村规民约和自治章程的法律性质、治理功能需要明确划定。在法律强制性规定之外，村民有权根据无规定即约定的法律原则，制定自己的章程和约定，并且具有当然的法律效力。在国家法律强制力之外，自治章程和村规民约就是治理村庄的重要依据，体现村民自治的精神。

21. 建议第二十八条第一款作出与第二十二条第一款相似的修改

22. 第二十九条明确规定村民委员会的性质

修改建议：将“村民委员会应当实行少数服从多数的民主决策机制和公开透明的工作原则，建立健全各种工作制度”修改为“村民委员会是农村民主管理的执行主体，实行少数服从多数的民主决策机制和公开透明的工作原则，建立健全各种工作制度”。

修改理由：从法律性质上看，村民委员会是村民选举出来的农村民主管理的主体组织，本质上属于管理性授权，也是民主管理的主要承载者。

23. 草案第三十条补充农村养老和合作医疗情况、监督村民委员会的制度规定

修改建议：

（1）（三）项后增加一项为（四）项：“养老、合作医疗政策的执行情况。”（四）项改为（五）项，依次顺延。

（2）将“村民委员会应当保证所公布事项的真实性，并接受村民的查询”修改为“村民委员会应当保证公布事项的真实性，并接受村务监督机构和村民的监督”。

修改理由：

（1）救灾救济款物发放是民政机关的一贯和持续政策，养老和合作医疗政策是国家新农村建设中普遍实行的新政策，有必要单列出来。

（2）查询权属于信息知情权，也是村民监督的一部分，但不完整。监督应该还包括质问和说明情况和理由。从监督的意义上规定村务监督机构和村民的监督权，发挥有效监督作用。

24. 第三十二条村务监督机构的性质

修改建议：将“村应当建立村务监督委员会或者其他形式的村务监督机构，负责村民民主理财，监督村务公开等制度的落实，其成员由村民会议或者村民代表会议在村民中推选产生，其中应有具备财会、管理知识的人员”修改为“村应当建立村务监督委员会或者其他形式的村务监督机构，负责监督村民委员会民主理财和村务公开等制度的落实。村务监督机构成员由村民会议或者村民代表会议在村民中推选产生，其中必须有具备财会、管理知识的成员。村务监督机构的名称由地方法规规定。本村十分之一以上有选举权的村民或者五分之一以上的村民代表联名，可以提出罢免理由。罢免村务监督机构，由村民选举委员会主持，村民会议决议”。

修改理由：

（1）村务监督机构的监督权来自村民授予的监督权利，村民委员会的管理权来自村民授予的管理权利。村务监督机构的监督对象是村民委员会的管理和执行的权力。村务监督机构在产生程序和运行形式上是独立的，与村民委员会是平行关系，而非隶属关系或附属关系。只有监督权是独立的，监督权才能发挥有效监督作用。村务监督机构的监督范围不应限于民主理财和村务公开，还需要包括村民委员会的决策监督。

（2）村务监督机构的权力来源、产生程序和罢免程序在性质上，与村民委员会是相同的。村务监督机构的设置实行主任和委员制，所以实质上就是委员会制度。因此，村务监督机构的名称可以是村务机构，也可以是村务监督委员会，还可以直接叫村民监督委员会。

25. 第三十一条监督村民委员会的行政和司法救济渠道

修改建议：将“村民委员会不及时公布应当公布的事项或者公布的事项不真实的，村民有权向乡、民族乡、镇的人民政府或者县级人民政府及其有关主管部门反映，有关人民政府或者主管部门应当负责调查核实，责令依法公布；经查证确有违法行为的，有关人员应当依法承担责任”修改为“村民委员会不及时公布应当公布的事项或者公布的事项不真实的，村务监督机构和村民有权向乡、民族乡、镇的人民政府或者县级人民政府及其有关主管部门反映，有关人民政府或者主管部门应当限期调查核实，责令依法公布；经查证确有违法行为的，有关人员应当依法承担责任。接受反映的政府或有关主管部门不处理的或者对处理结果不服的，村务监督机构和村民有权向人民法院起诉”。

修改理由：

(1) 财务不公开和公开内容不真实是村民自治中难以治理的问题。村民委员会侵犯村民整体利益的事情时有发生，主要包括村官侵占、处分村民利益和贪污政府支持资源。完全依靠村民个人或集体自发的形式，以及政府处理的形式公开财务情况，实际效果还是难以得到保障。引入村务监督机构的目标之一就是着力解决这个问题。

(2) 法律方式解决应当是最终且最有权威的解决方式。

26. 第三十三条评议，村民代表列入评议对象

修改建议：第三十一条增加“村民代表应当接受推选户和推选小组的评议”内容，列本条第二款。

修改理由：评议制度实际上是民主监督制度的表现形式之一。村民委员会成员、村务监督机构成员及其聘用人员属于评议对象。村民代表是推选户或推选小组的代表，也需要通过评议的方式接受民主监督。

27. 第三十五条经济审计是村务监督机构的主要职责，村务审计需要监督机构提议，而不是政府主动直接干预

修改建议：将“村民委员会成员的任期和离任经济责任审计，由县级人民政府农业部门、财政部门或者乡、民族乡、镇的人民政府负责组织，审计结果应当公布，其中离任经济责任审计结果应当在下一届村民委员会选举之前公布”修改为“村民委员会成员的任期和离任经济责任审计，由村务监督机构提议，县级人民政府或者乡、民族乡、镇的人民政府负责组织，审计结果应当及时公布。其中离任经济责任审计结果应当在下一届村民委员会选举之前公布”。

修改理由：审计是财务监督的重要环节。赋予村务监督机构审计提议权，有利于督促政府及时组织审计工作，顺利完成选举前的审计。如果村民委员会成员在任期未满前辞职或者离职，审计工作应当在工作移交前完成。

28. 第三十六条扩大诉讼主体、明确责任主体

修改建议：将“村民委员会或者村民委员会成员作出的决定侵害村民合法权益的，受侵害的村民可以申请人民法院予以撤销，责任人依法承担法律责任”修改为“村民委员会或者村民委员会成员作出的决定侵害村民合法权益的，村务监督机构、村民代表和受侵害的村民可以申请人民法院予以撤销，责任人及相关方依法承担法律责任”。

修改理由：

（1）赋予受害村民法院撤销权是必要的，但是村务监督机构和村民代表的起诉权也不可或缺。

（2）在侵犯村民合法权益的事件中，一般有村民委员会及其成员参与，但是也有其他村民、企业公司，甚至政府机构参加等。原条款中“责任人”似乎仅仅包括村民委员会成员。增加相关方可以把需要承担责任的主体全部包括进来。

29. 第三十六条第二款“责令改正”问题

修改建议：

（1）将“村民委员会不依照法律、法规的规定履行法定义务的，由乡、民族乡、镇的人民政府责令改正”修改为“村民委员会不依照法律、法规的规定履行法定义务的，由乡、民族乡、镇的人民政府依法处理”。

（2）将“乡、民族乡、镇的人民政府干预依法属于村民自治范围事项的，由上一级人民政府责令改正”修改为“乡、民族乡、镇的人民政府干预依法属于村民自治范围事项的，由上一级人民政府依法处理”。

修改理由：

（1）村民委员会与乡、镇政府不是领导关系，而是指导关系。“责令改正”是行政术语，不适合规范村民委员会自治权与乡镇政府的行政权之间的关系。这一关系最好纳入法律的调整范围。

（2）上级政府对下级政府有领导权和行政处理权。乡、镇政府干预村民自治范围内事项的行为属于具体行政行为，可以由行政实体法和程序法管辖。

30. 第三十七条关于协助政府事项的财政支持问题

修改建议：将“人民政府对村民委员会协助政府开展工作应当提供必要的条件；人民政府有关部门委托村民委员会开展工作需要经费的，由委托部门承担”修改为“人民政府对村民委员会协助政府开展工作应当提供必要的条件；人民政府应当提供经常性预算费用和其他必要的条件；人民政府有关部门委托村民委员会开展工作需要经费的，由委托部门组织安排”。

修改理由：依法或委托由村民委员会承担涉及政府职能的事项，如果只要求承担责任，而不考虑经济成本，村民委员会只是基层政府的腿。为完成政府规定或指定的工作任务，村民委员会需要政府提供稳定的财力支持。

31. 草案第三十五条关于自治事项的财政支持问题

修改建议：将“村民委员会办理本村公益事业所需的经费，由村民会议通过筹资筹劳解决；经费确有困难的，由地方人民政府给予适当支持”修改为“村民委员会办理本村公益事业所需的经费，由村民会议通过筹资筹劳解决；经费确有困难的，由地方人民政府根据相关地方性法规或政策给予财政支持”。

修改理由：这方面各行政区域情况大不相同，各村情况也大不相同。政府对村民委员会的财政支持要依法有据，规范运行，基本实现公共财政支持均等化。这样有助于防止财政支持由个别人说了算等不公平现象的发生。在我国西部地区和其他贫困地区更应该如此。①

① 2009年度国家社科基金西部项目“西部农村社区村民自治问题研究”课题组、陕西省社会科学院2009年度重点项目“从陕西村民自治的实践看我国村民自治法律的完善”课题组。

第三节　探索以社区情感为纽带的社区治理机制

在资源匮乏型社区，农村社区的自治其实更依赖于情感认同，其中既包括个体对村集体的认同，即个体愿意参与社区公共事务，也包括社区精英与村民之间的相互信任与认同，以及在此基础上形成的基本相同的社区价值与行为规范。社区精英凭借个人的能力在社区自治实践中不断以社区情感的维系为纽带，树立自己的权威，在平衡关系、协调矛盾和扩大资源的基础上，推动、引领农村社区自治的发展。可见，无论是参与村民自治的群体还是个人，情感因素的有效积累和利用都是至关重要的。这也提醒人们，在社区自治过程中要关注社区情感的建设问题。

（一）需求为本的价值取向

社区治理的关键要素之一是社区情感建设，而社区情感建设的基础则是社区人的需求。这种需求既包括社区发展不同阶段的内在逻辑需求、客观呈现的需求，也包括社区人的主观需求。敏感地发现并有效地回应这些需求、在社区治理中建立需求为本的价值理念，以及以社区情感要素的培育为核心，这些是社区治理的关键领域和治理效果的保障。

1. 共同体的合作性需求

社区就是一个共同体。它既是物理空间的存在，也是社会空间，尤其是人们认同空间的存在。然而，在相当一段时间内，在社区治理的过程中，人们忽视，至少是轻视了情感认同空间的建设。帕特南在《使民主运转起来》一书中，提出了与大多数经典论述不同的观点。他指出，许多理论家从19世纪德国社会学家费迪南德·滕尼斯那里借用了公社与社会的区别，即传统的、小型的、面对面等特点是社区与现代的、理性主义的、非个人化的社会的区别，前者依赖于关于团结的普遍感觉，后者依赖于自私的利益，进而得出，公民共同体是小型的、亲缘关系紧密的、前现代社会的产物，它与我们的现代世界是很不同的，公民共同体作为一个世界性的现象已经不复存在，是注定要消失的，取而代之的是大型的现代团体，它在技术上是先进的，但更没有人性，它逐渐去除共同性，同时激发个人主义。之后，帕特南透过意大利社区案例，分析出现代化绝不意味着公民共同体的死亡。关于“公民共同体”的概念，帕特南从公民的参与，政治平等，团结、信任和宽容，社团合作的社会结构等方面进行了解释。公民性弱的南方与公民性强的北方的区别，不在于是否有社会联系，而是垂直的依赖和剥削性联系与横向的互相合作联系之分。调查数据显示，公民性最强的地区的国民比公民性最弱的地区的国民具有更强的社会责任感，对他们的同胞能够守法更有信心。相反，在公民性弱的地区，更多的人坚持认为，当局应该更严厉地在他们的社区实施法律和秩序。公民性强的地区的集体生活比较轻松，因为人们可以期望别人遵守规则。知道别人会这样做，你也就同样会满足别人对自己的期望。在公民性弱的地区，几乎每个人都认为别人会破坏规则。在追溯共同体之源的过程中，帕特南发现，20 世纪末公民参与积极的地区，几乎都是那些在 19 世纪拥有众多合作社、文化团体和互助会的地区，在那里，12 世纪时，邻里组织、宗教组织和同业公会共同促进了城市共和国的兴旺发展。这些公共精神发达的地区，尽管一个世纪前经济并不特别发达，但在经济表现和政府质量（至少是出现在地区政府后）上，却稳步地超过了那些公共精神不太发达的地区。这些地区克服了集体行动的困境，长期以来持续运行有效地合作。在一个继承了大量社会资本的共同体内，自愿的合作更容易出现，这些社会资本包括互惠的规范和公民参与的网络。这里所说的社会资本，是指社会组织的特征，诸如信任、规范及网络，它们能够通过促进合作行为来提高社会的效率。①

---

① 帕特南：《使民主运转起来》，王列、赖海荣译，江西人民出版社，2001，第 128、132、133、167、189、195 页。

帕特南所说的共同体内横向的合作关系，在中国传统农村中长期存在。虽然未能如意大利北方城市一般，在中世纪随着城市国家的出现和经济的高速发展，涌现出无数商业惯例上的创新，形成各种组织网络以及超越亲属纽带的扩展了的团结，但是，在农村基于情感需求、共同安全、经济合作和保障等因素而形成的各种合作延续至今。

作为乡村社会情感要素体现得最为强烈的表征之一的民间互助行为，能清晰地呈现这一特征。乡村社会民间互助传统由古至今，乡村社会民间互助的基本价值取向：一是基于父权主义，强调家庭作用的血缘互助是传统社会民间互助的基本形态；二是在互助情境中强调个体的伦理义务首要性是传统社会民间互助的道德要求；三是在报答的互惠格局中，交往礼俗成为乡村社会民间互助的主要实现途径。总之，传统文化中的“血缘伦理本位”“差序格局”的价值观一直在支配民间互助。① 广大的农村地区经历了集体化时代的冲击，在当下市场经济的冲击下，这些地区的互助合作的传统也确实注入了一些经济利益的成分。但是，即便如此，人与人的社区共同体关系并没有脱离互助的形式，并没有失去维系情感的纽带。他们仍在沿用传统习俗，只是随着生活、生产、交往的不断丰富，人们赋予了互助合作更多的形式和内容。

2. 村民自治的本质需求

在社会群体中，存在集体行动的困境，在不确定别人是否会守信用、违约是否会受到相应惩罚的情况下，即使不合作自己会受损失，人们也常常会放弃合作。面对集体化后农村社区公共物品、公共服务缺失，安全问题隐患凸显，道德滑坡，“搭便车”思想、行为盛行等问题，农村社区精英采取的是协商、合作的思路，延续互助合作的传统，根据实际情况制定、实施相应的规则，很快扭转了农村社区管理失控的局面。

---

① 卞国凤：《近代以来中国乡村社会民间互助变迁研究》，博士学位论文，南开大学，2010。

村民自治起源于包干到户、人民公社解体所形成的农村社区管理危机。据学者们考证，合寨大队果作村村民委员会为“中国第一个村委会”。而在当年，同属于合寨大队的新村却被认为是最早建立村民委员会的地方。1981 年 10 月，合寨大队所在的三岔公社党委在一份关于合寨大队建立村民委员会的情况调查报告中，就提到新村是合寨大队最早建立村民委员会的地方。新村为什么要建立村民委员会？群众当时的想法其实挺简单。主要原因是，一段时间村里治安状况不好，仅 1980 年 1 月，合寨大队就发生了 11 起案件，其中有偷牛盗马的，乱砍滥伐集体林木的，还有拐卖妇女的。村里的党员干部看到这种情况，就提出成立村委会，制定村规民约，此举立即得到了全村的赞同。新村村委会成立并制定村规民约后，案件发生都大大降低。合寨大队党支部及时总结了新村的经验，并组织全大队的每个村都建立村民委员会。宜山县北牙公社漠村大队冷水村建立村民委员会的情况大致相同。这个村共有 5 个生产队，73 户 270 人。1981 年 1 月各生产队实行包产到户、包干上交的生产责任制后，一时出现了公共事业无人出头办理的状况。原来几个生产队共用的水利设施开春后需要修复才能解决春灌用水，但没有人进行组织。原来集体经营的一些公共资产无人管理，封山育林无人抓，集体林木被乱砍乱伐，公共用地、道路被占去建房无人制止，还有人将畜禽散放饲养糟蹋禾苗却无法处理。全村群众共饮的一口水井，过去两三个月刷一次，现在谁也不主动去冲刷，都在等待观望。在此状况下，该村成立了村委会，制定了村规民约。冷水村村民委员会成立不久，就为群众办了几件好事。修了一座水坝，将水引来，解决了好几个村的灌溉问题；不论是集体还是个人的树木，都没有再被偷砍偷伐；村里也没有发生过盗窃案件。[①]

村民委员会的成立与村规民约的制定，属于村民自发的一种行

① 宜山县贫协：《关于宜山部分农村成立村委会的情况调查》，1981 年 10 月 10 日，转引自罗平汉《村民自治史》，福建人民出版社，2006，第 26、27 页。

为，是在国家解除农村集体化之后，政权部分退出乡村社会的应对措施。从中我们也看到了当地社区精英在社会转型时期的影响力。村规民约的制定，首先在党员干部的提议下，通过村民的讨论，村委会干部的确定，最后经过村民的投票认可。规约实施后效果良好，很好地解决了当时农村的现实问题、农民的现实需求。

3. 村民的现实需求

随着社会经济的发展，最初的需求也在不断地发生变化。在对村民调研的过程中，笔者发现，村民的需求与其自身利益关系密切，从生活、生产到自我权利的保护，从不同层次、不同角度提出了多方面的要求，我们将其分为三大类。第一，与个人生活、生产相关，其中由于个人的经济条件、社会地位等不同，需求也不同；其二，关于社区事务参与及提高村干部素质等方面的需求；第三，关于本村公共物品提供、社区安全等社区问题解决的需求等。

（1）村民对生产、生活需求的表达。

今年干旱，地里的花椒树旱死了，也没人能帮助解决这个问题，庄稼需要水，村干部没有人关心这事也没人解决，村民们也不知道找谁帮忙。

我家很穷很苦，住的房漏水，又小又破，也没人管，生活很贫困，吃住都很艰难，基本上属于揭不开锅，这样村干部也不管，也没有低保。

家门口的垃圾成堆，村里也没人帮着解决，家门口很臭很脏，夏天无法生活。

村里的低保户不是按实际情况来分配名额的，村干部把名额基本上分给他们家亲戚、朋友和关系要好的村民，一些真正很贫困的人不是低保户，没有得到救济，一些有关系的人却得到很多好处。村干部明显有以公谋私之嫌。

现在是个人顾个人，各挣自己钱，村民遇到纠纷，无人出面彻底解决。

经济落后，观念落后，群众的温饱问题近一半没有解决。

无人解决孩子读书问题。

（2）村民对参与社区事务及村干部要求的表达。

有的村民有一定的政治参与能力，但是缺少一定的途径，有些制度与规章名存实亡，没有办法关心自己村的村民自治情况。

我说句真话，根本就没有达到村民自治，而是形式上的自治。几乎都是上级决定好的，只是走过场而已。这是农村普遍存在的问题。

本村支书开始想当村委会主任，但是全体村民都不同意，他就用钱买通，当上村支书。他以前当过村委会主任，把社员闹得差点去要饭。现在的支书和书记，都是一个样子，队里有了什么好事，他俩就叫亲朋好友去。像低保，老、病等身体不好的，根本连门儿都没有。

对村干部有意见，憋在心里不说，不想惹人。领导要有责任心，领导要村民投票选举，每年账务要在村委会公开。民间组织要利国利民，利于群众精神文化生活，不要走形式。

村干部要公平、公正，为村民办实事，少做表面文章。

有的事项村干部不当回事，建议在职的村干部，能给村民及时解决问题，尽自己的职责，做个让村民满意的干部。

现在农村生活得到了改善，但是村中农民的合法权利受到侵害，不能得到很好的保护，农村有些人及村干部的素质有待提高。

村民没有得到村里集体经济收入一点好处，也没听说分给谁。

上级拨付的专项款不知道怎么用的。

村干部在开会时，应该通知村民，村民想参加村里的财务会。

监委会有和没有一样。

希望村干部为村民、为村集体做更多的工作。

（3）村民对公共物品提供和社区安全等需求的表达。

不要说我们村，就是我们镇，什么民间组织、文体活动、休闲场所统统没有，我们老百姓就这样年复一年、日复一日地过着。

我们村有条河，经常发洪水，在 1981 年、2007 年、2010 年都发过洪水。对本村的影响很大，很多农田被冲毁。

整个村里的垃圾都没人清理，村里的垃圾堆积如山。

村庄道路差，道路不畅通。

用水灌溉农田，村里不管。

我们村是新农村示范村，但是文化生活单调。

有的村民建议加大农村道路建设、水利基础设施建设、养老保障、文化和体育设施建设等。

从访谈中我们可以看出，村民们对村干部既有不满，又有期望。他们既希望从制度方面制约村干部的权力、参与社区的管理，也希望村干部能够有责任心，公平公正地处理社区事务，解决具体问题。从村庄的传统看，村民之间存在互助的传统。但是，这种互助受社会环境的影响，多限于个人之间，包括亲属、朋友及邻居等，互助的程度也较低，一旦超出个人能够承受的范围，就需要有组织、网络提供各种帮助。

（二）社区自治的社会责任

村民自治有其特有的社会责任，从国家政府来讲，农村是社会结构的重要组成部分，农村的发展对社会的整体良性发展具有举足轻重的作用。从村民自治本身来说，村民自治的主体是村民，村民自治与他们的生活、生产息息相关，他们的感受最为深切。因此，在村民自治的实践中，有地方村民针对本地出现的问题总结出来的经验做法，具有创新性、灵活性，不仅解决了自身面临的问题，也为其他地方提供了思路，然而这些并不是制度所能设计出来的，因此，从村民自治的发展看，为更好地实现其社会责任，可重点关注以下几个方面。

第一，愿景目标的确立是动力。村民自治的目标是建立新型的农村社区，即经济富裕、政治平等、社会安定、生活质量提高、安全感增强、心灵满足等。只有确立了愿景目标，才可能更好地面对实施中出现的问题、困难。在有关村民自治的研究中，关注点多集中在制度建设方面，希望以此提高村民自治的效果，但是结果并不尽如人意。在资源较为丰富的社区，关于村干部独断、贪污等信息不断出现，贿选事件也层出不穷，甚至有人提出，还不如不选举，选举造成了村民分帮结派，原先没有选举时，大家基本上关系还融洽，见面和和气气，现在把矛盾都挑明了。这种想法属于少数比较极端的，并不是村民自治制造了这些问题，而是在社会大转型的背景下，市场经济的理性算计、消费主义的盛行、个人主义的流行等对人们的社会价值观、行为方式等都造成了巨大的影响，作为中国社会的重要组成部分的农村社区，也不可避免地受到了冲击。因此，村民自治中出现的问题，并不能简单地认为是农村社会中的问题，而是社会性的、基础性的问题。在面对、解决这些问题时，政府不仅要重视农村社区的制度建设、硬件建设，更要重视利用本土性资源，形成社区的情感认同，提升社区的团结，增强人们的信任合作，促进人际互动网络的建立。

第二，情感性的增强是核心。个体一生都在与他人的关系之中，“是关系，皆是伦理”“伦理关系，即是情谊关系，亦即是相互间的一种义务关系”①。在农村社区这种小型“熟人”共同体中，“这些村民的行为仍然受到当地道德世界中人情伦理的支配”②。而对于村落内的越轨行为，存在村落层面的惩罚。在村落层面的惩罚实践中，回报伦理作为建构规矩人的道德言说而兴起，即惩罚有助

① 梁溯溟：《中国文化要义》，上海人民出版社，2011，第79页。

② 严云翔：《中国社会的个体化》，陆洋等译，上海译文出版社，2012，第23页。

于“学会规规矩矩做人”。“做规矩人”便是要与报、礼、关系、人情、面子和集体主义等道德规范和价值相致和。[①] 这种公众舆论在地方性的面对面社区中，对人们的行为之所以能施加控制，在一定程度上是因为人们想要得到好名声，而好名声则能够带来褒扬并避免惩罚。[②] 情感认同，其中既包括个体对村集体的认同，个体愿意参与公共事务，并愿意为此付出，也包括社区精英与村民的信任、相互之间的认同，在此基础上，形成共同价值和规范。社区精英凭借个人的能力在社区范围内树立权威，在相互平等、沟通顺畅的基础下，推动、引领社区自治的发展。

第三，法律、制度的健全是保障。实现社会主义民主的途径是从制度方面解决问题，靠建立制度实现民主，靠健全制度保障民主，逐渐构建社会主义民主制度建设的基本思想。“必须使民主制度化、法律化，使这种制度和法律不因领导人的改变而改变，不因领导人的看法和注意力的改变而改变。”[③] “我们过去发生的各种错误，固然与某些领导人的思想、作风有关，但是组织制度、工作制度方面的问题更重要。这些方面的制度好可以使坏人无法任意横行，制度不好可以使好人无法充分做好事，甚至会走向反面。”[④] “要继续发展社会主义民主，健全社会主义法制。这是三中全会以来中央坚定不移的基本方针，今后也决不允许有任何动摇。我们的民主制度还有不完善的地方，要制定一系列的法律、法令和条例，使民主制度化、法律化。”[⑤] 1992 年初邓小平南方谈话时，他还进一步强调：“还是要靠法制，搞法制靠得住些”[⑥]。法律具有稳定性、连续性、权威性、科学性等特点。因此，村民自治也必须要从“人治”走向“法治”。

---

① 朱晓阳：《小村故事》，法律出版社，2011，第 284 页。

② 朱晓阳：《小村故事》，法律出版社，2011，第 287、289 页。

③ 《邓小平文选》第 2 卷，人民出版社，2006，第 146 页。

④ 《邓小平文选》第 3 卷，人民出版社，2006，第 333 页。

⑤ 《邓小平文选》第 2 卷，人民出版社，2006，第 359 页。

⑥ 《邓小平文选》第 3 卷，人民出版社，2006，第 379 页。

第四，村规民约的制定及实践是基础。社区成为生活共同体，首先要有共同的规范。这些规范不是外部强加的，也不是少数人制定赋予多数人的，而是社区成员共同参与制定的、真正意义上的村规民约。村规民约是社区自治的基础。社区机制的形成有一个过程，它需要平等的社会关系、个人坚守对集体的责任、完善的制度和健全的机构。每个人坚守社会规则，把日常的小事做好，才会逐渐把社会和国家的大事做好。[①] 果作村之所以最终获得了村民自治发源地的美誉，就在于他们保留了一份当年的《村规民约》。[②] 其内容无不反映了当时村子所面临的主要问题，村干部及村民根据以往经验提出解决的办法，制定了规则，经过了村民的讨论、决议及认可，因此实施效果较好，解决了现实的问题，更是提供了解决集体困境的途径。村规民约挖掘和利用传统文化伦理规则，可有效化解矛盾纠纷，促进社区和谐建设。修订、完善村规民约，村民达成共识，形成道德自我约束力；建立村规民约道德评议会，在基层党组织的领导下，由村里各方代表组成，以调解群众间的纠纷和矛盾，主要评议法律或政策不明确，或者不需由法律政策解决的问题；评议会定期设置评议话题，表达利益诉求，搭建对话平台，达到明辨事理、教化村民、树立新村风的目的。

第五，社区精英的承担是保证。这些社区精英往往通过选举或入党进入国家承认的组织之中，具有了正统“合法”地位，继而与政府进行各种合作。在社会转型时期，社区精英的领导示范作用至关重要。在人情化的乡土社会里，法律、制度的实施具有较强的灵活性。这种情况也造成了，社区领导者的能力和品性与社区自治的效果成正相关关系。如韩城企业家以 1332 万元竞选村官的例子，据报刊所提供的后续报道，2012 年 12 月 10 日，韩城市农业经营管理指导站出具的《关于对龙门镇龙门村及各企业 2009 ~

① 丁元竹：《滕尼斯的梦想与现实》，《读书》2013 年第 2 期。

② 罗平汉：《村民自治史》，福建人民出版社，2006，第 26 页。

2012 年 6 月财务收支情况的审计报告》中称，LM 村原村主任王某在没有召开村民大会或村民代表大会的情况下于 2008 年 12 月自己垫付 1332 万元，履行选举承诺，选举后第二天将人均 2 万元的生活保障金发放给群众。根据 LM 村账面反映，LM 村及 3 家企业 2009～2012 年并未盈利，而 LM 村于 2009 年已分 3 次归还王某 423.54 万元，2010 年归还 156.08 万元，2011 年归还 392.37 万元，2012 年全部还清，最终使村上形成 1260 多万元的债务。2013 年 1 月下旬，LM 村党支部、村委会向韩城市委宣传部递交了一份《关于 LM 村村情发布会的申请》，申请称：自换届选举以来，LM 村各项工作几乎处于瘫痪状态。现任村主任慨叹，村子事实上已经“烂包了”。[①] 农村村委会主任由选举产生，不确定性较多，因此，应注重党支部书记人选的确定，应选择那些既能赢得党员选票又能赢得村民选票，还能正确引导民意的党员，以此增强党的执政基础。对村级党组织的作用进行准确定位，创造村级党组织发挥应有作用的条件。村党支部应利用优势，建立起基层政府和村民自治组织的桥梁。村党支部应积极推广政府的政策计划，办理各种教育和生产培训，及时收集村民的意见及建议，向政府反映农民的愿望，提出决策建议等，关心农民的生活、生产，解决农民的困难，协调村民之间的关系，以此赢得群众的真心拥护。

（三）社区情感的结构及其建设机制

村民自治建设可分为两个方面，其一是工具性，其二是情感性。工具性是指社区回应乡村社会管理的需要，实施的一系列人事安排、制度建设、硬件设施建设以及各类项目实践；情感性指社区成员对社区的认同、他人的信任，愿意为社区的发展付出，社区给予人们安全感、亲密感、舒适感、自在感等。情感源于天然的伦理

---

① 《韩城天价村官离任留千万债务　曾为当选垫资 1332 万》，http：//news.hsw.cn/system/2013/04/16/051647302.shtml。

关系，情感的认同是社区自治的灵魂。

1. 社区情感建设的理论基础

要实现以情感建设为取向的社区治理，首要任务就是厘清情感的内涵、特点及其在人们行为、社区运作中的功能和作用。社区自治是社区建设的一部分，社区自治需要社区情感建设，社区的情感建设需要理论的支撑。

（1）社区情感的内涵。

社区情感最早受到社会学家的关注。德国社会学家滕尼斯1887年首次提出社区的概念时就指出，社区成员具有共同的价值取向，彼此关系密切，而且守望相助。根据滕尼斯的阐述，社区情感是一种广泛而明显地存在于社区成员之间的密切而富有人情味的人际关系。

对于这些对社区人性化的解读，其继承者在反思了现代性之后，更提出了大量的观点，为建构社区情感提供了大量的知识能量。麦克米兰和查维斯在大量研究的基础上，对社区情感提出了新的定义。他认为，社区情感是一种社区成员所共同拥有的归属感，一种成员彼此间及与整个群体休戚相关的感情，以及成员的需求将通过他们对共同生活的认同而得到满足的共同信念。这一定义强调了个体成员的情感意识、个体与其他成员的相互情感影响力、个体需要通过社区满足愿望的倾向等。此后，麦克米兰又提出社区情感的“四要素”模型理论，系统归纳了社区情感的结构层次。他认为社区情感由情绪感受、人际信任、公平交换和传承艺术四个因素组成。其中，情绪感受主要指情绪安全和归属感；人际信任主要指团体规范、决策能力和基于理性的权威；公平交换主要指以物质交换为基础的人格上的平等和认同；传承艺术主要指以集体体验和记忆为基础的共同文化历史积淀。这四个要素强调了个体情感需求，规范、权威对信任关系的维护，平等理念在关系中的重要性，以及社区情感文化的传承及其价值意义。

对社区情感的研究不仅仅在国外出现，在我国也有很多学者也参与了这一议题的研究。他们结合中国的本土经验，提出了对社区情感更加系统的解读。邓遂在从事相关的研究之后，提出了社区情感的结构及其功能。他认为，社区情感特指社区中存在的各种有利于人们情感关系的、和谐的情感总称，它不包括那些对抗性、冲突性、不利于人们情感关系和谐的破坏性的情感。社区情感的结构包括以下基本情感：社区认同感、归属感、熟知感、信任感、安全感、荣誉感、亲密感、依恋感等，其中社区归属感是核心，是在其他基本情感的基础上形成的。他强调了社区情感的构成要素，社区情感的正面价值与意义。[①] 以上关于社区情感内涵的定位，对开展社区情感建设起到了建设性的作用。

（2）社区情感的理论基础。

对社区情感的研究由来已久。在社区建设中，可以沿着以下一些理论线索予以实践，这对推进社区自治的效能具有较强的启示意义。

社区是社会成员互动的场所。在这一社会空间内，人与人的交往实际上受到社会环境的影响。该观点也可以视为一种系统论的观点。这一观点认为，要理解或预测人的行为，就需要把人与环境看作相互作用的因素集合，看作人与环境相互作用、相互影响的结果。同时还强调，人在情境中，人的行为一定发生在特定的社会生活空间中。因此，不同的人在相同环境中会产生不同的行为，同一个人在不同环境中也会产生不同的行为。生活空间将人和环境融合为一个共同体，其中任何一部分的变化都会引起其他部分的变化。同样，社区成员个体对同一社区环境的情感投入和满意度不同，就会导致其对社区的认同感、归属感的不同，也就会使其社区参与行为发生相应的改变。社区成员个体与所处的社区环境之间构成了不可分割的双向影响。因此，在社区建设中要将社区成员的情感要求和满足状态作为关注的对象，作为社区建设的关键

---

① 丁凤琴：《关于社区情感的理论发展与实证研究》，《城市问题》2010 年第7 期。

要素。

人类的行为同态度有着重要的关联。尽管有些研究指出态度与行为可能存在相反的指向。“态度-行为”论的观点指出，态度对行为一定会产生指导或能动的作用。态度是行为的动力，对人的行为具有调控、指导和监督功能。从心理学的角度看，态度具有认识的成分、情感的成分和行为的成分，其中，认识的成分是态度形成的基础；情感的成分是态度形成的核心；行为的成分是态度的结果。个人对对象的认知会影响情感，进而会影响行为。这一观点指出了情感在人类行为中的决定性作用。这一理论还被广泛地运用于社区分析，尤其运用在社区建设中。该理论认为，个体对社区组织与社区环境的认同感越强烈，对社区喜爱、依恋和投入越强烈，就会越发关注社区的发展与建设，并能积极参与社区的发展与建设。因此，如果要改变个人对社区的行为，要先改变个人对社区的认同与评价，而“改变”能否成功，在于社区的外在环境以及社区组织的服务理念是否能以社区人的情感满足为前提，以社区人其他需求的回应为基础。

社区关系是社区人网络关系的反映。社区建设也要以社区人的关系建设为出发点。社区人关系和谐的基础在于其成员间的情感建设。社区情感的建立是透过人际间不同关系的协调、优化和良性运作为依据的。也就是说，社区建设要有一个良好的社会网为依托。这样，社会网络理论很自然地进入社区发展的视角。社区建设和社区治理的质量和水平一定同社区社会网络的质量有关。英国社会人类学家巴恩斯认为，社会中每个人都生活在各种亲属、朋友、群体和组织的关系中。在人际关系中，个人可以看作点，个人与个人或个人与群体的关系可以看作线，点与线连接结构的变化就是社会网络。社区网络从属于社会网络，居民个人社会支持网络除了来自家庭和亲友外，还包括社区中的邻里、组织和不同群体等，这些支持需要在社区中经过一段时间的互动来形成。因此，个体对于自身社会支持网络的依赖在一定程度上会表现为对居住地点和所处社区的情感。[①]

2. 社区情感的特征及其发展

社区情感作为同一地域内人们情感的联结纽带、社区发展的动力，具有地域性、情境性、归属性、互动性、变迁性等特点。

地域性并不仅仅指自然地理环境意义上的区域，还包括在此之上发展起来的经济、政治、风俗习惯、思维、价值观等具有浓郁地方传统特色的文化历史。全球化对地域性特征造成了很大的冲击，同时也引起了人们的反思，人们希望通过对本土文化的创新，重塑情感空间，解决人们的情感压抑和失落。

情境性表达了人际互动的独特性与偶然性，使社会现象具有了不确定性。柯林斯认为，符号在互动情境中才会获得其所具有的情感意义。一旦符号被注入情境性情感，它们就可以通过会话网络得以传播，并内化为每个人头脑中循环的思维。互动仪式就是际遇者由资本和情感的交换而进行的日常程序化活动。一项互动仪式就是一个情感变压器，它把一些情感作为输入部分，然后把它们变成输出的其他情感。[②]

归属性来源于社区的归属感。归属感是人对地方的依恋情感。海德尔格和赫尔南德斯将地方依恋定义为：在个人与特定地方之间的乐观的情感联系，其主要特征是保持接近这个地方的一种个人情感趋势。这种地方依恋感带有明显的边界指向性，个体对特定地方由于记忆与感受的深刻性，就会产生对该地方依附的心理倾向。布朗等人则从个人和街区（邻里）两个层面分析了地方依恋的差异，并讨论了地方依恋在邻里复兴中的作用，以此说明地方邻里关系以及群体凝聚力对地方依恋的作用。

互动性是社区内人与人、人与群体、人与社区的互动构成了社区的文化结构，其中，以人与人之间的互动为基础。社区是由个人

---

① 丁凤琴：《关于社区情感的理论发展与实证研究》，《城市问题》2010 年第7 期。

② 柯林斯：《互动仪式链》序言，商务印书馆，2012，第 2 页。

组成的群体，梁漱溟认为，中国传统社会是伦理社会，“吾人亲切相关之情，发乎天伦骨肉，以至于一切相与之人，随其相与之深浅久暂，而莫不自然有其情分。……伦理关系，即是情谊关系，亦即是相互间的一种义务关系。举整个社会各种关系而一概家庭化之，务使其情益亲，其义益重”。“伦理社会所重者，一言以蔽之：尊重对方。”①费孝通对中国乡土社会结构提出了差序格局一说，形象地表明了人的远近亲疏之情。在传统乡村中，人们多以家庭血缘宗族、伦理关系、信仰认同等为村庄边界，在共同体内实现经济上的互助、公共事务的讨论、神灵的祭祀等。个体由伦理关系而引申出对群体的情感认同，并愿意为此承担义务，儒家学说对此提出了相应的责任义务关系，如“父子有亲，君臣有异，夫妇有别，长幼有序，朋友有信”。尤其在个体处于富贵地位之时，对族人及他人的帮助也成为应尽之义，否则就会受到谴责。

变迁性指随着社会的发展，社区情感内容发生的改变。近年来，个体化发展对传统的伦理关系影响巨大。我国农村在新中国成立后，“政府发动的意识形态动员、青年组织、集体农业和正规的学校教育是党和国家成功地使青年村民从公共领域的父权统治下脱离出来的主要途径。”②“国家不仅在个体的发展方面发挥了重要作用，而且通过划定界限和规范来管理个体化的进程。”③“个人主义总是被理解为一种自我中心主义，其表现为自私、不合群、功利主义、毫不考虑别人的权利和利益。西方个人主义的其他因素，例如自主、平等、自由和自立，却受到忽视。”对许多个体村民来说，个性和个体主义仍然承载着负面含义。④

村民自治面临的困境，原因复杂，不是由单一因素引起，原因

① 梁漱溟：《中国文化要义》，上海人民出版社，2011，第79、87页。

② 阎云翔：《中国社会的个体化》，陆洋等译，上海译文出版社，2012，第168页。

③ 阎云翔：《中国社会的个体化》，陆洋等译，上海译文出版社，2012，第15页。

④ 阎云翔：《中国社会的个体化》，陆洋等译，上海译文出版社，2012，第21、22、23页。

结果相互影响。但从价值观、行为方式等方面的变化来讲，村民自治的困境源于传统伦理关系中权利义务的弱化、个体化中对西方个体主义消极方面的利用、社会关系中的泛人情化等。如何才能解决村民自治中的问题呢？在调研随机抽取的村中，有3～5个村，村民对自治效果评价较好。其中，有一个村尤为突出。基层政府的肯定、“两委”干部的愉快合作、众多村民的赞扬、对发展前景的信心等，引起了我们的关注，对我们启发颇多。在前面的章节中，我们对这个村进行了分析。这个村的村支书和村主任给人印象最深的是他们常说的“感化”二字。在“熟人”社区中，树立真正的权威，不是靠强制、利益诱惑、花言巧语等，而是通过情感付出、平等对待、以身作则、满足村民的需求、及时帮助村民解决各种困难、急人所急等。他们在时间及精力等方面的付出，赢得了村民对他们的支持和尊重。“在一个群体中赢得高级地位，不仅要求用出色的能力给别人留下深刻的印象，而且要求实际运用这些能力来为达到该群体的集体目标或其成员的个体目标作出贡献。”[①] 在对村民的访谈中，听到最多的是对村干部的“感谢”。

有村民说：“我对村干部党支部表示衷心的感谢，为了让我们多收入资金，早日让我们富起来，他们请技术人员来村委会讲科学种田技术，我在这儿说声谢谢村干部，你们辛苦了。”

还有村民说，村子自实行村民自治多年来，村“两委”团结一致，引导村民积极发展经济，增加农民收入。村“两委”加强农村基础设施建设，硬化全村通村公路，建成人畜饮水工程，实施生态移民、扶贫搬迁工程。在大型公益事业中，实行“一事一议”制度，通过后实施。到目前为止，村子已实施了农村清洁工程，绿化了村子，治理了脏乱差，改变了村容村貌，使该村在县上被评为“示范村”。“两委”多年来受到市、县、乡的表彰，希望村“两

① 彼得·M. 布劳：《社会生活中的交换与权力》，李国武译，商务印书馆，2012，第203页。

委”再接再厉，再为全村百姓办实事。

因此，在村民自治的研究中，问题的解决可以寻求本土性的资源，关注情感建设。情感的认同，包括对他人的信任、对规则的认可，愿意为他人、为群体付出，建立延续互惠的关系和网络。情感的认同可以理解为本体性安全的需要，本体性安全指大多数人对其自我认同之连续性以及对他们行动的社会与物质环境之恒常性所具有的信心①，是一种对人及其生存环境的可靠性的肯定感受。反映了人生存的孤独性、脆弱性和有限性，一旦没有了情感的认同及满足，人就可能处于生存的焦虑之中。情感认同具有提高人的生存质量的功能，以增强人的安全感、满足感。情感认同、社区和谐也许是解决人的本体性安全及集体困境的有效途径。

3. 社区情感建设的资源优化配置机制

资源匮乏型社区自身可用的资源并不多，对外来资源的依赖程度较高。虽然近年来政府不断加大对农村社区的投资，改善农村社区的环境，对农村的发展起到了积极的作用，但是，当前社区资源优化配置中仍然存在着一些不尽如人意的现象，主要体现在以下方面。①政府机构的层级性特征往往导致扶贫信息失真，政府出台的扶贫政策与农民的愿望和需要存在较大的偏差。主要表现为：盲目立项、重复立项、资金分散管理、未能形成合力。另外，目前的一些扶贫活动主要通过上级部门与下级部门签订“责任状”来完成，这往往导致扶贫活动只注重数字目标，而忽视过程，着眼于短期的济困而非长久的脱贫。②一些社会组织、社区和个人的力量未能得到充分的调动，单一的政府扶贫模式不仅增加了政府的负担，还造成了福利的惰性，导致了贫困的固化。③一些社区认为，扶贫开发项目无法给自己带来直接的经济利益，所以，很少表达自己的想法和建议，对贫困治理参与的积极性和主动性都远远不够。④一些民众思想僵化，对政府的福利政策依赖过多，对自身的权利和能力缺

① 安东尼·吉登斯：《现代性的后果》，田禾译，译林出版社，2000，第80页。

乏正确的认识，这样，扶贫的效率和质量很难得到有效的提升。为此，需要充分调动各方面的积极性，为西部资源匮乏型社区的治理付出不懈的努力。

政府层面。在市场经济条件下，贫困地区和边远地区的边缘化趋势明显，投资者难以获利，资本难以进入这些区域。为此，各级政府应在切实提高农村社区建设、规划科学性和前瞻性的基础之上，大力推动各项民生工程，加大扶贫项目资金管理。一要加强贫困地区交通、水利、电力、通信、教育、科技、文化、卫生、广播电视、体育等基础设施建设，帮助解决行路、饮水、上学、就医、用电、听广播、看电视电影等困难和问题，增强贫困地区的发展后劲，同时完善与农村扶贫制度相衔接的农村养老保险、医疗保险、最低生活保障、救济救助和“五保”供养等社会保障制度，使贫困人口的生产和生活得到切实的保障。二要加强扶贫项目资金管理。资金是扶贫攻坚的重要载体和保证，其一是各级政府和部门要建立财政扶贫投入增长机制，将财政扶贫纳入年度财政预算，并且做到逐年增加；其二是以扶贫开发规划为平台，各方面的有效资源整合起来，对扶贫项目的可行性进行认真严格的分析，争取做到资金集成、项目集成、力量集成，放大扶持资金的使用效益，并且确保资金及时足额到位，不断完善和加强资金的使用、管理和监督，充分发挥资金的投入效益。

社会方面。由于政府专项扶贫资金有限，因此，必须构建专项扶贫、行业扶贫与社会扶贫相结合的“大扶贫”格局。在扶贫过程中，需明确定位、合理分工、多措并举，不断提高扶贫开发的整体效能。专项扶贫即瞄准最困难的地区和群体，争取国家资金，增加配套投入，加快实施整村推进、产业扶贫、以工代赈、就业促进、外资扶贫、老区建设等工程，进一步发挥专项扶贫的基础保障作用。行业扶贫即按照各行业的业务职能，将改善贫困地区的发展环境和条件作为本行业工作的重要内容。具体来讲，其一要明确行业部门的扶贫开发责任，在西部贫困地区建设农业实用技术和扶贫开发示范工程项目，扶持特色产业，健全农业科技推广服务组织，向农民普及和传授农业科技知识。其二，通过凝聚各贫困户的资金力量，扩大扶贫产业规模，增强扶贫产业竞争力，同时拓展西部资源匮乏型社区的非农就业空间，发挥其可持续的扶贫效益。其三要建立和完善行业部门扶贫协调沟通机制，使各行业部门相互支持、相互配合，联合作战，加快改变贫困地区的发展环境和条件，共同搞好贫困地区的扶贫开发工作。社会扶贫即动员、引导、吸纳和组织更多的社会力量参与扶贫开发，壮大扶贫开发力量，加快扶贫开发进程，努力营造全社会关心、支持、参与扶贫开发的良好氛围。

社区方面。基层组织在落实乡村治理政策时，往往出于体制惯性将农民单纯地视作被治理的对象，而忽略了法律赋予其治理主体的一面，误将乡村关系中的“指导－协助”性质诠释为“领导－被领导”的性质，这严重削弱甚至剥夺了农民在乡村社区治理中的话语权与主动权。另外，长期以来，强烈的小农传统使得作为西部社区治理主体的农民大多存在惯性畏惧的心理弱势，缺乏现代社会中人们所必备的民主政治意识。新的治理理论提出，政府统治权力是自上而下的，而治理则是上下互动的管理过程。中国的农民拥有较少的政治资源，难以通过决策机制获得有利于自己的政策支持，在社会公共资源的占有和使用上也少于其他社会成员，这就需要通过民间组织促进国家政策给予农民平等的地位，公平地配置经济、政治和社会资源。① 为此，在社区层面，可充分挖掘历史传统以及民间文化中的一些资源，利用血缘、地缘等建立起一些草根组织，通过草根组织中农民的互动与合作，逐渐培养其自主观念，建立其主人翁意识、权利意识和法律意识，提升农民的组织能力与参政能力。当然，在这一过程中，政府、社会在提供宽松的政治环境、规范的资金扶持、明确的制度保障等方面也应该有所作为。

---

① 王习明：《中国农民组织建设的现状——中国农民组织建设入户调查问卷分析报告》，《中国软科学》2005 年第 9 期。

农民自身。农民是农村社区发展的主体，农村发展到什么程度和如何发展，扶贫开发能否顺利地完成，最终还是取决于农民自身的能力。通过国家政策、产业扶贫、行业扶贫以及社会扶贫等，来促进农村社区经济的发展和生活的改善，帮助其从脱贫向发展过渡，最终的目的还是要让农民能够自己独立解决问题、独立发展，即实现从“输血”到“造血”功能的转变。为此，农民应该不断提升自身科技文化素质，充分利用政府实施的各项优惠政策和就业培训，增强就业和创业的能力，争做有文化、懂技术、会经营的新型农民。相信在此基础之上，资源匮乏型社区的产业结构会产生一定的调整和优化，农民的经济收入渠道也会有所拓宽，农民的物质生活水平也会有一定提高。而以上这些变化都可能使农民由于多元利益分化而产生不同的利益需求，作为“经济人”的自然本性在无形之中就会促成他们对自身利益的表达、诉求和维护，而这些都可能成为促进农民积极参与社区治理的有效途径。

参考文献

杜赞奇：《文化、权力与国家》，王福明译，江苏人民出版社，1996。

张仲礼：《中国绅士》，李荣昌译，上海社会科学院出版社，1991。

张鸣：《乡村社会权力和文化结构的变迁》，广西人民出版社，2001。

黄树民：《林村的故事：1949年后的中国农村变革》，素兰、纳日碧力戈译，三联书店，2002。

萧凤霞：《廿载华南研究之旅》，《清华社会学评论》2001年第1期。

陈佩华等：《一个华南乡村的运动考察》，《开放时代》1999年第3期。

华中师范大学中国农村问题研究中心：《中国农村研究·2002》，中国社会科学出版社。

吴毅、李德瑞：《二十年农村政治研究的演进与转向——兼论一段公共学术运动的兴起与终结》，《开放时代》2005年第3期。

许门友：《社会主义民主在农村的伟大实践——陕西农村推行村民自治的研究报告》，《西北大学学报》（哲学社会科学版）2001

年第 1 期。

魏文章、刘处、宋海风：《关于陕西省推行村民自治的基本经验与政策建议》，《陕西青年管理干部学院学报》2001 年第 2 期。

党国英：《试论建立村民监督委员会的重要意义——基于对陕西农村建立村民监督委员会制度的调查》，《毛泽东邓小平理论研究》2011 年第 5 期。

安东尼·吉登斯：《民族－国家与暴力》，胡宗泽、赵力涛译，三联书店，1998。

安东尼·吉登斯：《社会的构成》，李康、李猛译，三联书店，1998。

乔纳森·特纳：《社会学理论的结构》，邱泽奇等译，华夏出版社，2001。

Sachs, Jeffre D. and Warner, Andrew, "Natural Resource Abundance and Economic Growth," *NBER Working Paper* 5398, October 1995, pp. 1－50，转引自罗友花、李明生《资源概念与分类研究——兼与罗辉道、项保华先生商榷》，《科研管理》2010 年第 1 期。

罗友花、李明生：《资源概念与分类研究——兼与罗辉道、项保华先生商榷》，《科研管理》2010 年第 1 期。

梁溯溟：《中国文化要义》，上海人民出版社，2011。

边燕杰等：《论关系文化与关系社会资本》，《人文杂志》2013 年第 1 期。

帕特南：《使民主运转起来》，王列、赖海荣译，江西人民出版社，2001。

金太军、王运生：《村民自治对国家与农村社会关系的制度化重构》，《文史哲》2002 年第 2 期。

金耀基：《关系和网络的建构》，《中国社会与文化》，牛津出版社，1992。

翟学伟：《关系研究的多重立场与理论重构》，《江苏社会科学》2007 年第 3 期。

安东尼·吉登斯：《现代性的后果》，田禾译，译林出版社，2000。

乔万尼·萨托利：《民主新论》，冯克利、阎克文译，上海人民出版社，2009。

彼得·M. 布劳：《社会生活中的交换与权力》，李国武译，商务印书馆，2012。

阎云翔：《中国社会的个体化》，陆洋等译，上海译文出版社，2012。

杨国枢：《中国人的社会取向：社会互动的观点》，《中国人的心理与行为：理念及方法篇（一九九二）》，台湾桂冠图书公司，1993。

燕国材：《中国传统文化与中国人的性格》，《中国人的心理与行为：理念及方法篇》（一九九二），台湾桂冠图书公司，1993。

黄宗智：《长江小农三角洲家庭与乡村发展》，中华书局，2000。

成中英：《中国文化的现代化与世界化》，中国和平出版社，1988 年。

于建嵘：《村民自治的价值和困境——兼论〈中华人民共和国村民委员会组织法〉的修改》，《学习与探索》2010 年第 4 期。

汉中调查队：《移民搬迁扎实推进　困难问题亟待解决——对汉中市陕南移民搬迁安置工作的调查》，《陕西调查》第 30 期总第 212 期，http：//www. sei. gov. cn/ShowArticle. asp? ArticleID =216761。

程国栋等：《生态环境建设西部地区的重中之重》，http：//www. cas. cn/xw/zjsd/639766. shtml，2001 年 12 月 11 日。

刘庆乐：《当代中国村民自治历史起点问题》，《华中师范大学学报》2009 年第 6 期。

孙立平：《“关系”、社会关系和社会结构》，《社会学研究》1996 年第 5 期。

边燕杰：《论关系文化与关系社会资本》，《人文杂志》2013年第1期。

沈士光：《削弱村民自治的两种权力》，《学习时报》2012年3月5日。

苏爱萍：《完善村民自治的关键环节——乡村关系的重构》，《东岳论丛》2006年第3期。

彭大鹏：《村民自治的行政化与国家政权建设》，《北京行政学院学报》2009年第2期。

王连巧：《新农村建设背景下的村民自治走向》，《新视野》2009年第6期。

唐军等：《对村民自治制度下家族问题的理论反思》，《社会学研究》2004年第3期。

温锐、蒋国河：《20世纪90年代以来当代中国农村宗族问题研究管窥》，《福建师范大学学报》（社会科学版）2004年第4期。

亚历克斯·英克尔斯：《什么是社会学?》，陈观胜、李培莱译，中国社会科学出版社，1981。

费孝通：《乡土中国》，三联书店，1985。

施坚雅：《中国农村的市场和社会结构》，史建云、徐秀丽译，中国社会科学出版社，1998。

斐迪南·滕尼斯：《共同体与社会：纯粹社会学的基本概念》，林荣远译，北京大学出版社，2010。

徐勇：《最早的村委会诞生追记——探访村民自治的发源地广西宜州和寨村》，《炎黄春秋》2000年第9期。

徐勇：《中国农村村民自治》，华中师范大学出版社，1997。

吴克：《村委会今年将大规模选举村官选举走向常态化》，《人民日报》2008年1月9日。

马宝成：《村民自治是国家权力合法性基础的转换》，《政治学理论与实证探索研讨会论文集》，中国法制出版社，2002。

刘涛：《国家与社会视角下的村民自治实践——对中国乡村民主

制度的回顾与思考》，http：//www. aisixiang. com/data/45730. html。

罗平汉：《村民自治史》，福建人民出版社，2006。

范瑜：《村民自治：中国基层民主的发展进步》，《学习时报》2008 年 6 月 2 日。

沈延生：《关于村民自治及村民自治研究的述评》，《当代中国研究》2003 年第 2 期。

费孝通：《从马林诺夫斯基老师学习文化论的体会》，《费孝通论文化与文化自觉》，群言出版社，2007。

雷蒙·阿隆：《社会学主要思潮》，葛智强、胡秉诚、王沪宁译，上海译文出版社，2005。

马庆钰：《告别西西弗斯——中国政治文化分析与展望》，中国社会科学出版社，2002。

孙立平：《结构先于制度定型与改革逻辑的变化》，http：//www. aisixiang. com。

彭大鹏、吴毅：《单向度的农村——对转型期乡村社会性质的一项探索》，湖北人民出版社，2008。

张思：《从近世走向近代：华北的农耕结合与村落共同体》，《民俗研究》2010 年第 1 期。

袁松：《民间信仰的情感维度与村落公共生活的整合——以桂北村落为考察对象》，《广西民族研究》2009 年第 3 期。

卢福营：《村民自治发展面临的矛盾与问题》，《天津社会科学》2009 年第 6 期。

折晓叶：《村庄的再造》，中国社会科学出版社，1997。

任中平：《村民自治究竟应当向何处去?》，《理论与改革》2011 年第 3 期。

谭同学：《当代中国乡村社会结合中的工具性圈层格局——基于桥村田野经验的分析》，《开放时代》2009 年第 8 期。

费孝通：《费孝通文集》第 5 卷，群言出版社，1999。

黄光国、胡先缙：《面子——中国人的权力游戏》，中国人民大学出版社，2004。

费孝通：《乡土中国》，上海世纪出版集团，2007。

杨善华、侯红蕊：《血缘、姻缘、亲情与利益——现阶段中国农村社会中“差序格局”的“理性化”趋势》，《宁夏社会科学》1999 年第 6 期。

阎云翔：《中国社会的个体化》，陆洋等译，上海译文出版社，2012。

李全胜：《村落文化在当前中国农村村级治理中的作用与重构》，《理论视野》2012 年第 5 期。

成伯清：《社会建设的情感维度——从社群主义的观点看》，《南京社会科学》2011 年第 1 期。

胡荣：《村民委员会选举中村民的自主式参与》，李连江主编《村委会选举观察》，天津人民出版社，2001。

张光、Jennifer R. Wilking、于淼：《中国农民的公平观念：基于村委会选举调查的实证研究》，《社会学研究》2010 年第 1 期。

孙昕、徐志刚、陶然、苏福兵：《政治信任、社会资本和村民选举参与——基于全国代表性样本调查的实证分析》，《社会学研究》2007 年第 4 期。

王金华：《村民直接选举村委会成为农民政治生活重要内容》，转引自新华网，http：//news. xinhuanet. com/newscenter/ 2002 - 12/18/content_ 663494. htm，2002 年 12 月 18 日。

劳伦·勃兰特、马修·特纳：《不健全的选举的功效：中国农村选举的状况》，王昀译，《国外理论动态》2012 年第 4 期。

苏福兵、杨大力：《选举有助于改善村委会的管理，从而有利于基层治理与社会稳定》，载詹成付主编《2005～2007 年全国村民委员会选举工作进展报告》，中国社会出版社，2008。

P. F. 兰德里、D. 戴维斯、王石如：《中国农村的选举：没有其他政党参与的竞选》，张静波、冯雪勇译，《国外理论动态》2012 年第 4 期。

贺雪峰：《乡村选举中的派系与派性》，《中国农村观察》2001年第4期。

于建嵘：《黑恶势力是如何侵入农村基层政权的？——对湘南40个“失控村”的调查》，《理论参考》2009年第4期。

Oi, Jean Scott, Rozelle, “Election and Power: The Locus of Decision－Making in Chinese Villages,” *The China Quarterly*, Vol. 162 (2000): 513－539，转引自郎晓娟、邢熙、郑风田《农村选举中的资源竞争与制度供给》，《社会科学》2012年第5期。

马福云：《村委会直接选举的模式研究》，《中国农村观察》2006年第4期。

赵光元、张德元：《村民委员会选举的模式变迁与发展趋势》，《湖南师范大学社会科学学报》2011年第4期。

肖唐镖、王欣：《农村村民选举质量及其影响因素的变化——对4省市68个村选举的跟踪观察和研究》，《北京行政学院学报》2009年第3期。

邱国良、戴利朝：《困境与出路：协商民主与村级选举制度的完善——以江西省若干村选举为研究对象》，《求实》2007年第11期。

肖唐镖：《村民选举“宗族势力干扰论”可以休矣》，《学术前沿》2011年第3期总第321期。

李勇：《村“两委”换届选举面临的问题及对策》，《领导科学》2011年第6期。

肖唐镖等：《多维视角中的村民直选》，中国社会科学出版社，2001。

仝志辉：《村落的二重化权力空间与权力的空间控制技术——陕西毛村选举再解》，《华中师范大学学报》（人文社会科学版）2000年第5期。

李勇：《村“两委”换届选举面临的问题及对策》，《领导科学》2011年第6期。

国家统计局：《中国统计年鉴》，中国统计出版社，2008。

董江爱、崔培兵：《村治中的政治博弈与利益整合——资源型农村选举纠纷的博弈分析》，《中国农村观察》2010 年第 2 期。

欧博文、韩荣斌：《民主之路？——中国村民选举评析》，云南师范大学哲学与政法学院译，《国外理论动态》2011 年第 7 期。

丁宁：《整治农村选举中的贿选问题研究》，《中州学刊》2010 年第 2 期。

赵光元、张德元：《村民委员会选举的模式变迁与发展趋势》，《湖南师范大学社会科学学报》2011 年第 4 期。

盛义龙：《惯性心理与利益共同体：村选举机制障碍及对策分析——以江西省 C 县和 T 县若干村选举为例》，《求实》2011 年第 9 期。

仝志辉：《派性的性质与农村组织重建的资源——湖村、路村、岭村三村比较》，《中国农村观察》2007 年第 4 期。

郎晓娟、邢熙、郑风田：《农村选举中的资源竞争与制度供给》，《社会科学》2012 年第 5 期。

邱国良、戴利朝：《困境与出路：协商民主与村级选举制度的完善——以江西省若干村选举为研究对象》，《求实》2007 年第 11 期。

吴思红：《村庄派系与贿选行为——以 H 村村委会选举为例》，《湖北行政学院学报》2011 年第 3 期。

詹姆斯·M. 布坎南：《民主财政论：财政制度和个人选择》，穆怀朋译，商务印书馆，1993。

胡健：《村民自治中的“贿选”现象透视》《成都大学学报》（社会科学版）2005 年第 5 期。

臧雷振、孟天广：《中国农村基层民主选举中经济投票行为研究》，《社会科学》2012 年第 2 期。

孙秀林：《村庄民主及其影响因素》，《社会学研究》2008 年第 6 期。

胡荣：《理性选择与制度实施：中国114农村村民委员会选举的个案研究》，上海远东出版社，2001。

蔡定剑：《中国选举状况的报告》，法律出版社，2002。

陈伟东、姚亮：《选举行为背后：投机博弈》，《华中师范大学学报》2005年第3期。

刘荣：《中国村庄公共支出与基层选举：基于微观面板数据的经验研究》，《中国农村观察》2008年第6期。

王淑娜、姚洋：《基层民主和村庄治理——来自8省48村的证据》，《北京大学学报》（哲学社会科学版）2007年第2期。

张晓波、樊胜根、张林秀、黄季焜：《中国农村基层治理与公共物品提供》，《经济学》（季刊）2003年第2期。

高汉、章元：《公共品需求对农户参加村长选举行为的影响》，《东岳论丛》2011年第5期。

孙昕等：《政治信任、社会资本和村民选举参与》，《社会学研究》2007年第4期。

裴志军等：《社会资本、中间投票人和村民选举中的贿选》，《农业经济问题》2011年第11期。

罗伯特·A. 达尔：《现代政治分析》，上海译文出版社，1987。

许倬云：《大国霸业的兴废》，上海文化出版社，2012。

李国庆：《关于中国村落共同体的论战——以“戒能—平野论战”为核心》，《社会学研究》2005年第6期。

施坚雅：《中国农村的市场和社会结构》，史建云、徐秀丽译，中国社会科学出版社，1998。

张思：《从近世走向近代：华北的农耕结合与村落共同体》，《民俗研究》2010年第1期。

秦晖：《田园诗与狂想曲——关中模式与前近代社会的再认识》，语文出版社，2010。

郑风田、董筱丹、温铁军：《农村基础设施投资体制改革的

“双重两难”》, http://www.aisixiang.com/data/35984.html。

袁松:《民间信仰的情感维度与村落公共生活的整合——以桂北村落为考察对象》,《广西民族研究》2009 年第 3 期。

徐勇:《村干部的双重角色:代理人与当家人》,《二十一世纪》1997 年 8 月号总第 42 期。

孙立平、郭于华:《“软硬兼施”:正式权力非正式运作的过程分析——华北 B 镇收粮的个案研究》,《清华社会学评论》特辑,社会科学文献出版社,2000。

郑也夫:《特殊主义与普遍主义》,《社会学研究》1993 年第 4 期。

胡荣:《村民委员会的自治及其与乡镇政府的关系》,《二十一世纪》1998 年 12 月号总第 50 期。

何包钢、郎友兴:《乡村民主的前景:村民自治中的“行政化”现象会不会吞没村民选举?》,民政部基层政权与社区建设司、美国卡特中心合办“村民自治与中国农村社会发展国际学术研讨会”,2001 年 9 月 2~5 日。

景跃进:《国家与社会关系视野下的村民自治》,《中国书评》1998 年 5 月号。

吴毅:《村治变迁中的权威与秩序——20 世纪川东双村的表达》,华中师范大学,2002。

杨善华:《家族政治与农村基层政治精英的选拔、角色定位和精英更替》,《社会学研究》2000 年第 3 期。

刘铁梁:《村落庙会的传统和调整——范庄“龙牌会”与其他几个村落庙会的比较》,载郭于华主编《仪式与社会变迁》,社会科学文献出版社,2000。

应星:《大河移民上访的故事:从“讨个说法”到“摆平理顺”》,三联书店,2001。

董海军:《“作为武器的弱者身份”:农民维权抗争的底层政治》,《社会》2008 年第 4 期。

于建嵘：《利益博弈与抗争性政治——当代中国社会冲突的政治社会学理解》，《中国农业大学学报》（社会科学版）2009 年第 1 期。

苏力：《中国农村对法治的需求与司法制度的回应——从金桂兰法官切入》，《人民法院报》2006 年 3 月 27 日第 10 版。

强世功、沈岿、朱苏力：《再论法治的本土资源》，http://www.aisixiang.com/data/29974.html。

余英时：《从价值系统看中国文化的现代意义》，《中国思想传统的现代诠释》，江苏人民出版社，1992。

马戎：《罪与孽：中国的“法治”与“德治”概说》，《北京大学学报》（哲学社会科学版）1999 年第 2 期。

刘春荣：《国家介入与邻里社会资本的生成》，《社会学研究》2007 年第 2 期。

文军、张赛军：《社会资本与社区脱贫——对社会资本独立性功能的分析》，《西北师大学报》（社会科学版）2006 年第 3 期。

Uphoff, Norman T., 1996, *Learning from Gal Oya: Possibilities for Participatory Development and Post-Newtonian Social Science*, London: Intermediate Technology Publications，转引自赵延东、罗家德《如何测量社会资本：一个经验研究综述》，《国外社会科学杂志》2005 年第 2 期。

边燕杰：《城市居民社会资本的来源及作用：网络观点与调查发现》，《中国社会科学》2004 年第 3 期。

Lin, N., "Building a Network Theory of Social Capital," In N. Lin, K. Cook & R. Burt (eds.) *Social Capital: Theory and Research* (2001): 3-29，转引自边燕杰《论关系文化与关系社会资本》，《人文杂志》2013 年第1 期。

高萍：《家族的记忆与认同——一个陕北村落的人类学考察》，博士学位论文，中国人民大学，2012。

项辉、周俊麟：《乡村精英格局的历史演变及现状》，《中共浙江省委党校学报》2001 年第 5 期。

仝志辉：《农民选举参与中的精英动员》，《社会学研究》2002 年第 1 期。

田原史起：《日本视野中的中国农村精英：关系、团结、三农政治》，山东人民出版社，2012。

梁漱溟：《乡村建设理论》，上海人民出版社，2011。

林聚任、杜金艳：《当前中国乡村社会关系特征与问题分析》，《中国农业大学学报》（社会科学版）2007 年第 3 期。

周飞舟：《从汲取型政权到“悬浮型”政权——税费改革对国家与农民关系之影响》，《社会学研究》2006 年第 3 期。

陈锋：《连带式制衡：基层组织权力的运作机制》，《社会》2012 年第 1 期。

张静：《基层政权：乡村制度诸问题》，上海人民出版社，2007。

宋丽娜：《熟人社会的性质》，《中国农业大学学报》（社会科学版）2009 年第 2 期。

应星：《“气”与抗争政治》，社会科学文献出版社，2011。

托克维尔：《论美国的民主》，董果良译，商务印务馆，2004。

朱苏力：《费孝通与中国文化自觉》，http：//www. aisixiang. com/data/33322. html。

杰弗里·亚历山大：《社会学二十讲——二战以来的理论发展》，贾春增、董天明等译，华夏出版社，2000。

金太军、王运生：《村民自治对国家与农村社会关系的制度化重构》，《文史哲》2002 年第 2 期。

周冰、靳涛：《制度滞后与变革时机》，《财经科学》2005 年第 3 期。

张良：《现代化进程中的个体化与乡村社会重建》，《浙江社会科学》2013 年第 3 期。

陈沛照：《人类学视域中的唐村人情往来》，《广西民族研究》

2012 年第 3 期。

卞国凤：《近代以来中国乡村社会民间互助变迁研究》，博士学位论文，南开大学，2010。

梁漱溟：《中国文化要义》，上海人民出版社，2011。

《邓小平文选》第 2 卷，人民出版社，2006。

《邓小平文选》第 3 卷，人民出版社，2006。

丁元竹：《滕尼斯的梦想与现实》，《读书》2013 年第 2 期。

屈志勇、宋元梁：《倾听 1800 户农民的心里话　陕西农村留守家庭调查》，《陕西日报》2012 年 10 月 10 日第 9 版。

仝志辉：《村民自治三十年》，《学习时报》2008 年 4 月 7 日第 5 版。

蔺雪春：《当代中国村民自治以来的乡村治理模式研究述评》，《中国农村观察》2006 年第 1 期。

沈延生：《对村民自治的期望与批评》，载《中国农村研究》2002 年，中国社会科学出版社，2003。

阎云翔：《私人生活的变革：一个中国村庄里的爱情、家庭与亲密关系 1949～1999》，上海书店出版社，2006。

叶启政：《社会理论的本土化建构》，北京大学出版社，2006。

燕继荣：《社区治理与社会资本投资——中国社区治理创新的理论解释》，《天津社会科学》2010 年第 3 期。

《村官选举：利益还是责任》，http://www.sxdaily.com.cn/data/bsgzzj/20090123_9769568_6.htm。

《陕西"天价村官"存身贿选冰火间》，http://www.legaldaily.com.cn/bm/content/2009-01/06/content_1014033.htm。

《韩城一当选村官分村民每人 2 万引起轰动褒贬不一》，http://news.hsw.cn/2008-12/13/content_10466492.htm。

《1400 万兑现承诺　韩城龙门村"天价"村官成焦点》，http://news.hsw.cn/2008-12/15/content_10470174.htm。

《韩城企业家当选村官垫资续：初查未发现选举舞弊》，

http: //news. hsw. cn/2008/12/15/content_ 10469771. htm。

《韩城企业家 1332 万竞村官　2 年后村民告其只顾自己》, http: //weinan. hsw. cn/system/2010/12/15/050722355. shtml。

《韩城天价村官离任留千万债务　曾为当选垫资 1332 万》, http: //news. hsw. cn/system/2013/04/16/051647302. shtml。

《宝鸡两村官征收房屋引不满　千余村民票决将其罢免》, http: //news. hsw. cn/system/2013/03/29/051635732. shtml。

Li, Lianjiang, "Elections and Popular Resistance in Rural China," *China Information* 16 (2002): 89 - 107.

Crawford, Sue and Elinor Ostorm, "A Grammar of Institutions," *Understanding Institutional Diversity* (2005): 137 - 174.

Ostrom, Elinor, "Beyond Markets and States: Polycentric Governance of Complex Economic Systems," *American Economic Review* 100 (2010): 641 - 672.

Grossman, Herschel I. , " The Creation of Effective property Rights," *American Economic Review* 91 (2001): 347 - 352.

Richard Madsen, *Morality and Power in A Chinese Village* (Berkeley: University of California Press, 1984).

Tao Sun, Victor Yuan, J. Gregory Payne and Bu Zhong, " Leadership Attributes Salient to Chinese Local Voters," *American Behavioral Scientist* 49 - 4 (2005).

Durkheim, Emile, *The Division of Labor in Society* (New York: Free Press, 1956), p. 3.

后　记

学界关于村民自治方面的研究著作颇丰，可谓仁者见仁，智者见智，笔者从中得到了很多的启发。本书主要探讨西部资源匮乏型社区的村民自治。西部地区农村社区资源普遍匮乏，在这种背景之下村民自治的实施与资源较为丰富的中东部地区村民自治的实施具有明显不同的价值理念及行动逻辑。现有村民自治的研究，关注点多集中在制度建设方面，希望以此提高村民自治的效果，但是结果并不尽如人意。尤其在资源较为丰富的社区，关于村干部独断、贪污等信息不断出现，贿选事件也层出不穷，甚至有人提出，还不如不选举，选举造成了村民分帮结派，原先没有选举时，大家关系还算融洽，见面和和气气，现在把矛盾都挑明了。这种想法虽属于少数比较极端的，但也具有一定的代表性。当然，并不是村民自治制造了这些问题，而是在社会转型的大背景下，市场经济的理性算计、消费主义的盛行、个人主义的流行等对人们的社会价值观、行为方式等都造成了巨大的影响，作为中国社会的重要组成部分农村社区，也不可避免地受到冲击。因此，村民自治中出现的问题，并不能简单地认为是农村社会中的问题，而是社会性的、基础性的问题。在面对、解决这些问题时，不仅要重视农村社区的制度建设、硬件建设，还要重视利用本土性资源，形成社区的情感认同，提升社区的团结，增强人们的信任合作，促进人际互动网络的建立。因此，村民自治的建设可分为两个方面，其一是工具性，其二即情感性。工具性是指国家出于乡村社会管理的需要，实施的一系列有关农村社区的制度建设、硬件设施建设；而情感性指个体对于社区的认同、他人的信任，社区给予人们安全感、亲密感、舒适感、自在感等。情感源于天然的伦理关系，情感的认同是农村社区自治的灵魂。笔者认为在无利益驱动之下，农村社区的自治依赖情感认同，其中既包括个体对村集体的认同，个体愿意参与公共事务，并愿意为此付出，也包括社区精英与村民的信任、相互之间的认同。在此基础上，形成共同价值和规范。社区精英以其个人的能力在社区范围内树立权威，在相互平等、沟通顺畅的基础上，推动、引领农村社区自治的发展。

在本书的写作过程中，笔者得到了众多同事和朋友的帮助，如果没有他们的付出，本书不可能顺利完成，在此深表感谢。感谢石英老师为本书写序，对我的工作的关心与支持；感谢陕西省社科院社会学所老师们的指导，在百忙之中阅读书稿，对本书提出的宝贵建议及意见；感谢陕西省民政厅王永泉处长及相关各县民政干部对调研工作的大力支持；感谢村民对调研工作的配合；感谢参与调研同学的认真负责；感谢社科文献出版社王玮和胡亮编辑的辛勤付出；最后，要感谢我的家人一直以来对我的支持。感谢所有付出的人。一切尽在不言中，唯有感恩深存心底，伴我前行。

吴　南

2013. 10

图书在版编目(CIP)数据

西部资源匮乏型社区村民自治研究：以陕西农村为例/吴南著. —北京：社会科学文献出版社，2013.10
ISBN 978-7-5097-5187-9

Ⅰ.①西… Ⅱ.①吴… Ⅲ.①农村-群众自治-研究-西北地区 ②农村-群众自治-研究-西南地区 Ⅳ.①D638

中国版本图书馆 CIP 数据核字（2013）第 246066 号

西部资源匮乏型社区村民自治研究
——以陕西农村为例

著　　者 / 吴　南

出 版 人 / 谢寿光
出 版 者 / 社会科学文献出版社
地　　址 / 北京市西城区北三环中路甲 29 号院 3 号楼华龙大厦
邮政编码 / 100029

责任部门 / 社会政法分社（010）59367156　　责任编辑 / 胡　亮
电子信箱 / shekebu@ssap.cn　　责任校对 / 王　芳
项目统筹 / 童根兴　王　玮　　责任印制 / 岳　阳
经　　销 / 社会科学文献出版社市场营销中心（010）59367081　59367089
读者服务 / 读者服务中心（010）59367028

印　　装 / 三河市尚艺印装有限公司
开　　本 / 787mm×1092mm　1/20　　印　　张 / 15.6
版　　次 / 2013 年 10 月第 1 版　　字　　数 / 262 千字
印　　次 / 2013 年 10 月第 1 次印刷
书　　号 / ISBN 978-7-5097-5187-9
定　　价 / 59.00 元